2040 대학의 해체

우리가 아는 대학은 사라진다

THE COLLAPSE AND RISE OF UNIVERSITY : LEARNING BEYOND 2040

한양대학교 고등교육연구소 | '대학의 미래' 시리즈 4

2040 대학의 해체

우리가 아는 대학은 사라진다

| 이현청 지음 |

한양대학교 출판부

머리말

대학이 사라지고 있다. 지난 20년 그래왔듯이 대학은 커다란 위기를 맞고 있고 소멸해 가고 있다. 향후 미래의 대학은 어떨 것인가? 이 저서는 대학에 대해 다시 묻는 내용을 담고 있다. 2040년 우리는 다시 대학을 정의해야 하는 시대에 서 있다. 더 이상 대학은 캠퍼스의 벽 안에 머물러 있을 수 없다. 교수는 알고리즘과 협업하고 학생은 교실 대신 메타버스에서 토론하며 학위는 영어로 NFT로 발급되고 커리큘럼은 뇌파로 개인화되어 원자화된 개별 학습이 이루어진다. 이 모든 변화 속에 질문은 단 하나이다. '**대학은 왜 존재해야 하는가?**'라는 질문이다. 인류 역사상 지식은 언제나 있었고 인간의 배움은 멈춘 적이 없었다. 그러나 대학이라는 제도는 그 시대마다 기술, 사회, 경제 그리고 인간 존재의 의미에 따라 달라져왔고 모습 또한 변해왔다.

지금 인류 앞에는 인공지능, 뇌: 컴퓨터 인터페이스, 양자 인터넷, 글로벌 평생학습 생태계가 펼쳐져 있다. 대학은 이 변화의 중심이 될 것인가, 아니면 그 변화를 좇다 사라질 것인가 기로에 서 있다.

이 책은 단순한 미래 예측서가 아니다. 이 책은 새로운 대학과 지식 진화의 선언문이자 지식 지도이며 새로운 대학에 대한 청사진을 제시하는 도전이자 초대장이다. 전통 대학의 종말을 말하려는 것이 아니라 미래 대학의 시작을 상상하고 설계하는 내용을 담고 있다. 2040년 대학은 어떻게 달라져 있을까? 그리고 그 변화는 우리의 삶에 대한 어떤 의미를 갖게 될까? 이 책은 이 질문의 실마리를 찾아가는 여정이다.

이제 우리는 다음과 같은 질문에 직면하게 되었다. 2040년 인간은 여전히 배워야 하는 존재일까? 배워야 하는 존재라면 대학에서 어떤 내용을, 어떤 방식으로, 누구에게서 배워야 하는 것일까? 인공지능이 글을 쓰고 설계하고 연구하는 시대, 뇌: 컴퓨터 인터페이스(BCI)가 지식을 직접 업로드하고 디지털 트윈이 나보다 먼저 결정하고 예측하는 세상에서 과연 배움은 무엇이고 그 장소로의 대학은 어떤 의미를 가지고 있는가?

그동안 대학은 단지 지식을 축적하는 기관이 아니었다. 대학은 문명의 의식을 담는 그릇이었고, 사회가 스스로를 성찰하는 구조였으며, 인간이 인간다움을 연마하는 장이었다. 그러나 지금 기술은 이 모든 구조를 해체하고 재조립하고 있다. 학습 알고리즘은 교수보다 더 빠르게 커리큘럼을 설계하고 AI튜터는 인간보다 더 인내심 있게 학생을 지도한다. 국경 없는 메타버스 대학은 시간, 공간, 언어, 신체의 경계를 모두 지워버렸다. 이러한 시대에 우리는 새로운 질문 앞에서 선다. **대학이란 무엇인가? 지성이란 무엇인가? 배움은 결국 누구를 위한 것인가?**

이 책은 과거 대학의 폐허 위에 세워질 미래 지성의 가능성을 추적한다. 단순한 교육 기술 나열이 아니라 인간 존재와 배움의 철학적 재해석 그리고 기술이 어떻게 그 의미를 재정의 하는 것에 대한 통합적 전망을 제시하는 내용을 담고 있다.

2040년 우리는 대학이라는 제도보다 더 오래된 인류가 안고 있는 질문을 다시 던져야 한다. **인간은 왜 배우는가?** 그 질문에 답하기 위한 여정을 이 책에서 담으려 하였다.

이 책의 제1장에서는 대학의 붕괴에 관해 논의하면서 왜 전통 대학이 무너져가고 있는지, 학위·교수·커리큘럼의 신화가 왜 해체되어가고 있는지를 담고 있다. 제2장에서는 인공지능 등 새로운 지식 기술의 물결 속에서 새로운 배움의 생태계라 할 수 있는 인간 교수의 종말, 메타버스 캠퍼스, 데이터 지성의 새로운 학습 생태계를 다루고 있다. 제3장에서는 2040년의 새로운 교육 인프라라 할 수 있는 미래 대학의 새로운 시나리오를 다루고 있다. 특히 학위 없는 시대, 끝없는 학습시대(Endless-Learning)의 도래 등 미래 대학의 시나리오를 다루었다. 제4장에서는 AI와 배움의 윤리를 다루면서 철학, 윤리, 존재의 질문들을 통해 지성의 재구성에 대해 다루었다. 마지막으로 기술을 넘어서는 배움이라 할 수 있는 사유, 공감, 존재의 대학상, 즉 새로운 대학의 설계도라 할 수 있는 인간을 위한 새로운 공간인 오메가 캠퍼스의 가능성에 대해 정리하려 하였다. 마지막 제8장에서는 2040년 변화된 대학의 모델을 제시해보았다.

미래는 상상 안에 있는 게 아니라 이미 우리 안에 존재하고 있고, 2040년 세계는 지식 진화의 선언이 필요한 시대가 도래할 것이다. 2040년은 기존 지성의 해체와 재건축이 필요한 시대이고 지식,

기술, 대학 미래의 새로운 관점에서 조망해야 하는 시대인 것이다. 미래는 미지의 세계이지만 예측 가능한 세대이기도 하고 오늘이 곧 미래를 읽게 하는 현실이기도 하다.

교육을 하는 모든 교육자, 학습자, 교육행정가, 학부모는 물론 변화에 관심 있는 한 명의 시민이라도 이 책을 통해 2040년 대학이 왜 소멸되는지, 또 어떻게 변화하는지에 대한 지혜를 얻기를 바란다. 그리고 AI시대 "양뇌 사회"의 도래에 대한 변화를 인식하는 계기가 되기를 바란다.

이 책을 출간하는 동안 격려와 사랑을 아끼지 않은 모든 분들께 감사드린다. 특히 삶을 공유하며 사랑과 격려를 해 준 가족께 감사한다. 무엇보다 지혜를 허락하신 하나님의 은혜에 감사드린다. 끝으로 한양대학교 고등교육연구소의 설립 고문이신 김종량 한양학원 이사장님과 출판을 맡아 수고 해주신 한양대학교 출판부에 감사드린다.

2025년 8월

한양대학교 HIT 연구실에서

저자 이현청

프롤로그

미래를 예측한다는 것은 매우 조심스러운 일이다. 미래는 과거의 일부이고 현재의 일부이자 전혀 예측하지 않았던 미지의 한 부분이기 때문이다. 필자가 1985년부터 미국의 사우스캐롤라이나 대학 석·박사 과정을 가르치면서 4년 동안 미래 교육학을 가르쳤던 것이 인연이 되어 미래에 대한 관심을 가져왔다. 그 당시 인공지능과 인간 복제 그리고 124세까지의 수면 연장 등 현실과는 괴리된 미래의 아젠다들을 다루는 내용도 포함 되어 있었다. 40년이 지난 지금 필자는 그때에 가르치던 내용이 오늘날 현실이 되었는지에 대해 가장 잘 아는 입장에 처해 있다. 미래는 100퍼센트 예측이 현실로 실현되는 것은 아니지만 70퍼센트는 현실로 다가왔다는 것을 보고 있다. 이 저서에서는 15년 뒤의 미래 특히 대학 중심으로 논의를 하고 있는데 필자의 입장에서는 이 내용이 2040년에 현실로 다가올 것이라는 가정과 가능성을 놓고 논의를 전개하고 있는 것이다. 미래는 알 수 없는 것이지만 예측할 수 있고 예측을 통해서 그 가능성을 추정할 수 있는 것이다. 1985년 미래교육학을 가르칠 때 3학점짜리인 그 과정을 위해 저와 수강한 학생들은 136권의 미래 관련 서적을 읽어야 했다. 그 과정을 통해 필자 또한 전공과 유관된 많은 영역에 대해 관심을 가지는 계기가 되었고 미래에 대한 통합적 조망을 할 수 있는 계기가 되었다. 이 책은 그때의 미래에 대한 예측에 기반하여 많은 미래 관련 사고와 나름대로의 미래 예측에 기반하여 쓰여진 것이다.

2040년. 우리는 이제 더 이상 대학을 '건물'이나 '캠퍼스'로 상상하지 않는다. 그것은 하나의 플랫폼도, 하나의 시스템도 아니다. 대학은 해체되어 가고, 교수는 사라져 갈 것이며, 학생은 흩어질 것이다. 교육은 더 이상 '받는 것'이 아니라, 스스로 '되려는 존재의 방식'이 될 것이다. 이러한 점에서 이 책은 단순한 예측서가 아니다.

이는 하나의 선언이다. 지식의 시대가 저물고, 존재의 시대가 도래했음을 선포하는 선언이다. 한 세기 전, 대학은 인류 문명의 심장이었다. 진리를 탐구하고, 사회를 이끌며, 미래를 설계하는 지성의 전당이었다. 그러나 AI는 사고를 가속했고, 메타버스는 공간을 재정의했으며, 뇌-컴퓨터 인터페이스는 학습의 의미 자체를 무너뜨렸다. 그 결과, 대학은 더 이상 인간에게 필요한 장소가 아니게 되었다. 하지만 이것은 종말이 아니다. 오히려 대학의 껍질이 벗겨지고, 인간이라는 존재는 '대학은 무엇인가?'라는 본래의 질문 앞에 서야만 하는 출발점에 선 것이다. 나는 이제 더 이상 졸업장을 위해 배우지 않는다. 나는 네트워크 속에서 스스로의 존재를 구성하며, 배움이 곧 삶 그 자체가 된 세상 속에서 살아간다. 그리고 그 변화의 한복판에 서 있는 우리는, 지금 이 책을 펼치고 있다. 이 책은 바로 그 전환점에 대한 기록이다. 대학 이후의 세계, 교수 이후의 인간, 학습 이후의 삶. 이제 우리는 그 문을 함께 열어보려 한다.

현재는 과거이자 미래이다. 현재 위기는 과거부터 누적되어 온 문제의 총체적 산물이다. 현재 위기 극복을 위해서는 현재의 해법으로는 해결할 수 없다. 현재의 위기를 해결하기 위한 해법은 미래를 바라보는 것이다. 미래를 바라볼 때에야 현재의 해법은 찾아질 수 있다.

과거		현재		미래
사실 중심 해석 중심 지혜 이해 교육 Pedagogy	⇒	적응 중심 대비 중심 적응 적시성 교육 Andragogy	⇒	가능성 중심 예측 중심 이상 실현 교육 Synthegogy

차례

제1장

대학의 붕괴, 제도와 신화의 해체

- 캠퍼스의 허상들 : 전통 대학은 어떻게 무너졌는가?
- 교육의 신화와 허상 : 학위, 교수, 커리큘럼의 신화
- 기술의 충격 : 온라인 러닝부터 챗GPT까지
- 잊혀진 질문 : 배움은 누굴 위한 것인가?

대학이 위기라는 말을 자주 써왔지만 대학이 붕괴되거나 대학이 종말을 맞이할 것이라는 것에 대해서는 거부감을 갖는 사람이 아직도 많다. 그러나 우리가 믿든 믿지 않든 거부하든 거부하지 않든 간에 대학은 서서히 소멸되어 가고 있다는 것은 부인할 수 없는 점이다.

캠퍼스에는 여전히 종이 울리고 졸업가운은 바람에 흩날린다. 교수는 칠판 앞에 서서 강의를 시작으로, 학생들은 강의실로 걸어 들어온다. 그러나 우리는 어렴풋이 어느 정도 감지하고 있다. 이곳에 더 이상 살아 있는 지성이 없다는 것을.

20세기 말 대학은 여전히 지성의 성역이었고 오늘날까지도 대학은 지성의 성역으로 인식되고 있다. 대학은 인간이 인간다움을 배우는 곳이었고 진리를 탐구하는 불꽃이 꺼지지 않는 성전이었다. 그러나 2040년을 향해 가는 지금 우리는 캠퍼스를 걸어 다니며 학위 과정을 이수해 가지만 그 속에서 진정으로 이 시대에 필요한 지식과

이 시대가 요구하는 인재상을 배우지 못하고 있다. 대학은 여전히 존재하지만 그곳에 녹아 있어야 할 진정한 지성과 지성이 갖춰야 할 영혼은 이미 떠나버렸다. 한 마디로 대학에는 더 이상 살아 있는 지성이 없다는 것이다. 그 이유는 대학 졸업장에 걸맞은 가치를 지닌 학위도 아니고 가르치는 교수는 있되 권위를 잃은 교수일 뿐이고 배워야 할 내용은 커리큘럼에 있되 시대와는 걸맞지 않은 경직된 커리큘럼이 있을 뿐이다. 이러한 현실을 볼 때 누구를 위한 대학이며 지성의 전당인 대학은 과연 있는 가라는 질문을 던질 수밖에 없다. 이 장에서는 대학의 붕괴, 대학의 소멸, 대학의 위기에 대한 요인에 대해 살펴보려고 한다.

캠퍼스의 허상들 : 전통 대학은 어떻게 무너졌는가?

대학의 현실을 살펴보면 강의실은 열려 있으나 질문은 사라졌고 도서관은 불이 켜져 있으나 취업 준비 학생들로 가득 차 진정한 지성을 위한 사유는 잠들어 있다. 캠퍼스는 존재하되 그곳에는 진정한 청년의 이상도, 청년의 꿈도, 젊음의 긴장도, 학문의 새로운 발명도 없다. 대학은 살아 있는 몸처럼 보이지만 사실상 영혼과 정신이 떠난 마치 허상들의 공간처럼 보인다. 우리는 왜 대학에 가는가? 대학은 무엇을 하는 곳인가? 대학 졸업 후 우리는 어떻게 살아야 하는가?라는 질문을 하지 않을 수가 없다. 근본적으로 이제 대학은 누구의 것이며 무엇을 위해 존재해야 하는지에 대해 진지한 의문을 던져야 한다. 우리는 대학의 왜곡된 신화(Myth) 속에 갇혀 있다. 대학의 잘못된 신화는 우리에게 대학이 왜 위기를 맞이하고 있는지, 왜 소멸되어 가고 있는지에 대한 해답을 주고 있다.

전통 대학은 우리 인류가 선망하던 일종의 이상이었다. 그리고 지성의 표상이었고 대학을 졸업하게 되면 지성인으로 당당히 인정

받았으며 대학은 소위 상아탑으로서 어지러워진 사회와는 구분되는 일종의 성역 비슷한 위치에 있었다. 독일의 훔볼트 대학 이후에 수천 년 동안 대학은 상아탑으로서의 위상과 지성의 전당으로서의 위치와 연구, 교육, 봉사의 메카로서 자리 잡아왔다. 그러나 20세기 들어 대중 고등교육 시대가 도래하면서 산업사회에서 요구하는 많은 인재들의 공급처로서 그 위상을 굳혀왔다. 그러나 급격한 기술, 사회, 문화, 직업 생태계의 변화는 대학의 위상과 본질을 바꾸어 놓았고 대학은 이제 더 이상 상아탑으로서의 권위와 그 본질적 기능인 교육, 연구, 봉사의 기능을 독점적으로 유지하던 위상에 큰 도전을 받고 있으며 급격한 기술 변화에 따른 대학의 역할 또한 제 기능을 수행하지 못하게 되었다.

이러한 변화에서 4차 산업 사회의 도래는 대학이 일찍이 직면하지 못한 커다란 위기에 직면하게 만들었다. 대학은 여전히 존재하지만 제 기능을 수행하지 못하고 지금껏 대학에 대한 인류의 믿음과 신화는 깨어지기 시작하였다.

전통 대학이 왜 무너졌는지, 캠퍼스 중심 대학이 왜 위기인지 다음 몇 가지 신화를 보면 쉽게 알 수 있다.

대학이 무너져가는 신화의 이유는 크게 4가지로 정리될 수 있다.

잘못된 신화 1. 무력한 학위

전통적 대학의 학위는 지성의 증표였고 사회진입에 결정적인 역할을 해왔다. 그러나 오늘날 학위는 이력서 속 한 문장에 불과할 정도로 무력한 학위가 되었다. 학위는 사회 진입의 자격증과 같은 역할을 수행했지만 이제는 더 이상 학위만으로 사회적 진출이 보장되는 것은 아니다. 구글도, 애플도, AI 관련 첨단 산업 관련 다른 미래의 기업들도 학위보다는 값진 자격증이나 도전정신, 모험심, 창의성, 인간관계 등을 중요시하게 되었다. 구글이나 애플이나 NVDIA 등은 무엇을 배웠는가보다, 어떤 학위를 가졌는가보다 무엇을 할 수 있는가에 대해 묻는다. 학위보다는 해결할 수 있는 문제 해결 능력, 한 개인이 확장할 수 있는 가능성 등을 묻는다. 이제 학위는 더 이상 사회 진출의 문이 될 수도 없고 자격증이 될 수도 없다. 한마디로 학위가 무력해졌다는 뜻이다. 이제 학위는 블록체인의 경험이나 AI가 검증한 기술력 속에 존재할 뿐이다. 무력한 학위는 전통적 대학을 사라지게 하는 중요한 요인 중 하나이다.

잘못된 신화 2. 권위를 잃은 교수

대학 강단에서 교수 권위는 지식에서 나온다. 한때는 교수들이 지식을 독점한 위치에 있었다. 칠판 앞에서 세계를 해석하고 책장을 넘기며 책 속에 담긴 진리를 논하던 위치에 있었다. 그러나 이제는 특정 집단이나 특정한 사람이 지식을 독점하는 시대가 아니라 지식을 공유하고 지식을 언제 어디서 누구든 뽑아 쓸 수 있는 시대가 되었다. 지식을 독점하던 시대에는 지식을 가진 교수들이 권위를 갖던 시대였다. 그러나 이제는 인공지능이 24시간 맞춤형으로 학습을 돕고 유튜브와 챗GPT가 교수보다 더 친절하고 빠르게 답해주는 시대가 도래하였다. 이제 교수는 더 이상 지식을 주는 위치에 서 있지 않다. 전통대학의 교수는 지식을 주는 스승이었고 지식을 독점한 권위를 가진 교수였다. 그러나 이제는 교수가 더 이상 지식을 주는 사람이 아니다. 오히려 질문의 방식 자체를 고민하지 않으면 교수 또한 잘못된 신화의 대상이 될 뿐이다. 교수가 권위를 잃은 강의실은 영혼이 있는 지식을 전수하는 더 이상의 장소가 될 수 없다. 권위를 잃은 교수가 있는 캠퍼스는 지성의 전당과 영혼이 있는 지식이 전수되는 더 이상의 장소가 될 수가 없다. 이 점에서 캠퍼스는 소멸되어 갈 수밖에 없다.

잘못된 신화 3. 굳어버린 커리큘럼

커리큘럼은 교육 내용을 담고 있는 그릇이다. 교육 내용이 잘못된 커리큘럼은 잘못된 교육을 시킬 수밖에 없고 소용없는 지식이 될 수밖에 없다. 교육과정은 시대정신을 담지 않으면 교육적 의미가 없다. 직업에서 요구하는 인재상과 밀접한 연관이 되어 있어야 한다, 잘못된 교육내용을 담은 그릇은 더 이상 활용 가치가 없다. 4차 산업혁명 이후 기술은 분기 단위가 아니라 분 단위로 진화하고 있다. 하지만 대학의 커리큘럼은 여전히 10년 전 세계의 기준 빨라도 수년 전 기준으로 설계되어 있다. 이렇게 굳어버린 커리큘럼은 하루가 다르게 변화하는 직업 생태계가 요구하는 인재상을 맞추어낼 수 없다. 굳어버린 커리큘럼은 쓸모없는 커리큘럼이 될 가능성이 높다. 양자 컴퓨팅(BCI), 기후 AI, 데이터 윤리, 사라지는 직업과 새로 생성되는 AI시대의 직업 생태계의 변화를 굳어버린 커리큘럼이 따라갈 수 없는 것이 현실이다. 오늘날 가장 급진적 주제는 대학 밖에서만 배울 수 있다. 대학은 아쉽게도 변화에 뒤처진 자들의 피난처처럼 보이기 시작했다. 현실을 따라갈 수 없는 고착된 커리큘럼은 전통대학을 소멸하게 하는 가장 위험한 요소 중의 하나이다. 커리큘럼을 초월한 학습이 확대되는 이유도 여기에 있다.

잘못된 신화 4. 잊혀진 질문 : 배움은 누굴 위한 것인가?

대학의 이상은 사회 정의 구현과 사회의 평등과 사회의 발전을 주된 목표의 하나로 삼고 있다. 이런 점에서 대학은 평등한 기회를 보장하는 사닥다리이자 계단이 되어야 한다. 그러나 대학의 발전사를 보면 엘리트 위주 교육관에서부터 대중 고등교육에 이르기까지 많은 질곡의 역사를 가지고 있다. 대학이 보편화된 오늘날에도 대학은 여전히 특정 지역, 특정 계층 등이 보다 더 나은 위치에서 대학 진학을 하고 세칭 일류대학이라고 하는 프레스티지 그룹 대학의 진학률이 높으며 지나친 표현을 하면 학위세습, 학력세습, 계층세습의 도구로도 활용되는 경우가 없지 않다. 그러나 대학은 누구에게나 선택의 자유와 문호의 자유 그리고 문호를 개방하는 정책이 필요하다. 한마디로 대학은 평등한 기회를 보장하는 기회의 장이어야 한다. 그러나 등록금은 높아졌고 교육은 가문과 계층을 고착시키는 도구가 될 우려마저 있다. 가난한 이는 빚을 지고 배워야 했고 부유한 이는 무엇을 배워야 할까 가 아니라 어디서 인맥을 쌓을지를 고민해 왔다. 대학은 더 이상 지성의 공동체가 아니라 자본의 한 수단으로 한 도구로 인식될 우려마저 있다. 이 점에서 우리는 붕괴되고 있는 교육 정의를 눈 여겨보아야 하고 누구를 위한 대학인가? 에 대한 질문을 다시 하게 된다.

대학은 이제 신화에 집착할 곳이 아니다. 전통 대학이 소멸되어가고 있는 이유를 크게 4가지 관점에서 논의해보았지만 이외에도 대학의 잘못된 신화와 허상은 논의할 부분이 많다. 캠퍼스가 안고 있는 이러한 문제들은 대학 교육의 본질에 대한 질문을 던지고 있다. 대학은 과연 누구를 위한 대학인가?라는 질문이다. 그러나 인간은 자신이 만든 신화를 가장 늦게 의심한다. 우리의 전통적 대학관은 오랫동안 믿어온 신화의 기초하고 있다. 교수는 가르치고 학생은 배우며 학위는 배움의 증명이라고 믿어왔다. 그러나 이제는 알아야 한다. 이 모든 믿음은 AI와 같은 인공지능 시대 기술 이전의 문명에서만 작동하던 의식의 구조물이라는 것을 깨달아야 한다. 더구나 교육은 하나의 종교였다. 우리는 교실이라는 사원에서 교수라는 제사장에게 지식이라는 경전을 배워왔다. 이뿐만 아니다. 좋은 대학에 가면 성공하며 교수님의 말씀이 진리이고 학위가 자신의 가치를 증명한다는 신화 속에 묻혀 살아왔다. 이러한 신화는 인류가 대학을 만든 이후 지금까지 지속되어 왔고 이렇게 잘못된 신화는 사회를 움직이는 무의식의 틀이었다. 그러나 지금 기술의 눈부신 진화는 이 잘못된 신화를 해체시켜가고 있다. 그러기에 대학은 소멸되어가고 있고 대학 캠퍼스에서 잘못된 허상과 같은 잔상들에 우리는 매몰되어 있다. 이제 대학은 소멸되어가고 있는 것이 분명하다, 그러나 언제가 될지에 대해서는 명확히 답을 줄 수는 없다. 그러나 대학이 소멸되어가고 있는 것은 분명하다.

근대 대학의 탄생과 의미는 자유, 탐구, 국가 발전을 위한 지식 생산의 목적을 가진 19세기 훔볼트식 대학 모델에서 찾아볼 수 있다. 대학은 자유와 지식 탐구와 일을 통한 엘리트 양성을 통해 국가 발전을 위한 지식 생산에 목적을 두고 있었다. 이후 대학들은 엘리트 중심 교육에서 대중 고등교육으로 전환되어 왔다. 이러한 과정에서 대학은 대중화되었고 자본화되었고 산업과 연계되는 형식으로 발전해 왔다. 종래는 대학이 사회 지식 질서의 중심축 역할을 해왔지만 대중을 대상으로 한 대학으로 전환하면서 대학들은 그 기능과 역할 그리고 체제에 변화를 가져오게 되었다.

대학 모델은 세계적 관점에서 볼 때 크게 4가지로 요약 정리될 수 있다(이현청, 2025).

표 1 근대 대학의 발자취

구분	내용
훔볼트식 대학 모델	19세기 : 자유, 진리 탐구, 국가 발전을 위한 지식 생산
미국식 대학의 확산	20세기 : 대중화 + 자본화 + 산업 연계
교육형 대학 모델	20–21세기 : 영국모델
연구중심 대학 모델	19–20세기 : 독일모델
산학협력형, 사회봉사형 대학 모델	20–21세기 : 미국모델
고급관리형 양성 모델	18–21세기 : 동양형 대학모델
AI형 대학 모델	21세기 (2015–현재)

이렇듯 대학 기능이 시대에 따라 변화되어왔고 이에 따라 체제와 교육과정, 교육방법 등이 변화되어왔다.

2030년경의 대학기능의 변화는 2000년 이후 지속되어 온 변화의 연장선상에서 기능의 변화가 이루어질 것으로 예견된다. 우선 대학의 4대 기능의 변화가 이루어질 것으로 예견된다. 우선 대학의 4대 기능은 문화 전수의 기능, 집단사회화와 개인사회화의 기능, 고급인력 양성의 기능, 연구와 사회변화의 기능 등인데, 이러한 기능은 글로벌 연구기능과 자기 주도적 학습기능, 복지참여 봉사기능으로 변화가 이루어질 것으로 보인다. 이러한 변화는 연구, 교육, 봉사라는 상아탑적 대학의 전통적 기능에서 응용과 열린 세계화의 기능과 접목된 기능으로 변화가 이루어진다는 뜻이다. 특히 대학교육 기능의 변화는 곧 대학 이상의 변화와 본질의 변화를 의미하는 것으로서 순수학문이나 사변적 인문사회 학문영역에의 변화를 뜻하기도 한다. 그러므로 대학교육의 기능은 다분히 실용적 응용학문과 융합적인 학문형태로의 변화를 의미한다. 또한 대학교육 기능의 변화는 일종의 성장기능 중심의 전통적 대학관의 변화를 뜻하며 이것은 '생존적 전략(survival strategy)' 중심의 대학기능으로 변화가 될 것으로 보인다.

대학교육 기능의 변화를 요약하면 다음과 같다. 첫째, 교육, 연구, 봉사의 기능에서 지식 미디어(Knowledge media), 지식 네트워크(Knowledge network), 지식 인큐베이터(Knowledge incubator)의 3K 기능으로 변화할 것이다.[1] 둘째, 양적성장의 전략과 기능에서 질적 성

1 이현청. (2015). 「왜 대학은 사라지는가」 (서울: 카모마일북스). pp.25-26.

장의 전략과 기능으로 변화할 것이다. 셋째, 상아탑적 대학관에서 인재양성이라고 볼 수 있는 원어의 뜻으로 방앗간 혹은 공장이라는 뜻으로 쓰이는 mill로 변화한다. 특히 필자의 생각으로는 3 mill, 즉 과거를 검증하고 재단하고 정리하는 Past mill, 오늘의 현실의 문제를 다루고 고민하는 Present mill, 그리고 이를 바탕으로 미래를 조망하고 준비하는 Future mill의 대학관으로 대학교육 기능의 대변화가 불가피할 것으로 보인다. 넷째, 교육의 장에서 자기 주도적이고 복합적인 접근에 의한 학습 콤플렉스(Learning complex) 장으로 변화할 것이다. 다섯째, 서비스 학습(Service learning) 중심에서 참여 중심 사회봉사 체제로 변화할 것이다. 여섯째, 캠퍼스 중심 교수학습에서 재택학습과 학습시대로 변화할 것이다. 일곱째, 캠퍼스 중심에서 탈캠퍼스 체제로 변화할 것이다.

이러한 변화들은 대학의 기능과 역할 그리고 체제의 보수적 관점에서의 변화라고 볼 수 있다. 그러나 AI시대의 급격한 도래는 모든 것을 바꾸어 놓았다. 앞서 설명한 대로 대학의 본질은 이미 붕괴되었고 심한 표현을 쓴다면 잘못된 신화처럼 존재하고 있다. 한 마디로 대학은 형식만 남은 대학이 된 것이고 대학의 쇠퇴 징후들은 이곳저곳에서 찾아볼 수 있다. 대학 쇠퇴 징후들은 다음 몇 가지로 다시 정리될 수 있다.

① 학위 가치의 쇠락, 무력화

- 기업들은 더 이상 학위를 채용 기준으로 삼지 않는다
- 자기 주도형 스킬인증 플랫폼의 부상
- 마이크로 크래덴셜의 확산

② 교수 권위 하락

- 교수 중심 교육의 종말
- AI 튜터, 오픈컨텐츠, BCI 학습, AI 튜터링, 유튜브 강의 확산
- 교수의 지식 독점 체제 붕괴
- 교수자의 다양화 확산

③ 고착된 교과과정의 붕괴

- 적시성 교육의 확산에 따른 산업 변화 중심 교과 과정의 확산
- 신기술(양자 컴퓨팅 : BCI) 등의 산업계 주도확산
- 직업 생태계의 급격한 변화로 인한 교과 과정의 무용론 대두
- 교과과정 없는 대학 학습 증대

④ 대학 진입 장벽의 불평등

- 등록금 상승과 계층 재생산 수단으로서의 대학 교육 전락
- 사회적 이동수단으로서의 대학 교육이 아닌 사회적 장벽으로서의 대학 교육으로의 전락
- 조기 입시 교육 줄 서기로 인한 교육 불평등 심화

⑤ 학습 방법의 대혁명

- 유튜브, GPT, 위키, 논문 공유 플랫폼의 일반화
- 누구나 교수, 누구나 학생 될 수 있는 시대로의 전환
- 대학 밖에서 확산되고 있는 지식의 진짜 생태계 확산

- 온라인 시스템과 가상현실 속의 학습 확대로 대학만의 지식 중앙집중적 권위 구조 해체

이러한 요인들은 전통 대학의 해체를 촉발시키고 있고 학생 수의 감소와 재정난, 국제 경쟁력의 심화, 직업 생태계의 급격한 변동 등은 대학의 해체와 소멸을 촉진시키고 있다. 그렇다면 지금 우리가 필요로 하고 있는 배움은 무엇이며 그 배움은 어디에서 누구와 함께 어떻게 이루어져야 하는지 질문을 할 때이다.

이와 함께 대학은 누구의 것이며 무엇을 위해 존재해야 하는가 하는 질문을 할 때가 되었고 대학을 구성해온 신화와 허상을 향해 깊은 고민을 할 필요가 있다.

교육의 신화와 허상 : 학위, 교수, 커리큘럼의 신화

우리는 지금껏 대학에서 배운 내용과 대학에서 가르치는 교수, 대학에서 받은 학위에 대해서 깊은 신뢰를 해왔다. 그리고 교수는 지식의 보고로서 권위를 가지고 학생들을 가르치고 학생들은 주어진 교과 내용을 권위 있는 교수로부터 배워 습득하고 일정기간 대학에서 수학한 후 학위를 받게 되면 학위는 곧 사회 진출의 증명서가 되는 모습이었다. 그러나 이 모든 신념과 믿음은 4차 산업 혁명과 특히 생성형 인공지능인 AI가 등장한 이후 이러한 대학 교육에 대한 신화와 교수의 역할, 학생의 배움 그리고 학위에 대한 신념은 무너지기 시작했다. 따라서 이러한 교육에 대한 신화는 기술 이전의 문명에서만 작동하던 의식의 구조물이 되어가고 있다. 교육적 신화의 허상은 앞서 1절에서 일부 언급했듯이 대학에 대한 신화는 사회를 움직이는 무의식의 틀이었고 교수님의 가르침이 진리였으며 좋은 대학에 가면 성공할 수 있고 학위가 자신의 가치를 증명한다고 하는 무의식 틀 속에 갇혀 있었다. 그러나 지금 기술의 눈부신 진화는 이 신화를 해체해 가고 있다. 대학 교육에 대한 신화 그리고 허상들이 해체되어가고 있는 이유는 다음 몇 가지 관점에서 쉽게 이해할 수 있다.

신화 1. 교수는 가르치고 학생은 배운다

지금까지 우리는 교수는 가르치고 학생은 배운다라는 고정 관념에서 벗어난 적이 없다. 그러나 교수는 더 이상 모든 것을 아는 특별한 존재가 아니다. AI는 이미 세계의 모든 지식을 구조화했고 검색은 인간보다 훨씬 빠르게 이루어지며 인간이 탐구하는 지식과 진실에 접근할 수 있다. 또한 학생은 더 이상 일방적 수용자가 아니다. 더구나 학생은 더 이상 지식을 교수로부터 습득하는 피교육자가 아니다. 교수와 학습의 양축 패러다임은 바뀌고 있다. 학생들은 지식의 생산자이며 편집자이며 창조자로서 스스로 배우고 있다. 학생들은 여전히 교실에서 칠판을 바라보지만 질문은 이미 알고리즘 속에서 생성되고 있으며 교수는 이제 가르치는 자의 역할에서 벗어나 학습 촉매자, 학습 동반자, 학습 디자이너, 학습 상담자의 역할로 변화되고 있는 것이다. 이 점에서 대학 교육에서의 가르치고 배우는 패러다임의 신화는 무너지고 있는 것이다. 한마디로 교육에서 학습으로의 패러다임 전환이 급격히 이루어지고 있는 것이다.

신화 2. 학위는 지성의 증명이다

학위는 오랜 시간동안 지성의 상징이었고 지성의 증명이었다. 특히, 세칭 일류대학이라고 하는 대학의 학위를 받을 경우 성공의 지름길로 들어서는 증명서와 같은 역할을 해왔다. 그러나 이제는 더 이상 대학 학위가 지성의 증명이 될 수가 없다. 하버드, 서울대, 옥스퍼드, 동경대 등의 졸업장은 이름만으로도 권위가 있었다. 그러나 2040년을 향해 가고 있는 세계는 이제 더 이상 학위를 중요시 하지 않는다. 세계는 이제 학위보다 증명된 능력을 원하는 시대로 변했다. 증명된 능력을 논문 한 편, 오픈소스 기여도, 블록체인 인증, 포트폴리오, AI가 평가한 문제해결 능력으로 지성의 증명을 요구하는 시대가 되었다. 학위가 지성의 증명이 되는 시대는 과거의 이야기이다. 지금은 학위가 아니라 '학습의 흔적' 이 아니라 '학습의 결과'로 경쟁하는 시대이다. 학위는 더 이상 중요하지 않는 사회로 진입하는 것이다. 어떤 학위를 가졌나보다 어떤 자격을 갖추었으며 무엇을 아느냐보다 무엇을 할 수 있는가가 중요한 시대가 된 것이다. 더 이상 학위는 지성의 증명이 아니다.

신화 3. 교실은 배움의 공간이다

초·중등 교육이든 대학 교육이든 대학원 교육이든 교실은 한 때 모든 배움의 출발점이었고 배움이 이루어지는 공간이었다. 교실에는 가르치는 교수자와 배우는 학습자가 상호작용 하면서 주어진 교과내용을 습득하고 교과 내용을 담고 있는 지혜와 지식을 습득하여 인격을 함양하고 사회에서 필요로 하는 인적 자원으로서의 능력을 습득하는 것으로 인식되었다. 그러나 지금 교실은 급격한 사회 변화와는 달리 폐쇄적이고 느리고 정적인 공간이 되었다. 교실은 곧 배움이라는 공간의 명제는 오랫동안 우리가 의심 없이 받아들여 온 교육의 중심 신화 중 하나였다. 그러나 이 신화는 급격한 기술의 발전과 시대의 변화 속에서 점점 해체되고 재정의되고 있다. 교실은 물리적 공간에서의 학습자들이 함께 모여 생각하고 듣고 질문하고 이해하려는 시도를 하는 집중된 배움의 공간이었다. 이러한 배움의 공간으로서의 교실은 고대의 아카데미아, 중세의 살롱, 근대 대학의 강의실에 이르기까지 '지식의 공동체'로 상징되는 곳이었다. 그러나 이제 강의실 없는 교육이 확산되어 있고 교수자 없는 학습자 주도적 학습이 일반화되어 가고 있다. 더구나 4차 산업혁명 이후에는 메타버스, 융합 학습, 가상현실과 증강현실의 도입에 의한 다양한 학습 방법 등의 확산은 교실이 더 이상 학습하는 배움의 공간이 아니다. 이 점에서 교실은 배움의 공간으로서의 기능이 해체되어가고 있는 것이다.

신화 4. 기술의 도전 : 지식은 이제 공간에 묶여 있지 않는다

우리 교육은 이제 기술의 도전에 직면하고 있다. 지식은 이제 공간에 묶여 있지 않는다. 주어진 공간에서 주어진 시간에 주어진 내용을 습득하던 전통적 대학관은 더 이상 용납되지 않는다. 인터넷과 AI는 지식 습득의 장소를 탈 중앙화하고 다양화하여 특정공간에서 주어진 시간에 주어진 내용을 습득해야 하는 전통적 학습관을 해체시켜가고 있다. 지금 이 순간에도 전 세계 수억 명이 유튜브, Coursera, GPT, KHAN 아카데미를 통해 교실밖에서 더 잘 배우고 있다. 시간과 공간의 제약이 사라진 시대에 고정된 시간표와 정적인 강의실은 비효율적이고 고립된 구조가 되어버렸다. 배움은 연결과 맥락, 호기심과 문제 해결, 경험과 적용 속에서 일어난다. 이 점에서 배움은 이제 장소가 아니라, 상태(State)이기 때문이다. 교실은 이 조건을 모두 충족하지 못할 때 단지 물리적 공간으로 변화될 뿐이다. 2040년에는 많은 교실이 배움의 장소로서의 역할을 잃게 될 것이다. 지금도 10억 명이 넘는 세계 학생들이 교실밖에서 지식을 쉽게 습득하고 있는 것이다.

신화 5. 학습은 공간이 아니라 네트워크에서 일어난다

지금껏 학습은 공간에서 이루어져왔다. 그러나 오늘날의 배움은 동적이고 상호적인 특징을 갖는다. AI와 실시간 대화하여 문제를 해결하고 VR공간에서 실험하고 메타버스 캠퍼스에서 협업을 하는 형태로 학습이 이루어진다 . 배움은 '어디에서'보다 '누구와 연결되고', '무엇을 도전하는 가'에 의해 촉발된다.

한 마디로 학습은 공간이 중요한 게 아니고 네트워크에 의해 일어난다는 의미이다. 지금까지의 교실형 학습은 폐쇄형 구조형태였지만 오늘날 네트워크 기반 학습은 개방적이고 비선형적이며 맞춤형 학습인 것이다. 이제 교실은 한계를 가질 수밖에 없는 구조가 되었고 학습은 공간을 초월한 네트워크에서 이루어지는 구조로 바뀌고 있다. 한마디로 2040년에 학습은 Net-platform 형태로 바뀌게 된다.[2]

이렇듯 전통교실은 종종 관계맺기에 실패했으며 학습자는 교수와 수동적 관계 그리고 서로 간의 고립된 구조속에서 머물러 있었다. 그러나 디지털 세계의 학습은 협력적 참여형 생태계를 형성하고 있다. 따라서 교실이 진정한 배움의 공간이 되려면 그 공간 자체가 진화되어야 한다. 가르치는 공간이 아니라 창조와 발견의 무대로 전환되어야 한다. 단순한 교실의 물리적 재구성이 아니라 배움의 존재론적 재구성이 되어야 한다. 배움은 이제 사람과 사람 사이의 연결, 삶의 문제와 지식 사회간의 연결, 인간과 기술 사이의 창조적 충돌 속에서 탄생한다. 그것은 교실을 넘어서서 세계 그 자체를 배움의 장소로 만들고 있다. 이 점에서 배움은 이제 더 이상 특정한 장소에 종속되지 않는다. 그것은 디지털 세계의 틈새에서 AI와의 대화속에서 전 세계적 연결망 속에서 실시간으로 발생한다. 전통적 교실의 모습은 이제 물리적 공간에 불가해졌고 지식의 속도와 범위를 따라잡지 못하는 정적 구조로 변했다. 우리는 더 이상 어디에서 배우는 가보다 어떻게 배우는 가를 터득해야 한다. 지금껏 해왔듯이 칠판 앞에 서 있는 교수, 고요한 강의실, 책상 앞에 앉은 학생들이 전형적인 풍경은 배운다는 행위를 잘 묘사해주고 있다. 그러나 오늘날의 배움은 교실의 네 벽 너머에서 훨씬 더 역동적이고 깊은 방식으로 일어나고 있다. 학습자는 이미 스마트폰 속의 챗봇이나 실시간 튜터,

---

2 Net-platform은 필자의 신조어로서 Net-work형 학습플랫폼이라는 의미이다. 이와 함께 Net-platform이 확산되면 블록체인 학습이 되어 mega-platform 형태로 세계의 모든 대학 학습이 연계되는 학습 네트워크망으로 변화할 수 있을 것이다.

글로벌 협업 프로젝트 속에서 더 큰 배움을 얻고 있다. 이제 전통 대학들의 모습이 해체되어가고 있는 현실을 목격하고 있다. 교실은 정답의 공간에서 질문의 공간으로 변해야 하고 암기의 공간에서 탐험의 공간으로 변해야하며 수동적 수용의 공간에서 참여의 공간으로 바뀌어야 한다. 그러므로 전통대학의 소멸과 해체를 논하기 위해 교실은 정말로 아직도 배움의 공간인가? 라는 질문에서부터 시작해야 한다. 배움은 더 이상 시간표에 갇히지 않고 공간의 이름을 요구하지 않으며 지위을 가진 자의 입에서만 흘러나오지 않는다. 배움은 움직이고 연결되며 깨어 있는 존재의 상태가 되어야 한다. 그러므로 교실은 전통이라는 이름으로 하나의 신화가 되었는데 이제는 이 신화가 또 하나의 허상처럼 해체될 위기에 처해 있다.

표 2 교실의 소멸과 공간 없는 학습

<table>
<tr><td colspan="2">정답의 공간 → 질문의 공간</td></tr>
<tr><td colspan="2">암기의 공간 → 탐험의 공간</td></tr>
<tr><td colspan="2">수동적 수용의 공간 → 참여의 공간</td></tr>
<tr><td rowspan="3">정적 지식 습득 공간</td><td>→ 지식 실험실</td></tr>
<tr><td>→ 창조의 무대</td></tr>
<tr><td>→ 상호작용 학습 생태계</td></tr>
</table>

신화 6. 교육 신화와 커리큘럼의 허상

교육은 커리큘럼에 의해 교육 되어지고 커리큘럼은 당연한 교육 내용으로 받아 들여져왔다. 그러나 사회문화적 신념이 뿌리깊게

자리잡고 있는 교육에서 교과과정은 사회문화적 신념의 신화에서 벗어날 수 없다. 우선 앞서 논의한 교육의 신화에 대한 논쟁부터 다시 논의해 보면 학교 성적이나 학위가 인간의 전반적인 지성,역량, 가능성을 대표한다고 보는 학력이 곧 능력이라고 하는 신화는 허상이라는 것을 언급한 바 있다. 또한, 모든 학생들에게 동일한 커리큘럼과 평가를 제공하는 것이 공평하다고 믿는 사고 위에서 설정된 표준화된 교육이 공정하다는 신화 또한 잘못된 것이다. 이뿐만 아니라 교육을 받으면 누구나 사회적으로 성공할 수 있다는 믿음 위에 교육이 이루어지는 교육은 사회적 계층 이동의 사닥다리라는 신화 또한 왜곡된 것이다. 이렇게 잘못된 교육의 신화는 산업주의와 능력주의를 강화하는 기능을 해왔지만 불평등을 재생산하거나 인간의 다양한 잠재력을 억압하는 결과를 낳기도 했다.

커리큘럼의 허상은 보편성과 중립성이라는 가면 위에서 지금껏 중요한 교육의 한 부분으로 인식되어 왔지만 실상은 보편성과 중립성의 측면으로 볼 때 우려할 점이 많다. 특히 특정 문화, 계층, 성별, 이념을 반영하는 경우가 많고 가치중립적이지 않으며 이외에도 다음과 같은 문제점을 안고 있다.

- 지식의 위계화 : 인문학보다 STEM, 철학보다 기술 교육을 중시
- 문화적 편향: 서구 중심의 지식 체계를 '세계 보편 지식 체계'로 포장
- 평가 중심 사고 : 이해보다는 점수와 성취를 우선시하는 시스템

결과적으로 커리큘럼은 학생의 삶, 공동체와 동떨어진 "유용하지 않는 지식(useless knowledge)을 전달하는 데 머무를 수 있다(이현청, 2000).

이러한 점에서 잘못된 교육 신화와 커리큘럼은 재검토되어야 하고 어떤 방향으로 가야할지, 어떤 철학적 정의를 해야할지, 어떤 형태의 교육과정이 AI시대에 적합한 체제인지 논의가 필요하다. 우선, 커리큘럼의 재검토를 위해서는 몇 가지 질문이 필요하다.

철학적 재정의 : 교육의 목적 다시 묻기

교육의 목적과 철학 면에서 교육의 목적에 대해 다음과 같은 교육철학에 대해 다시 물을 필요가 있다.

① 인간 중심의 교육: 교육을 도구적 성공(취업, 경쟁)보다 인간적 성장(의미, 관계, 공동체) 중심으로 전환
② 지식보다 성찰: 무엇을 배우느냐보다 왜 배우는가, 어떻게 배울 것인가를 강조
③ 대화와 질문 중심: 학생의 질문을 출발점으로 커리큘럼을 설계

맥락화된 커리큘럼

커리큘럼 또한 맥락화된 커리큘럼이 요구된다.

① 지역, 문화, 공동체의 맥락을 반영하는 커리큘럼

② 교수와 학생이 공동으로 구성하는 '살아 있는 커리큘럼' (emergent curriculum)
③ 확일적 교육 기준이 아닌, 유연성과 다양성을 중심으로 재설계

정치·윤리적 민감성 강조

교육에서 정치·윤리적 관점에 대해 신중한 접근이 요구된다.

① 커리큘럼은 권력과 가치가 개입된 구조에서 탈피하기 어렵다는 점을 고려
② 소외된 목소리(소수자, 제3세계, 여성 등)를 포함하는 포용적 커리큘럼의 필요성
③ '어떤 지식이 왜 가르쳐지는가'를 지속적으로 질문하고 검토하기

등의 여러 가지 커리큘럼이 안고 있는 잘못된 신화에 대한 교육적인 검토와 교육 철학적 논점을 충분히 고려하여 지금까지의 커리큘럼의 신화에서 탈피할 필요가 있다. 커리큘럼은 교육 내용의 핵심이고 교육의 3요소인 교육목표, 교육과정, 교육평가의 허리에 해당하는 부분이기 때문에 커리큘럼에 대한 잘못된 신화는 재검토되어야 한다.

기술의 충격 :
온라인 러닝부터 챗GPT까지

기술의 급격한 진보는 교육 현장에 많은 변화를 초래하고 있다. 향후 20년간 대학 교육의 변화 추세는 여러 가지 요인에 의해 크게 변화될 것이라고 예상된다. 한마디로 AI와 4차 산업 혁명의 커다란 영향때문이라고 볼 수 있다. 기술의 충격은 4차 산업혁명의 충격적인 변화와 관련되어 있고 대학의 교육체제와 학습방법의 대변혁을 초래하고 있다. 세부적인 변화는 온라인 학습에서부터 챗GPT까지의 변화를 다룰 것인데 우선적으로 기술의 충격과 관련된 큰 흐름을 정리해 보면 교육형태나 학습경험, 학습방법 등의 변화 전망과 연관되어 있다. 이러한 변화의 주된 추세를 몇 가지로 정리될 수 있다.

기술 충격에 따른 학습 방법 진화

디지털화 및 온라인 교육

COVID-19 팬데믹 이후 온라인 교육의 수요가 급증했다. 앞으로도 하이브리드 교육 모델이 일반화될 것으로 보이며, 가상 현실(VR) 및 증강 현실(AR) 기술이 교육에 통합되어 몰입감 있는 학습 경험을 제공할 것으로 예측된다.

개인화된 학습 경험

데이터 분석과 인공지능(AI)을 활용하여 학생 개개인의 학습 스타일과 속도에 맞춘 맞춤형 교육이 이루어질 것이다. 이를 통해 학생들은 자신의 필요에 맞는 교육을 받을 수 있으며 학습 능력 진단 메뉴얼에서부터 학습 교정 크리닉에 이르기까지 다양한 개별화 학습 패러다임이 도입될 것이다.

산학 협력 강화

기업과 대학교 간의 협력이 더욱 강화되어 실무 중심의 교육과정이 늘어날 것이다. 인턴십, 프로젝트 기반 학습 등이 증가하면서 학생들은 실제 산업 경험을 통해 실력을 쌓을 수 있다. 특히 현장형 크레덴셜(Site credential)이 보편화 될 것이다.

다양한 평가 방법

전통적인 시험에서 벗어나 포토폴리오, 프로젝트, 동료 평가 등 다양한 평가 방법이 사용될 것이다. 이는 학생의 전반적 학습 능력 검증과 현장에 즉시 적응할 수 있는 능력에 대한 평가 체제로 전환될 것이다.

평생 학습 확대

빠르게 변화하는 직업 세계에 대응하기 위해 평생 학습의 개념이 중요해질 것이다. 이를 위해 대학교육은 졸업 후에도 지속적으로 학습할 수 있는 프로그램을 제공할 것이다. 생애블록형(life block learning) 학습이 확대될 것이다(이현청, 2010;2022).

글로벌화의 보편화

국제화가 진행됨에 따라 다양한 문화와 국적의 학생들이 함께 학습하는 환경이 조성될 것이다. 이로 인해 학생들은 글로벌 감각과 다양한 시각을 갖출 수 있게 된다. 다문화, 다언어, 다인종, 다국적 등의 one world, one learning 패러다임으로 전환할 것이다. 그리고 캠퍼스는 컬러풀 캠퍼스(colorful campus)로 전환할 것이다(이현청, 2009).

지속 가능성 및 사회적 책임

기후 변화와 사회적 문제에 대한 인식이 높아짐에 따라, 대학교육에서도 지속 가능성과 사회적 책임을 강조하는 교육과정이 증가할 것이다. 한마디로 전통 대학들의 소멸과 해체에 따른 생존 전략의 일환으로 지속가능한 교육(sustainable education) 패러다임이 일반화될 것이다.

이러한 바탕에서 제시한 변화들은 4차 산업 혁명의 향후 변화와 직간접적으로 연관될 것이다. 챗GPT는 물론 4차 산업 혁명의 여러 변화와 융합되어 가상공간과 물리적 공간을 초월하는 메타버스 형태의 교육으로 변화될 것이다. 이러한 변화를 유도할 4차 산업혁명의 몇 가지 중요한 기술 충격의 예를 제시하면 다음과 같다.

① 자기 충전(시공 초월)
② 스포츠 산업 융복합(스포츠 인터렉션 사이언스)
③ 유튜브 전시회, 유튜브 콘서트
④ 밥 로스 그림 그리며 방송
⑤ 독자들을 대상으로 하는 구독 커리큘럼
⑥ Boost park(OGX 속도체험놀이터)
⑦ 과학 기술로 인간 재생
⑧ Trans Human(Half Human)
⑨ 빅데이터 통한 강화 학습
⑩ 인간 행동 사고 학습

⑪ 공장식 출산(인간의 윤리 의식에 달려 있다)

⑫ 시속 2000~3000km 튜브 열차 등장

⑬ 양뇌사회(dual brain society) 확대

이러한 변화 과정에서 2040년 교육은 4가지 특징을 지니게 된다. 두뇌 산업, 학습 산업, 지식 산업, 브레인 산업의 특징을 갖게 되고 지식량 폭증과 지식 생명주기 단축, 지식의 퓨전화 등이 확대되어 기술의 충격에 따른 학습 혁명이 이루어질 것이고 가장 중요시되는 것은 글로벌 지식 즉, 지식의 세계화가 이루어져 세계적 기준과 세계적 지식 유통, 인재의 글로벌화가 주요 변화의 흐름이 될 것이다. 따라서 기술의 충격은 학습의 충격을 낳게 되고 인재의 충격을 낳게 되고 초변화, 초혁신 시대로 전환할 것이다. 따라서 학교 중심의 전통적 학습의 모습에서 평생동안 학습하는 생애 주기형 재교육 구조로 전환될 것이다.

새로운 교육과정의 시도

커리큘럼의 신화를 깨기 위한 새로운 시도들은 여러 형태의 교육 모습으로 나타나고 있다. 단순한 교육과정의 교과목조정이나 평가방식의 개선을 뛰어 넘어 새로운 커리큘럼을 시도하는 교육들이라고 볼 수 있다. 유아교육에서 아동의 탐구와 표현을 존중하며 교수와 함께 커리큘럼을 창조하는 접근법인 Reggio Emilia 접근법 그리고 억압받는 이들이 현실을 인식하고 변혁하도록 돕는 교육 방식인 Paulo Freire의 '의식화 교육' 그리고 전통적 강의 대신 글로벌 문제 해결 중심의 모듈식 교육 실험 형태를 띠고 있는 미네르바 대학 등을 예로 들 수 있다. 이제까지의 이러한 새로운 교육과정의 시도는 세계 곳곳에서 다양하게 존재한다. 이러한 새로운 교육과정의 시도는 기존의 혁신적 교육과정에 AI 등 첨단 신기술을 접목하여 새로운 형태로 전환될 것이다. 이러한 사례를 정리해 보면 다음과 같다. 여기서는 변화된 모습보다는 원래의 교육과정 형태와 철학만을 소개한다.

A.S. 닐의 서머힐 학교

- 핵심가치 : 자유로운 성장, 자율성, 강제 없는 학습
  - 수업 참여는 전적으로 학생의 선택에 달려 있다
  - 민주적 학교 운영 : 학생과 교수가 동등하게 의사결정에 참여한다
  - 감정, 놀이, 인간관계를 학습의 핵심으로 간주한다
- 신화 해체 : "아이들은 통제받아야 한다"는 교육 신화를 정면으로 거부한다
- 시사점 : 인간 중심, 심리적 자유를 바탕으로 한 커리큘럼 가능성 제시

하알덴스쿨

- 핵심가치 : 탈식민주의 교육, 공동체와 함께하는 배움
  - 아프리카 토착 지식, 언어, 문화 중심 커리큘럼 구성
  - 식민지 교육 체계에서 배제된 학습자의 정체성과 회복을 강조
  - 음악, 구술 전통, 구전 역사 등을 적극 포함
- 신화 해체 : 서구식 교육만이 진리라는 보편성 신화에 도전
- 시사점 : 교육 커리큘럼은 반드시 문화적 맥락을 반영해야 한다는 점을 강조

High Tech High

- 핵심가치 : 프로젝트 기반 학습(PBL), 실제 문제 해결, 협업
  - 시험 중심 교육을 탈피하고, 장기 프로젝트를 통해 학습 진행
  - 학생이 문제를 탐색하고 해결하며 포토폴리오로 결과물을 제출
  - 교수와 학생이 함께 커리큘럼을 설계
- 신화 해체 : 지식은 교수 중심으로 전달되어야 한다는 신화, 평가 중심 교육에 도전
- 시사점 : 역동적, 경험 중심 커리큘럼이 어떻게 구현될 수 있는지 실증한다

Big Picture Learning (미국)

- 핵심 가치 : 학생 개인 맞춤형 교육, 진정한 삶과 연결된 학습
  - 학생 개개인의 관심과 삶의 맥락에 따라 커리큘럼 설계
  - 매주 인턴십, 실제 프로젝트, 멘토링 포함
  - '한 사람을 위한 교육'이라는 모토 아래 교육 표준화 비판
- 기존의 교육 신화 해체 : '하나의 정답과 길만 존재한다'는 교육 패러다임 비판
- 시사점 : 커리큘럼의 개인화, 삶 중심 커리큘럼이 어떻게 실천 가능한지를 보여준다

이 학습 철학은 학생 한명 한명이 중심이 되어야 하며 그 학생의 흥미, 열정, 목표를 기반으로 교육이 설계되어야 한다는 철학을 담고 있다. 이와 관련된 핵심 6가지 요소를 보면 다음과 같다.

① 학생 중심 학습(Student-Centered Learning)

- 학생의 관심사, 열정, 재능에 기반한 개별화 학습 계획을 수립한다
- 교수는 '교수'보다는 '자기 주도 학습을 돕는 조력자' 역할을 한다

② 현장 중심 학습(Learning Through Internshilps, LTI)

- 학생은 매주 실제 직장에서 인턴십을 통해 배우는 시간(LTI)을 가진다

- 이 경험은 학교 수업과 연계되어 실제 문제 해결 능력을 기른다

③ 실제 프로젝트 기반 학습(Real-World Project-Based Learning)

- 단순한 시험이나 과제 대신, 실제 사회 문제나 개인 프로젝트를 중심으로 학습이 이루어진다
- 학생은 자신의 프로젝트 결과를 포트폴리오로 정리한다

④ 관계 중심 학습(Relationships)

- 소규모 그룹에서 학생, 교수, 가족, 커뮤니티가 긴밀하게 협력한다
- 강한 소속감과 책임감을 길러준다

⑤ 개별화된 평가(Personalized Assessment)

- 시험 대신 전시회, 포트폴리오, 자기 평가, 동료 평가 등 다양한 방식으로 성취를 평가한다
- GPA 대신, 진로 준비도와 역량 중심의 피드백을 중시한다

⑥ 졸업 후 진로 설계 지원(Post-Secondary Planning)

- 학생은 고등학교 졸업 이후 대학, 직업, 창업 등 자신만의 경로를 설계한다
- 학교는 이를 돕기 위한 진로 멘토링과 네트워크를 제공한다
- 대학의 경우, 졸업 후 직업 적응교육과 추수 교육(refreshment learning) 프로그램을 제공한다

PBL 학교의 모델은 고등학교와 대학에서 미국 전역에 확산되어 있고 호주, 네덜란드, 이탈리아, 이스라엘 등에도 도입되어 운영되고 있으며 한국에서는 혁신학교나 대안학교 중심으로 관심을 받고 있다. PBL이 주는 시사점은 교육이란 무엇이며 학생이 배워야 할 진정한 배움의 내용은 무엇인가에 대한 철학적 질문을 던져주고 있다. 1980년 초 미국에서 시작된 PBL 학습의 이러한 혁신적 학습 모델은 초중고등학교는 물론 대학 교육에서도 급격히 확산되고 있고 2040년에는 훨씬 진화된 AI 기법 등을 활용한 전혀 새로운 학습 모델이 등장할 것이다. 일반적으로 PBL 모델은 장점과 한계를 정리해 보면 다음과 같다.

표 3 장점과 한계

장점	한계
진짜 삶과 연결된 학습 경험	전통적인 평가 시스템과의 충돌
동기와 몰입도 상승	교수의 역할 변화에 따른 부담
자기 주도 학습력 강화	시스템 전환에 필요한 자원과 문화

잊혀진 질문 : 배움은 누굴 위한 것인가?

기술 발전이 대학 붕괴에 미치는 충격

기술 발전이 주는 가장 근본적 질문중 하나는 우리가 배움의 현장에서 쉽게 잊혀질 수 있는 질문으로서 배움은 누구를 위한 것이고 기술이 발전하게 되면 배움의 방법이나 배움의 과정, 배움에 대한 결과 등에 어떤 영향을 주는지 대한 질문이다. 기술 발전은 결국 직간접적으로 대학의 붕괴에 커다란 역할을 할 것이고 특히 학습자의 배움, 내용, 배움 형태, 배움의 결과에 대한 변화를 가져다 줄 것이다. 그 변화는 한마디로 대학 교육의 붕괴와 관련되어 있다. 특히 1990년 후반 이후 온라인 교육이 기술 변화의 핵심이라고 본다면 2010년 중반 이후부터는 인공지능이 그리고 2020년 이후에는 빅데이터와 생성형 AI가 기술 변화에 핵심적 역할을 해왔다. 이러한 기술 변화는 교과중심, 교수중심, 교육중심, 제도중심의 대학 교육 체제를 완전히 바꾸어놓고 있다. 한마디로 전통적 대학과 캠퍼스 중심 대학은 지금 위기에 처해 있고 생성형 AI의 급격한 기술 진화는 혁명적으로 대학의 붕괴를 앞당길 것으로 예측된다. 캠퍼스 이외의 모든 공간이 학습의 장이 될 것이고 학습자는 시·공을 초월하여 자기 주도적 학습체제로 학습을 이어갈 것이다. 따라서 우리가 망각한 배움은 누굴 위한 것인가? 그리고 기술 발전이 대학 붕괴에 미치는 충격은 어떠할 것인가에 대한 직·간접적 해답을 던져주고 있다. 현재 캠퍼스 중심 대학은 사라지고 있다. 그리고 정형적 교육중심의 배움도 사라지고 있다. 이러한 변화는 결국 배움은 자기 스스로 자기 능력에 따라 자기 주도적 동기에 따라 이루어지는 형태로 전환될 것이고 그런 의미에서 대학은 먼 미래가 아니라 가까운 장래에 붕괴의 충격을 벗어날 수 없을지도 모른다.

기술 발전이 대학 붕괴에 미치는 충격을 형태와 요인들을 사례 중심으로 정리해보면 다음과 같다.

온라인 러닝의 부상 : 지리적 경계의 해체

- MOOCs(Massive Open Online Courses) : 2010년대 초 Coursera, edX, Udacity 등이 등장하면서 하버드, MIT, 스탠퍼드 같은 세계적 대학 강의를 누구나 들을 수 있게 되었다. 이러한 온라인 학습의 부상은 기존 캠퍼스 중심 학습 체제를 바꾸어놓고 있다. 무크가 주는 지리적, 공간적, 경계의 해체는 기존 대학 패러다임을 크게 변화시키고 있다
- 학위 무력화 : 더 이상 '어디서 배웠는가'가 중요한 게 아니라 '무엇을 할 수 있는가'로 전환된다
- 기존 대학의 독점성 붕괴 : 교수, 교재, 학습 콘텐츠를 직접 통제하던 시대에서 콘텐츠가 유통되고 소비되는 시대(YouTube

강의, 블로그, AI 튜터링, Khan Academy 등)로 이동된다

플랫폼 중심 생태계로의 전환

- 구글, 마이크로소프트, 메타, 삼성 등 빅테크 기업이 자체 교육 플랫폼 개발하여 대학 외부에서 기술 자격 인증(예:Google Career Certificates)을 한다
- 플랫폼 기반의 대안적 자격체계(Alternative Credentials)가 부상하고 확대되어 Micro-Credentials, 학습 badges, 나노학위(Nano degree), 마이크로학위(Micro degree), 미니학위(Mini degree) 등이 전통 학위를 대체하고 있다

AI 튜터와 학습 보조 시스템의 진화

- AI 기반 튜터링 : Chat GPT, Khanmigo(GPT 기반 튜터), Google Gemini을 통한 개별 맞춤형 학습 기능이 확산되고 있고 교수의 일부 기능을 대체하게 된다
- 학습 분석(Learning Analytics) : 빅데이터 기반 학습자의 행동, 성취, 태도 등을 실시간 분석하여 학습자에 대해 인간 교수자보다 빠르고 정밀한 피드백이 가능하다
- 비정형 지식의 학습 가능: 코딩, 디자인, 창의력 등 기존에는 대학에서 어렵게 배웠던 분야도 이제는 AI + 실습 중심으로 독학이 가능하다

생성형 AI(Chat GPT)의 충격 : 지식 자체의 위상 변화

- 정보, 지식, 지혜의 경계 모호 : GPT는 '정보'를 말 그대로 '지식'처럼 포장함으로써 기존 대학의 '지식 전달' 기능을 위협한다
- 글쓰기, 번역, 보고서, 논문 초안 작성 등에서 AI의 자동화 능력이 인간 교수자의 피드백 기능을 일부 대체한다
- 시험, 과제의 위기 : AI로 인해 표절 탐지 불가능, 창의성 중심의 과제조차 기계가 수행 가능하게 됨으로써 평가 방식의 근본적 재설계가 필요하다

탈중앙화된 지식 생태계

- Wikipedia, Reddit, Quora, StackOverflow, GitHub 등은 교수 없이도 지식 공동체가 운영된다
- AI는 이러한 비공식 지식을 실시간으로 요약, 확장, 통합함으로써 대학의 '전통성'이 약화된다

대학의 위기 : 비용 구조와 효용의 불균형

- 고등교육 비용 상승 vs 기술을 통한 대체 가능성 증가함으로써 ROI(투자 대비 효과)가 낮아진다
- 기술로 충분히 학습하고 일할 수 있다면, 군이 4년간 대학에 다닐 필요가 없어진다. 대학 교육과 학위의 가치와 대학 진학

의 필요성이 감소하게 된다

- 특히 전문기술 중심 분야(프로그래밍, 펀드매니징, 마케팅, 디자인, 데이터 분석 등)는 AI 및 실무 중심 부트캠프에 더 의존한다

따라서 인공지능 특히 생성형 인공지능 기술의 급격한 변화는 전통적인 학습형태를 탈피하여 굳이 4년간 대학에 다닐 필요가 없어지는 시대를 맞고 있고 특히 전문중심 기술분야라 할 수 있는 프로그래밍, 마케팅, 디자인, 데이터 분석 등의 기술 영역은 AI 중심으로 그 비중이 훨씬 높아질 것이고 이러한 추세는 기존 대학의 붕괴를 초래할 수 있는 여지가 충분하다. 따라서 향후 전망을 볼 때 대학은 기술을 통합한 플랫폼형 대학으로 재편될 것이고 대학 교수와 학생 역시 AI와 공존하는 교육이 절대적으로 필요할 것이다. 특히 지식 습득이나 암기 위주에 일방적 지식전달 형식 패러다임은 크게 변화할 것이고 비판적 사고와 윤리, 창의적, 문제해결 능력 등을 위한 '행위학습' 혹은 '실천학습(Action Learning)' 형태로 대전환이 이루어질 것이다.

기술 발전에 의한 대학 붕괴와 관련된 충격을 도표로 제시해보면 다음과 같이 정리될 수 있다.

표 4 기술 충격에 따른 대학의 영향

기술 요소	대학에 미친 충격	결과
온라인 러닝	지리적 독점 해체	교육의 민주화, 전통 대학의 경쟁격화
플랫폼 생태계	인증과 교육의 분리	자격증 경쟁, 대학 외 대안 부상
AI 튜터	개별화 학습, 자동 피드백	교수 역할 재구성, 개인 학습 강화
생성형 AI	지식의 자동화, 평가의 무력화	교육 철학과 평가 체계의 위기
오픈 지식 생태계	비공식 지식의 신뢰성 상승	대학의 권위 약화
기술 기반 효율	학습 비용 절감, 대안 교육 확대	대학의 지속 가능성 위협

제2장

기술의 물결 : 새로운 배움의 생태계

- AI 교수와 튜터봇 : 인간 교수의 종말
- BCI와 뉴로러닝 : 뇌로 배운 시대의 도래
- 메타버스 캠퍼스 : 현실을 초월한 학습공간
- 퀀텀 러닝과 데이터 지성 : 지식은 어떻게 처리되는가

AI 등 새로운 인공지능 기술의 변화는 새로운 배움의 생태계를 형성하고 있다. 이러한 변화는 학습 방법은 물론 교실 중심의 학습 형태를 변화시키고 있다. 그 대표적인 예는 교수를 대신하는 AI교수의 등장, 24시간 맞춤형 AI 보조 교수의 등장, 교육과정에서 학습자의 학습 역량 진단, 학습 교정과 학습 코칭 그리고 시간, 장소, 공간을 초월한 가상 현실 속에서의 메가 메타버스형 교육시스템의 등장 뇌와 연결되는 신경 기술학습 등장 등 기술의 물결은 새로운 배움의 생태계를 형성하고 있다. 이 장에서는 이러한 내용을 몇 가지 관점에서 다루고자 한다.

AI 교수와 튜터봇 : 인간 교수의 종말

2040년 교수 혁명

2020년대에 접어들면서부터 교육현장에서는 교수 역할에 대한 새로운 의문이 들기 시작했다. 교수가 더 이상 필요없는 시대가 오는가? 아니면 교수의 역할이 새롭게 정립되는 것인가? 라는 논쟁에서 이러한 새로운 의문이 시작되었다. 특히 기술의 발전 무엇보다 인공지능과 맞춤형 학습 시스템의 보급은 교수 의 전통적 역할을 급격히 축소시키고 있기 때문이다. 2040년에 교수는 여전히 역할을 수행하며 존재할 것인가? 아니면 변형되고 재정리된 역할을 통해 여전히 존재하는 형태로 교수의 역할이 진화될 것인가? 라는 쟁점은 해소할 수 없을 논쟁의 가능성이 높다. 그러나 AI시대의 도래에 따라 교수의 역할과 관련된 혁명은 우리가 예측하는 것보다는 훨씬 진화된 모습으로 전개될 가능성이 매우 높다.

과거의 교수

과거의 교수는 그 역할이 지식의 전달자의 역할에 그 기본을 두고 있다. 과거의 교수는 기본적으로 지식의 전달자에서 출발하여 핵심적 지식의 전달자의 역할을 수행해 왔다. 이 점에서 교수는 학문의 중심이었고 권위있는 지식전수자였다. 전통적 교수의 역할과 교수법 그리고 대학 시스템 구조를 요약하면 다음과 같다.

- 전통적 교수의 역할: 권위 있는 지식 전달자, 강의 중심, 시험 중심 평가자
- 교수법의 특징: 일방적 강의, 표준화된 커리큘럼, 집단평균을 중심으로 한 교육
- 대학 시스템의 구조: 교수가 곧 학문의 중심, 학생은 수동적 수용자

이처럼 과거의 교수는 지식 전달자의 역할에 충실해야 했고 학생은 수동적 학습자의 위치에서 대학 시스템의 구조는 형성되었고 교수법의 특징 또한 표준화된 교과과정의 중심으로 교수의 일방적 강의 중심이 대학의 모습이었다. 그러나 급격한 인공지능의 발전은 대학의 모습을 바꾸어 놓았고 한 마디로 교수 역할과 기능에 혁명을 가져다주고 있다. 특히, AI와 디지털 플랫폼의 등장은 교수의 역할을 가르치는 자의 입장에서 학생들과의 학습동행자의 입장으로 바꾸어 놓았다. AI와 디지털 플랫폼의 등장에 따른 기술 충격은 교실 모습과 학습 방법 교수자의 역할을 바꾸어 놓았는데 그 특징들

과 경향을 몇 가지로 열거하면 다음과 같다.

기술 충격: AI와 디지털 플랫폼의 등장

AI 기술의 혁신적 진화는 교실 대신 메타버스와 멀티메타버스 그리고 학습 데이터 베이스 중심의 플랫폼으로 전환될 것이다. 이러한 전환은 교수의 역할을 완전히 바꾸어놓을 것이고 교수 대신 AI 교수와 그 역할을 대신 할 것이다.

- AI 튜터와 학습 플랫폼의 역할 확대
  - 챗봇 교수, 자동화된 평가 시스템: 개인 맞춤 학습 경로 추적 시스템 확산
- VR/AR 메타버스를 활용한 실감형 교수법 확산
  - 강의실 없는 대학, 실험실 없는 실습의 확산 가능성
- 데이터 중심 교육 분석(Learning Analytics)
  - 교수법도 "실제적이고 효율적인 최적화"가 가능한 시대로 전환

2040년의 교수 역할

2040년에는 교수 역할이 어떻게 바꾸어 질 것인가? 과거의 교수 역할과는 확연히 달라질 것이다. 교수의 역할은 교육코치, 큐레이터 그리고 공동연구자와 공동학습자의 역할로 바꾸어질 가능성이 높다. 따라서 교수는 촉매자(facilitator)의 역할과 카운슬러

(Counseler)의 역할, 공동학습자(Colearner)의 역할로 전환될 것이다. 2040년의 교수 역할을 요약해보면 다음과 같이 정리될 수 있다.

- 지식 큐레이터(Curator)
  - 지식을 창출하기보다 신뢰 가능한 정보의 선별자
  - AI가 생성한 콘텐츠의 질 평가 및 맥락화의 분석자
- 학습 코치(Coach)
  - 학습자 개개인의 성장 경로를 함께 설계하고 추적하는 학습 코치자
  - 감정, 동기, 정체성 등 비인지적 요소를 다루는 역할 강화
- 지식 공동창작자(Co-creator)
  - 학생과 함께 문제를 정의하고, 솔루션을 만들며, 연구하는 파트너로 활동
  - 물리적 연구실 대신 수업 자체가 연구실 의미를 지니며 모든 프로젝트를 통해 실제 사회와 연결하는 지식 촉매자의 역할 강화

교수 방법의 변화

기술의 충격 중 가장 주목해야 할 부분은 교수(teaching) 변화라고 볼 수 있다. 특히 교수 방법의 변화는 기술 충격의 핵심이라고 볼 수 있는데 수업은 일방적 지식 전달이 아니라 경험을 설계하는 형태로 진화할 것이다. 특히 학습과 연구가 융합되는 RIL(Research in learning) 혹은 LWR(Learning with Researh) 형태로 교수 방법이 변화될 것이다. 또한 해답중심의 교수방법이 질문기반학습 형태로 바뀔 것이고 학습장소나 시간, 내용 등이 매우 유연성있게 바뀔 것이며 표준화된 지식 전달보다는 개별 학습이 대폭 확대될 것이다. 이뿐만 아니라 실제 직업현장이나 지역사회에서 직면하게 되는 문제중심학습이 일반화될 것이다.

질문 기반 학습(Question-Based Learning)

- 정답을 가르치지 않고, 질문을 던지고 함께 탐색하는 방법의 확산
- '지식의 생산자'로서 학생을 대하는 수업 구조가 형성된다
- 특히 생성형 AI와 함께 학습이 이루어짐으로 프롬트엔지니어링(Prompt engineering)과 코딩 그리고 디코딩(de-coding) 기반 학습이 확대될 것이다

플렉서블 러닝(Flexible Learning)

- 시간 · 장소 · 형식에서 완전히 유동적인 수업 운영이 이루어진다
- AI 튜터 + 인간 교수의 하이브리드형 학습 설계 확대된다

초개인화 교육(Hyper-personalized Learning)

- 학습자의 두뇌, 성향, 감정 등의 데이터 기반으로 교수 전략 차별화된다
- 1000명의 학생에겐 1000가지 방법이 활용되는 초개별화 교육이 확대된다

문제 중심 학습(PBL)과 리빙랩(Living Lab)

- 실제 지역사회 문제를 해결하는 프로젝트 기반 수업이 이루어진다
- 수업의 경계가 지역과 산업 현장까지 대폭 확대된다
- 대학의 학습이 지역 사회 연계 학습으로 강화되어 Comversity (지역사회 중심 대학)적 특성이 확대될 것이다(이현청, 2000)

교수의 역량 변화

기술 충격 특히, AI의 확산은 교수들로 하여금 새로운 역량을 요구하게 된다. 특히 중요한 것은 AI리터러시(AI-literacy)와 메타교육 역량을 요구받게 된다. 따라서 교육의 역량 변화는 AI의 기술변화와 직결되어 있으며 AI와 관련된 역량이 교수의 기본역량이 될 가능성이 매우 높다. 이와 관련된 교수의 역량과 조건 변화를 정리하면 다음과 같다.

- AI 활용 능력

  단순 사용이 아닌 교육적 맥락에서의 통합 설계 능력 필요
- 데이터 해석 능력

  학습 데이터를 읽고 분석해 교육 전략에 반영하는 능력 필요
- 심리적 공감능력 & 윤리적 판단력

  기계가 할 수 없는 영역에 집중하여 심리적으로나 윤리적으로 판단하고 공감하는 능력 필요
- 메타교육자

  교육 자체를 교육하는 교육자(교수법의 교수)의 역할 증대

이와 같이 2040년 교수의 미래는 많은 도전과 과제를 안고 있다. 교수 미래는 매우 불안한 위치에 처해 있게 되고 교수라는 직업의 본질이 무엇인가에 대한 정체성 혼란과 관련된 철학적 질문에서부터 일부 교수만 혁신에 적응하고 다수는 소외받기 쉽기 때문에 기술 불균형과 기술 소외(Technical isolation)의 위험에 노출될 가능성이 높다. 이와 함께 교수는 플랫폼에 종속되는 교육노동자가 될 위험마저 있어 자칫 교육 상품화의 도구가 될 가능성마저 있다. 따라서 첨단기술 진화와 생애학습시대에서 교수는 위치를 재정립화 필요가 있다. 그러므로 2040년의 교수는 더 이상 지식을 전달하는 존재가 아니며 교수는 학생과 함께 미래를 설계하는 학습 동반자, AI와 함께 학습 환경을 구축하는 교육 창조자, 그리고 인간의 깊이와 의미를 교육에 담는 윤리적 안내자로서 새롭게 태어날 것이다. 결론적으로 교수는 사라지지 않는다. 다만 달라질 뿐이고 교수 혁명의 의미는 교육의 단절이 아니라 교수가 교육 진화의 한 주체일 뿐이다.

특히 AI 교수 등장과 튜터봇(Tutor Bot)의 등장은 인간 교수 혹은 교수 종말을 예고하고 있다. 그러나 인공지능 진화적 교수와 튜터봇은 단순히 기술을 의미하는 것이 아니라 교육에서 인간 교수의 고유성은 무엇이며 기계가 교수의 역할을 완전히 대체할 수 있는가? 그리고 진정한 가르침이라는 것은 무엇인가에 대한 철학적이고 존재론적인 질문을 던져주고 있다.

AI 교수와 튜터봇 : 인간 교수의 종말?

인공지능의 급격한 진화는 앞으로 교수가 사라질 것인가?라는 근본적 질문을 던져주고 있다. 그리고 교수가 사라진다면 어떤 이유에서 사라지는가에 대한 의문이 생길 수가 있다. 이미 이러한 변화는 시작되었고 온라인 학습 플랫폼, AI과외앱, AI 튜터, 챗봇, 자동화된 교육 부상 등이 이제 시작된 변화라 볼 수 있다. 특히 AI 교수와 튜터봇의 등장은 인간 교수의 종말과 직결되어 있다. 이러한 변화를 요약 정리해 보면 다음과 같다.

AI 교수와 튜터봇의 등장

- AI 교수 : 지식 전달, 퀴즈 출제, 자동 피드백, 학습 경로 최적화 역할
- 튜터봇 : 학생의 수준에 맞는 질문 제공, 실시간 피드백, 감정적 반응 시뮬레이션 제공

- 실제 사례
  - Khanmigo(칸 아카데미의 AI 튜터)
  - IBM Watson 교육 시스템
  - GPT-기반 대학 수업 보조 시스템

이러한 실제 사례는 지식 전달과 의미, 지도의 차이를 가져다 줄 수도 있고 AI는 무엇을 가르치는 데는 탁월하지만 왜, 어떻게에 대한 성찰은 인간 교수에게서 나온다. 이러한 점에서 기계는 교수가 될 수 있는가에 대한 근본적 질문을 던져주고 있다. 특히 교수의 역할은 단순한 지식 전달의 역할에 머무는 것이 아니라 교수의 고유 역할이라고 할 수 있는 윤리적 지도 즉, 가치 판단과 인간적 성장에 대한 안내 그리고 학습 내용을 삶과 연결시키는 역할을 하는 맥락화(Contextualization)가 교수의 고유 권한이라고 할 수 있다. 특히 배움은 신뢰와 존중의 관계 안에서 이루어지기 때문에 학습자와 교수자 간의 인간적 배움의 관계가 매우 중요하다. 이점에서 AI교수와 튜터봇의 등장은 기존 대학의 학습 시스템을 크게 변화시키겠지만 인간교수의 역할을 완전히 수행하는 데에 한계가 있을 수 있다. 이 점에서 AI 교수의 강점과 단점을 정리해 보면 다음과 같이 요약될 수 있다.

AI 교수의 강점과 단점

AI 교수의 장점은 인간 교수와 달리 무제한 피드백을 제공할 수 있고 편견없는 응대를 통해서 감정적 독립성을 유지할 수 있으며 시간과 공간, 교육 내용, 학습자의 특성 등을 초월하여 24시간 학습 보조역할을 할 수 있다. 특히 맞춤형 학습경로를 제공하여 학습 데이터 기반을 예측할 수 있고 인간 교수의 단점이라고 볼 수 있는 편견, 시간적 제한, 감정, 맞춤형 학습의 한계를 극복할 수 있다. 그러나 비판적 사고와 창의적 사고를 결핍시킬 가능성이 높고 인간 대 인간의 만남을 통한 만남의 교육이 불가능할 수도 있다. 이뿐만 아니라 지나치게 AI에게 의존할 경우 인간 관계의 결핍을 초래할 수 있다. 이를 다시 정리해 보면 AI교수의 장점은 무제한 피드백, 감정적 중립성, 24시간 학습보조, 맞춤형 학습 데이터 예측 등을 들 수 있다. 그러나 단점은 비판적 사고와 창의력 결핍, 관계를 통한 만남의 교육이 불가능할 수 있다.

교수의 종말인가? 진화인가?

AI는 교수의 업무를 대신 할 수 있어도 인간 교수의 존재 자체를 대체할 수 없다. 특히 좋은 교육은 무엇을 전달했는 가보다 누구를 길러냈는 가에 달려 있다. 인간 교수는 학생에게 단순히 정보를 주는 존재가 아니라 학생과의 인간적 나눔을 통해서 제자를 신뢰하고 제자를 가르치며 제자와 상호작용하는 눈빛과 가능성을 놓고 지속적으로 그 가능성을 개발시키는 기다림의 존재라는 것을 잊어서는 안된다. 특히 AI는 모방할 수는 있어도 대체할 수 없는 것이 교육에 있다는 것을 상기 시켜준다. 진정한 교수는 질문을 주는 자가 아니라 존재로 질문이 되는 자이기 때문이다.

따라서 교수의 미래는 AI와 협업하는 교육 디자이너이고 질문과 사유를 자극하는 존재이며 윤리적 균형추를 제공하는 전문가의 역할이 중요하다. 이 점에서 AI가 할 수 없는 인간 교수의 역할을 재정의할 필요가 있다. AI가 할 수 없는 것에 집중하는 교수와 교수의 역할이 이러한 관점에서 매우 중요하다. AI가 할 수 없는 것에 집중하는 교수의 특징은 다음과 같이 정의될 수 있다.

- 학생의 내면을 들여다보는 감수성인식자
- 교실 안에서 발생하는 우연성과 돌발성에 대한 대비자
- 학습 공동체 형성과 문화 창조의 역할자
- AI와 협업하는 교육 디자이너 역할자
- 질문과 사유를 자극하는 존재(스승)
- 윤리적 균형추를 제공하는 전문가

AI교수와 튜터봇의 대표적 사례

1) 칸 아카데미의 Khanmigo

① 배경

- 칸 아카데미는 "모든 사람에게 어디서나 무료로 교육을 제공한다"는 사명을 가진 글로벌 교육 플랫폼이다
- 2023년, Open AI의 GPT를 기반으로 한 AI 튜터 'Khanmigo'를 공개했다

② 기능

- 실시간 질의응답, 개념 설명, 수학 풀이 도움 등 대화형 AI 튜터

- 학생의 수준에 맞는 질문 던지기와 학습 안내
- 교수에게는 학생들의 학습 진행 상황을 대시보드로 시각화해 제공

③ 교육적 의미

- 기존의 정적 콘텐츠를 넘어서, 인터엑티브한 개인 맞춤 학습 기능
- 비판적 사고보다는 정답 중심의 대화 구조의 한계
- "기계가 학생의 사고를 유도할 수 있는가" 라는 교육 철학적 질문 유발
- 실제 수업에서 보조 교수자(AI 교수)처럼 활용 가능

2) IBM Watson

① 배경

- IBM Watson은 자연어 처리와 기계 학습을 결합한 AI 플랫폼으로, 다양한 교육 기관 및 기업 교육에 활용되어 왔다

② 기능

a. Pearson사와 협업

- Watson이 디지털 교재와 학습 플랫폼에 통합되어, 학생에게 맞춤형 피드백을 제공한다
- 학생이 오답을 내면, Watson이 이유를 설명하고 유사 문제를 제시해 준다

b. Georgia State University

- IBM Watson 기반의 가상 조교(AI 교수) 'Pounce'를 도입

- 학생들의 입학 과정에서 질문을 실시간으로 응답하여 입학 이탈률 감소에 기여

c. AI기반 학습 분석

- 학습자의 행동 데이터를 분석하여 개인화된 커리큘럼 제공
- 교수에게는 학생의 이해 수준을 파악하여 개입 시점 제안

③ 교육적 의미

- 지식 그래프 기반으로 개념 간 연계를 분석해 학습자의 이해를 구조화한다
- 자연어 질문 이해 및 응답 능력을 강화하여 인간 교수와 유사한 질의응답이 가능하게 해준다

표 5 사례 비교

항목	Khanmigo(Khan Academy)	IBM Watson
역할	AI 튜터, 학습 동반자	AI 교수, 학습 조교
주요 기능	실시간 질문 응답, 사고력 유도	맞춤형 피드백, 질의응답, 학습 분석
기술기반	GPT(OpenAI)	Watson AI(IBM)
대상	초·중·고 및 대학생	대학생, 성인, 학습자, 교육기관
특징	대화형 학습, 윤리적 AI설계	지식 기반 분석, 대규모 시스템 통합

BCI와 뉴로러닝 : 뇌로 배운 시대의 도래

21세기 중반에 접어든 오늘날 교육은 디지털 기술을 넘어서 새로운 형태의 신경 기술적 영역으로 진입하고 있다. 기술이 발전할수록 교육의 본질은 점점 더 인간 내면의 세계를 들추어 내는데 초점을 맞추고 있다. 한마디로 교육은 단순한 지식 전달이 아니라 신경과 정신의 작용에 가까워지고 있다는 의미이다. 이러한 흐름의 가장 첨단적 사례는 소위 뇌와 연계되는 학습형태라고 볼 수 있다. 이러한 형태는 인간의 뇌 활동을 실시간으로 분석하고 이에 반응하는 기술적 진보를 통해 학습의 본질을 다시 정의하고 있다. 한마디로 교육이 단순한 정보전달을 넘어 뇌와 마음을 설계하는 영역으로 확장되고 있음을 보여주고 있다. 향후 미래교육의 중심에는 데이터 중심과 디지털 플랫폼 중심만이 아니라 뇌를 이해하고 뇌와 소통하는 기술이 교육의 중심에 설 것이다. 이러한 대표적인 사례는 BCI(Brain-Computer Interface)라고 볼 수 있고 뉴로러닝(Neuro Learning)을 들 수 있다. 이 절에서는 뇌로 배우는 시대의 도래에 관해 논의해보고자 한다.

양뇌 사회의 도래

인공 지능이 급격한 기술 진보를 가져다주게 되어 많은 변화를 초래하고 있다. 이러한 변화의 대표적인 예의 하나는 뇌와 관련된 커다란 진전이라고 볼 수 있다. 향후 우리의 사회는 전통적 인간 뇌와 AI 기술을 접목한 AI 뇌의 두 가지 뇌를 활용하지 아니하면 아니되는 시대가 되었다. 양뇌 사회(Dual Brain Society)가 도래한 것이다(이현청, 2019). 양뇌 사회는 인간의 본래의 뇌와 인공 뇌라고 볼 수 있는 AI 뇌를 동시에 갖추게 된다는 의미이다. 이러한 시대가 도래하면 교육의 패러다임도 크게 바뀔 것이고 교육 방법 또한 지식 전달 위주나 지식 습득의 교육적 관점은 크게 변화될 것이다. 지식 습득이나 지식의 암기는 중요성이 훨씬 떨어질 것이고 이러한 지식 습득이나 이러한 지식의 암기는 AI 뇌를 통해서 매우 짧은 시간에 많은 양을 활용할 수 있기 때문이다. 요즘 등장한 챗 GPT가 그러한 대표적인 예라 볼 수 있다. AI 뇌를 어떻게 활용하느냐 어떤 지식을 어떻게 추출해 낼것인가 라는 것이 과제가 될 뿐이다. 이러한 지식 저장 활용의 뇌인 AI 뇌와 인간 본래의 뇌가 공존하는 시대가 될 것이고 학습 형태 또한 이러한 양뇌 사회의 특징에서 탈피할 수 없을 것이다. 양뇌 사회에 대한 논쟁점이나 윤리적 관점 그리고 활용상의 장·단점과 한계와 관련해서는 논의점이 많으나 본 절에서는 양뇌 사회의 도래에 관한 언급과 양뇌 사회 의미에 관해서만 국한적으로 언급하는데 그치고자 한다.

BCI(Brain-Computer Interface) 학습

BCI는 뇌파(EEG), 전기자극, 또는 신경신호를 통해 인간의 뇌와 컴퓨터 간직접적 통신을 가능하게 하는 인터페이스를 의미한다. 뇌의 명령이나 상태를 해석해 외부 기기를 조작하거나 반대로 기기에서 뇌로 정보를 전달할 수 있게 하여 학습하는 방법이다. 핵심 구조는 신호 획득, 신호 해석, 피드백 전달로 구조화되어 있는데 신호 획득의 경우 EEG, NIRS, ECoG 등 뇌파 신호를 측정하여 학습에 활용하는 방법이고 신호 해석은 기계 학습 알고리즘으로 의미 있는 패턴을 추출하는 방법이며 시각, 청각, 촉각 등 다양한 방식으로 사용자에게 반응을 제공하는 피드백 전달 과정을 거치게 된다. BCI는 향후 학습에 활용이 더욱 확대될 것이고 발달 장애 학습자에서부터 노년 학습자에 이르기까지 다양한 대상으로 일반화될 가능성이 매우 높다. 이러한 학습은 교정학습에서부터 특수 교육에 이르기까지 다양한 유형의 학습형태가 될 것이다. BCI에 교육 적용사례를 예시해보면 다음과 같다.

표 6 BCI의 교육 적용 예시

분야	설명
집중도 측정	학생의 뇌파를 분석하여 집중력 저하 감지 시 실시간 피드백
적응형 학습	학습자 상태(피로, 스트레스, 흥분도 등)에 따라 콘텐츠 난이도 조절
특수교육	언어 또는 운동 장애 학생의 의사 표현을 위한 BCI 기반 학습 보조
기억 증강	뇌 자극(TES, tDCS 등)을 통한 단기 기억력 향상 실험 진행 중

뉴로 러닝(Neuro Learning)

뉴로 러닝은 신경 과학, 심리학, 교육학의 융합적 접근으로 뇌의 학습 방식과 뇌의 구조를 이해하여 보다 효과적인 학습 전략을 설계하는 이론 및 실천 체계이다. 뉴로 러닝은 주요 개념으로 가소성, 감정과 기억 그리고 주의와 인지 부화의 개념을 활용하는 학습 설계 방법이다. 학습을 통해 신경 회로가 변화할 수 있다는 뇌의 적응 능력을 의미하는 가소성의 개념과 감정적으로 의미있는 정보가 장기 기억에 더 잘 저장된다는 감정성과 기억의 개념 그리고 인간은 한번에 많은 정보를 처리할 수 없으며 학습은 주의력 관리와 직결된다는 주의와 인지부화의 개념을 도입하여 학습 설계를 하는 학습 방법이다. 뉴로 러닝은 앞서 제시한 BCI와 마찬가지로 윤리적 이슈가 많고 기술적 한계 또한 없지 않으나 향후 인공지능의 발전에 따라 그리고 양자 컴퓨터 등 새로운 기술의 진화에 의해 중요한 학습 방법 하나로 대두될 가능성이 높다. 뉴로러닝의 학습설계의 적용 전략을 도시화 하면 다음과 같다.

표 7 뉴로러닝 적용 전략

전략	설명
멀티모달 학습	시각, 청각, 촉각 등을 함께 사용하는 것이 뇌의 연결을 강화
학습 간격 조절	반복과 휴식을 적절히 배치하여 장기 기억에 최적화
실수 기반 학습 (Error-based Learning)	오류 시 뇌의 보상회로가 활성화되어 학습 효과 증가
개인 맞춤형 리듬	학습자의 신경 리듬(예: 서카디안 리듬)에 맞춘 학습 시간 조정

뉴로러닝은 시각, 청각, 촉각 등을 함께 활용하는 학습 간격 조절과 멀티 모달 학습의 특징을 가지고 있고 주목할 부분 하나는 학습에서 실패할 경우나 오류를 했을 경우에 보상 회로를 활성화하여 학습 효과를 증가시키며 학습자의 신경 리듬에 맞추어 학습 시간을 조정할 수 있다는 전략을 활용하는 학습 설계 모형이다.

BCI와 뉴로러닝의 융합

BCI와 뉴로러닝의 융합은 미래 교육의 청사진 중 하나인데 뇌 상태를 실시간으로 파악하고 뉴로러닝 원칙에 따라 학습 경로를 자동 조정하는 인공지능 튜터 형태의 개인 맞춤 학습의 한 유형이라고 볼 수 있다. 이 모형은 AI와 BCI 기반 개인 튜터 학습을 비롯하여 학습 중 몰입도, 혼란도, 흥미 수준을 감지하여 콘텐츠 속도나 형식을 조정하는 감정 인식형 학습 플랫폼 그리고 수면 전 뇌파 분석 기반으로 맞춤형 복습 콘텐츠를 제공하는 기억 강화 섹션 등의 중요한 요소 등을 감안하여 학습 효과를 최적화 할 수 있는 미래 학습의 설계 모형이라 볼 수 있다.

앞서 논의된 BCI, 뉴로러닝 그리고 BCI와 뉴로러닝의 융합의 세 가지 새로운 학습 방법은 모두 학습의 핵심 요소는 뇌라는 공통점을 가지고 있다. 그러나 기술적 한계와 윤리적 이슈 또한 충분히 고려되어야 할 부분이다. 기술적 한계를 보면 뇌 신호의 개인차와 노이즈를 어떻게 일반화해서 학습자에게 적용하느냐 하는 기술적 문제가 있고 정확도와 실시간에 어떻게 학습 효과를 가장 효과적으로 올릴 것인가 하는 제약이 있을 수 있다. 또한 비침습적 BCI의 낮은 해상도 문제를 해결해야 하는 과제를 안고 있다. 이뿐만 아니라 뇌에 착용하는 불편함이나 장기 사용에 대한 안정성의 검증 등 기술적 한계가 있다. 다시 말해 소형화 및 일상화 문제가 기술적 한계라 볼 수 있다. 그러나 나노 기술의 급격한 진화와 신물질 예를 들어 그래핑과 같은 신물질들의 발전은 이러한 문제를 어느 정도 해소할 수 있는 가능성을 가지고 있다. 윤리적 문제에서도 뇌 활동은 가장 사적인 정보이며 오남용시 위험이 큰데 이러한 문제를 어떻게 해결할 것인가에 대한 "신경 프라이버시"(Neuro Privacy) 문제, 고가의 BCI 접근이 가능한 일부 집단만의 학습 향상 가능성과 관련된 기회 불평등, 그리고 기계의 피드백에 과도하게 의존하게 될 가능성이 높은 의존성과 중독성 문제가 중요한 윤리적 이슈라고 볼 수 있다(이현청, 2022).

메타버스 캠퍼스 : 현실을 초월한 학습공간

2040년에는 기존의 상아탑적 개념의 대학 캠퍼스가 사라지고 메타버스 캠퍼스가 현실을 초월하는 학습 공간으로 등장하게 될 가능성이 높다. 메타버스 캠퍼스는 AI 시대에 접목할 수 있는 가상 현실과 증강 현실 그리고 물리적 현실을 융합하는 형태로 될 것이고 이러한 형태는 주로 현실을 초월한 학습 공간 형태로 자리 매김할 것이다. 필자는 20년 전부터 대학의 패러다임 변화를 논의할 때에 "엔드라-버스티", "텔레-버스티", "넷-버스티", "콤-버스티" 등의 다양한 패러다임 형태가 전개될 가능성이 높다고 제시한 바 있다. 이러한 캠퍼스 변화는 메타버스 캠퍼스가 주류가 될 것으로 여겨지지만 다른 형태의 대학 패러다임 또한 도입될 가능성이 높다고 예측해왔다. 이 절에서는 메타버스 캠퍼스 중심으로 논의를 전개하고자 한다.

메타버스 캠퍼스란 무엇인가?

'메타버스 캠퍼스(Metaverse Campus)'란 가상현실 기술(VR/AR/XR)을 기반으로 구현된 3차원 온라인 학습 환경을 의미한다. '메타버스 캠퍼스'는 단순한 온라인 강의 플랫폼이 아니다. 이는 가상현실(VR), 증강현실(AR), 인공지능(AI), 블록체인 기술이 통합된 몰입형 3차원 학습 공간으로서, 현실 세계의 캠퍼스를 디지털 공간 안에 재구성한 확장 현실 교육 플랫폼이다.

학생은 물리적으로 학교에 가지 않아도, 아바타를 통해 캠퍼스 안에서 강의실, 도서관, 실험실, 카페 등을 자유롭게 이동하고, 다른 아바타(학생·교수)와 음성·표정·움직임을 기반으로 실시간 상호작용하며, AI 튜터와 함께 맞춤형 학습 경로를 따라 수업을 진행할 수 있다.

메타버스 캠퍼스의 핵심 특징 6가지

몰입형 공간 기반 학습(Immersive Space Learning)

전통적인 온라인 수업은 화면 너머의 '지켜보는 수업'이지만, 메타버스에서는 학습자가 가상공간 안에 존재하게 된다.

예: 의대생이 VR 수술실에서 심장 절개 수술을 직접 체험하거나, 고대사 수업에서 고대 로마 시가지 안을 걸어다니며 유

물 해설을 듣는 식이다.

멀티센서 학습 환경(Multisensory Learning)

단순히 시청각에 그치지 않고, 촉각 피드백 장치(haptic device)를 통해 만지고 조작하는 체험형 학습이 가능하다.

예: 화학 실험에서 비커를 쥐고 흔들며 용액 반응을 체험한다.

비물리적 이동 자유(Trans-spatial Learning)

한 학생은 아침엔 한국에 있는 AI 로봇공학 수업에 참여하고, 오후엔 유럽의 미술사 세미나에 참석할 수 있다.

지역·시차의 장벽 없이 하루에 여러 대륙의 수업과 커뮤니티를 경험할 수 있다.

사회적 인터랙션의 복원(Restored Social Presence)

이전 온라인 수업은 '고립감'이 문제였다.

메타버스에서는 아바타 간 비언어적 표현(제스처, 거리감, 시선 등)을 포함한 교류가 가능해지고, '가상 캠퍼스 카페에서의 수다, 동아리방 활동, 캠퍼스 축제'도 재현된다.

AI 동반 맞춤형 학습(AI-personalized Curriculum)

학생의 성향, 과거 이수 이력, 실시간 집중도 분석 결과에 따라 AI 튜터가 강의 속도, 퀴즈 난이도, 보충 자료를 개별 최적화하여 제공한다.

블록체인 기반 학사 인증(Credential on-chain)

출석, 과제, 시험 결과, 자격증 발급은 블록체인 기술을 통해 투명하고 위조 불가능한 형태로 관리되며, 전 세계 어디서나 활용 가능한 공인 학습이력 포트폴리오가 된다.

표 8 전통 오프라인 캠퍼스와의 비교

구분	오프라인 캠퍼스	메타버스 캠퍼스
공간성	물리적 캠퍼스 내에서만 이동 가능	아바타로 캠퍼스 내 자유 이동 (거리·장소 무관)
접근성	통학/기숙사 필요, 물리적 한계 존재	인터넷 접속만으로 전 세계 어디서나 수강 가능
수업 방식	강의 위주 (판서, PPT)	체험 중심 (VR 실습, 3D 시뮬레이션)
교수-학생 상호작용	강의실 대면, 개별 피드백 제한	실시간 음성/제스처 + AI 분석 기반 피드백
동료와의 소통	과제/동아리/동기 활동 중심	가상 공간 내 커뮤니티, 전 세계와 실시간 협업
학습 개인화	동일 커리큘럼, 수동 피드백	AI가 학습 이력 따라 개별 맞춤형 진도 제시
비용 구조	건물 유지·인건비 등 고정비 높음	초기 기술 도입 비용 후, 유지비 저렴

구분	오프라인 캠퍼스	메타버스 캠퍼스
학사 관리	출결·시험 등 교내 행정 의존	블록체인 기반 학습 데이터 자동 저장 및 인증
사회적 경험	교우관계, 축제, 연애 등 전통적 경험	가상 축제, 커뮤니티, 익명 교류 등의 새로운 방식

메타버스 캠퍼스의 전망 : 2040년의 교육 생태계는 어떻게 바뀌는가?

전통 대학의 디지털 전환 가속화

2040년까지 대다수의 대학은 메타버스 캠퍼스를 병행하게 될 것이다. 특히 이공계 실습, 인문학적 탐험형 교육, 국제 교류 프로그램은 100% 가상화가 가능하다.

예: '한양대 메타버스 캠퍼스'에 접속한 외국 유학생이 실제 캠퍼스를 탐방하고, 한국어 튜터와 직접 대화하며, 교내 게시판에서 소식 확인까지 가능하다.

'수도권 집중 현상과 교육 중심 도시' 개념의 해체

지방 거주자, 재직자, 장애인, 저소득층도 동일한 교육 품질에 접근이 가능해진다. 이뿐만 아니라 우리나라 교육 문제의 하나인 교육의 수도권 집중도는 점차 해소되며, '지식의 지방 분권화'가 실현될 수 있다.

직무 중심 학습의 확산

기존 학위 중심 교육이 아니라, 짧고 유연한 메타버스 기반 '마이크로 학위'가 대폭 증대되고 일반화되게 된다.

예: 3주 완성 'UX디자인 실전 과정' 1주 완성 '정치사회화 과정', 1개월 'AI 윤리 실습 기반 강의' 이런 단기 집중형 수업이 취업과 직접 연계된다.

교육과 메타노믹스(Metanomics)의 융합

학생은 메타버스 캠퍼스 내에서 NFT(대체 불가능 토큰) 졸업장 발급, 가상캠퍼스 아이템 거래, 수업 보조 콘텐츠 창작 수익화 등으로 경제활동도 병행하게 된다.

표 9 메타버스 캠퍼스의 도전 과제

문제 영역	주요 내용	해결 방향
기술 격차	디바이스·네트워크 환경에 따라 접근성 차이	저사양 고객(학습 고객), 클라우드 스트리밍 기반 개발 필요
정서적 단절	오프라인만큼의 감정 교류 한계	정서 감지 AI, 감정 표현 아바타 기술 강화
학습 피로도	과도한 몰입형 콘텐츠가 집중력 분산 유발	메타버스 내 '휴게 공간', 리듬 설계 중요
교육 공신력	'가상 수업'에 대한 사회적 인식 부족	공인 기관 인증 + 블록체인 기반 평가 시스템 도입

결론적으로 메타버스 캠퍼스는 기존 대학을 어느 정도 해체시킬 것이지만 완전히 붕괴시키거나 해체하지 않는다. 캠퍼스 중심 대학 교육관을 재정의할 뿐이다. 한마디로 2040년의 대학은 건물이 아니다. 기술, 사람, 지식, 경제가 연결되는 하나의 유기적 시스템이다. 메타버스 캠퍼스는 기존 교육의 장점을 계승하면서도, 기존 캠퍼스가 가진 한계(비용, 공간, 접근성)를 뛰어넘는 새로운 교육 모델로 자리 잡을 것이다. 그리고 그것은 단지 기술의 진보가 아니라, 누구나 고등 교육에 접근할 수 있는 교육 정의(Education Equity)의 실현이기도 하고, 대학 교육 보편화이다. 이뿐만 아니라 학교 교육 사회가 아니라 생애 대학 교육 사회를 위한 기술 대혁명의 한 형태인 것이다. 대학 교육은 있되 캠퍼스는 사라지는 대학 패러다임인 것이다.

퀀텀 러닝과 데이터 지성 : 지식은 어떻게 처리되는가

2040년의 새로운 배움의 생태계에 매우 중요한 역할을 하는 기술은 양자 컴퓨터와 빅데이터의 활용에 달려 있다. 특히 양자컴퓨터를 통한 연구나 교육 그리고 우리 삶의 전반에 대한 영향은 상상을 초월할 정도일 것이고 빅데이터 역시 대학 교육에서 절대적인 역할을 하게 된다. 한마디로 퀀텀 러닝과 데이터 지성이 중요한 화두가 될 것이고 이 두 양축은 지식이 어떻게 처리되고 어떠한 과정과 어떤 지식으로 창출되는가에 절대적인 영향을 주게 된다. 퀀텀 러닝은 지금과 같은 형태의 재래식 학습과는 차원이 다른 학습 형태가 될 것이고 데이터 처리에 있어서도 엄청난 양과 속도를 지니게 되어 지식이 어떻게 처리되는가 라는 화두가 매우 중요한 미래 대학 교육의 핵심이 될 것이다. 한마디로 실생활과 인류의 과제를 접목하여 양자 컴퓨터를 활용한 학습과 이에 따른 데이터를 기반으로 하는 지성의 생태계가 형성될 것이다. 따라서 지식의 콘텐츠는 인공지능과 데이터 과학을 기반으로 창출되고 지식의 처리 과정은 데이터를 기반으로 하는 퀀텀 러닝으로 이루어질 것이다.

인공지능과 데이터 과학

2040년 대학 교육에서 인공지능과 데이터 과학은 더 이상 선택이 아닌 필수 영역으로 자리 잡을 것이다. 급속도로 발전하는 기술 환경에서 데이터는 가장 중요한 전략적 자원이 되었으며, AI 기술은 거의 모든 산업 분야의 혁신을 주도하고 있다. 미래 대학은 단순히 AI 기술을 가르치는 것을 넘어, 학생들이 복잡한 데이터를 이해하고 윤리적으로 해석할 수 있는 능력을 배양해야 한다. 머신러닝과 딥러닝 알고리즘, 빅데이터 분석, 예측 모델링 등의 핵심 기술뿐만 아니라, 이러한 기술의 사회적 영향과 윤리적 함의를 깊이 있게 탐구하는 교육과정이 필요하다. 특히 AI 윤리는 핵심적인 교육 영역이 되어야 한다. 알고리즘의 편향성, 개인정보 보호, 인공지능의 사회적 책임 등에 대한 비판적 사고능력을 길러야 한다. 학생들은 기술적 역량과 더불어 윤리적 판단력을 동시에 개발해야 할 것이다. 또한, 실무 중심의 프로젝트 기반 학습을 통해 실제 데이터를 다루고 AI 솔루션을 개발하는 실전 경험을 제공해야 한다. 산업체와의 협력, 실제 문제 해결 프로젝트, 학제간 접근을 통해 학생들의 실무 역량을 강화해야 한다. 결국, 미래 대학의 AI와 데이터 과학 교육은 기술적 숙련도, 윤리적 통찰력, 그리고 실무적 적용 능력을 종합적으로 개발하는 총제적인 접근이 되어야 할 것이다.

지속가능성과 환경 기술

2040년 대학 교육에서 지속가능성과 환경 기술은 더 이상 선택적 영역이 아니라 필수 영역으로 자리 잡을 것이다. 기후 변화, 자원 고갈, 생태계 파괴와 같은 글로벌 환경 도전 과제들은 혁신적이고 통합적인 접근을 요구하고 있다. 미래 대학은 학생들에게 재생 에너지 기술, 탄소 중립 솔루션, 지속가능한 자원 관리에 대한 깊이 있는 교육을 제공해야 한다. 태양광, 풍력, 수소 에너지 등 신재생 에너지 기술의 설계와 구현, 에너지 효율성 향상 기술, 스마트 그리드 시스템 개발 등의 실무 중심 교육이 필요하다. 이러한 순환 경제 모델은 미래 환경 기술 교육의 핵심 패러다임이 될 것이다. 학생들은 폐기물 최소화, 자원 재활용, 제품 수명주기 최적화 등의 혁신적인 접근 방식을 학습해야 한다. 이는 단순한 이론 학습을 넘어 실제 산업 현장에서 적용 가능한 실습 중심 교육으로 이루어져야 한다. 환경 정책과 규제에 대한 깊이 있는 이해도 중요하다. 국제 환경 협약, 탄소 배출권 거래, 지속가능발전목표(SDGs) 등에 대한 포괄적인 교육을 통해 학생들의 거시적 안목을 키워야 한다. 더불어, 인공지능과 빅데이터 분석 기술을 환경 문제 해결에 접목하는 융합적 접근도 강조되어야 한다. 기후 모델링, 생태계 변화 예측, 환경 모니터링 등에 첨단 기술을 활용하는 능력을 개발해야 한다. 결국, 2040년 대학의 환경 기술 교육은 기술적 혁신, 정책적 이해, 윤리적 책임감을 종합적으로 아우르는 총체적인 접근이 되어야 할 것이다.

바이오테크놀로지와 헬스케어

2040년 대학 교육에서 바이오테크놀로지와 헬스케어 분야는 가장 혁신적이고 변혁적인 영역 중 하나로 자리 잡을 것이다. 유전자 편집, 합성 생물학, CRISPR 기술 등 첨단 생명공학 기술은 의료와 인간 생명 자체를 근본적으로 재정의할 잠재력을 가지고 있다. 개인 맞춤형 의료와 정밀 의학은 미래 헬스케어의 핵심 패러다임이 될 것이다. 개인의 유전자 정보, 생활 습관, 환경 요인 등을 종합적으로 분석하여 맞춤형 진단과 치료 방법을 설계하는 접근이 표준이 될 것이다. 학생들은 유전체학, 빅데이터 분석, 인공지능 기반 진단 기술 등을 통합적으로 학습해야 한다. 디지털 헬스케어와 원격 의료 기술도 중요한 교육 영역이 될 것이다. IoT 기기, 웨어러블 테크놀로지, AI 기반 원격 모니터링 시스템 등을 통해 의료 서비스의 접근성과 효율성을 혁신적으로 개선할 수 있는 능력을 배양해야 한다. 그러나 이러한 기술적 혁신과 동시에 생명윤리와 법적 문제에 대한 깊이 있는 이해가 필수적이다. 유전자 편집의 윤리적 경계, 개인정보 보호, 의료 기술의 공평한 접근성 등에 대한 비판적 사고 능력을 길러야 한다. 단순한 기술 습득을 넘어 인간의 존엄성과 사회적 정의를 고려하는 총체적인 접근이 요구된다. 이 점에서 미래 대학의 바이오테크놀로지 교육은 실무 중심, 학제간 접근을 통해 이루어져야 한다. 의학, 생명공학, 컴퓨터 과학, 윤리학 등 다양한 분야의 전문가들과 협업할 수 있는 능력, 실제 연구 프로젝트 경험, 임상 현장 실습 등을 통해 학생들의 실전 역량을 강화해야 할 것이다.

가상현실(VR)과 증강현실(AR)

2040년 대학 교육에서 가상현실(VR)과 증강현실(AR) 기술은 학습 경험을 근본적으로 변혁할 핵심 도구로 자리 잡을 것이다. 이 기술들은 더 이상 단순한 시각적 도구가 아니라, 몰입적이고 상호작용적인 학습 환경을 창조하는 혁신적인 플랫폼으로 진화하고 있다. VR/AR 기술의 교육적 활용은 공학, 의학, 역사, 예술 등 거의 모든 학문 분야에서 혁신적인 학습 경험을 제공할 수 있다. 예를 들어, 의대생들은 가상 수술 시뮬레이션을 통해 실제 위험 없이 복잡한 의료 절차를 연습할 수 있으며, 건축학과 학생들은 3D 가상 환경에서 건물을 설계하고 즉각적인 피드백을 받을 수 있다. 원격 협업과 가상 실험실은 미래 대학 교육의 핵심 인프라가 될 것이다. 지리적 제약을 뛰어넘어 전 세계 학생들과 실시간으로 협업하고, 물리적으로 구축하기 어려운 실험 환경을 손쉽게 구현할 수 있다. 예를 들어, 우주 탐사, 나노 기술 연구, 위험한 화학 실험 등을 안전하고 효과적으로 진행할 수 있다. VR/AR 콘텐츠 제작과 프로그래밍 스킬은 미래 인재에게 필수적인 역량이 될 것이다. 대학은 단순히 기술을 사용하는 것을 넘어, 학생들이 직접 몰입형 콘텐츠를 설계하고 개발할 수 있는 능력을 길러야 한다. 3D 모델링, 상호작용 디자인, 게임 엔진 활용 등의 실무 중심 교육이 중요하다. 그러나 기술적 측면만큼 중요한 것은 교육적 효과이다. VR/AR 기술은 추상적 개념을 구체적이고 직관적으로 이해할 수 있게 해주며, 학습자의 참여도와 동기부여를 크게 높일 수 있다. 복잡한 과학적 현상, 역사적 사건, 문화적 맥락 등을 생생하게 경험할 수 있는 몰입형 학습의 잠재력은 무한하다. 결론적으로, 2040년 대학의 VR/AR 교육은 기술적 숙련도, 창의적 콘텐츠 제작 능력, 그리고 혁신적인 학습 경험 설계를 종합적으로 아우르는 총체적인 접근이 될 것이다.

양자 컴퓨팅과 첨단 컴퓨터 과학

2040년 대학 교육에서 양자 컴퓨팅은 전통적인 컴퓨터 과학의 한계를 뛰어넘는 혁명적인 기술 영역으로 자리 잡을 것이다. 양자 비트(큐비트)를 활용하는 양자 컴퓨팅은 기존 컴퓨터로는 불가능했던 복잡한 문제들을 해결할 수 있는 잠재력을 가지고 있다. 대학은 학생들에게 양자 컴퓨팅의 기본 원리부터 고급 응용까지 체계적으로 교육해야 한다. 양자 중첩, 양자 얽힘 같은 근본 개념부터 시작해 실제 양자 알고리즘 설계와 구현까지 포괄적인 커리큘럼이 필요하다. 특히 일부 앞서 논의한 암호학, 신약 개발, 기후 모델링, 금융 분석 등 다양한 분야에서의 응용 사례를 깊이 있게 다루어 지식으로 재생산될 것이다. 그리고 양자 암호화와 보안 기술은 미래 사이버 보안의 핵심 영역이 될 것이다. 양자 키 분배, 양자 내성 암호화 등 첨단 보안 기술을 학습하면서 동시에 정보 보호의 윤리적 측면도 함께 탐구해야 한다. 고성능 컴퓨팅과 병렬 처리 능력 개발도 중요하다. 학생들은 양자 컴퓨터의 독특한 계산 방식을 이해하고, 복잡한 문제를 효율적으로 해결할 수 있는 새로운 프로그래밍 패러다임을 배워야 한다. 실제적인 학습을 위해 대학에서는 산업체와 연구소와의 협력, 실습 중심 프로젝트, 최첨단 양자 컴퓨팅 장비에 대한 직접적인 경험 등이 제공되어야 한다. 또한 물리학, 수학, 컴퓨터 과학을 아우르는 학제간 접근이 필수적이다. 결국, 2040년 대학의 양자 컴퓨팅 교육은 단순한 기술 습득을 넘어 미래 기술 혁신을 선도할 창의적이고 융합적인 인재를 양성하는 것이 궁극적인 목표가 되어야 할 것이다.

융합적 사고와 문제 해결 능력

2040년 대학 교육의 핵심은 더 이상 단일 학문 영역에 국한된 지식 전달이 아니라, 복잡하고 상호연결된 글로벌 도전 과제들을 창의적이고 융합적으로 해결할 수 있는 인재를 양성하는 것이다. 미래 사회의 문제들은 그 어느 때보다 복잡하고 다차원적이다. 기후 변화, 팬데믹, 기술 윤리, 사회 불평등 등의 문제들은 단일 학문 영역으로는 해결할 수 없는 복합적 성격을 띠고 있다. 따라서 대학 교육은 학제간 융합 접근을 근본적인 교육 철학으로 채택해야 한다. 시스템 사고와 복잡성 이론은 이러한 융합적 문제 해결의 핵심 방법론이 될 것이다. 학생들은 개별 요소들 간의 상호작용, 피드백 루프, 비선형적 동역학 등을 이해하고 분석할 수 있는 능력을 개발해야 한다. 예를 들어, 기후 변화 문제를 해결하기 위해서는 자연과학, 사회과학, 경제학, 기술 혁신 등 다양한 관점의 통합적 접근이 필요하다 . 창의적 문제 해결 기법은 미래 인재에게 필수적인 역량이 될 것이다. 디자인 사고, 시나리오 설계와 예측, 브레인스토밍 등의 혁신적 방법론을 통해 학생들은 기존의 틀을 벗어나 혁신적인 솔루션을 도출하는 능력을 길러야 한다. 실제 산업체나 사회 현장의 복잡한 문제들을 프로젝트로 다루면서 실전 경험을 쌓는 것이 중요하다 . 비판적 사고와 논리적 추론 능력 개발도 핵심 교육 목표가 되어야 한다. 단순한 정보 수용을 넘어 다양한 관점을 분석하고, 근거에 기반한 논리적 추론을 할 수 있는 능력, 그리고 자신의 가정과 편견을 성찰할 수 있는 메타인지 능력을 키워야 한다. 이를 위해 대학은 전통적인 강의 중심 교육을 넘어 문제 기반 학습(PBL), 팀 기반 프로젝트, 실시간 협업 플랫폼 등 혁신적인 교육 방법을 도입해야 한다. 다양한 배경의 학생들이 협력하여 복잡한 문제를 해결하는 과정에서 진정한 융합적 사고와 문제 해결 능력이 배양될 수 있기 때문이다.

미래 교육 방법론

2040년 대학 교육의 핵심은 더 이상 획일화된 교육 모델이 아니라, 개인의 잠재력과 학습 스타일을 최적화하는 맞춤형 학습 경험이다. 인공지능과 빅데이터 기술의 발전으로 개인화된 학습 경로와 적응형 학습 모델이 가능해질 것이다.적응형 학습 시스템은 각 학생의 학습 패턴, 강점, 약점을 실시간으로 분석하여 개인에게 최적화된 학습 콘텐츠와 난이도를 제공한다. 머신러닝 알고리즘은 학생의 학습 진도, 이해도, 학습 속도를 지속적으로 모니터링하며 맞춤형 학습 경로를 동적으로 조정할 수 있을 것이다. 프로젝트 기반 학습은 미래 교육의 중심 방법론이 될 것이다. 실제 산업 현장의 복잡한 문제들을 직접 해결하는 과정에서 학생들은 이론과 실무를 통합적으로 학습하게 된다. 기업, 연구소, 국제기구 등과 협력하여 실제적이고 의미 있는 프로젝트를 설계하고 수행함으로써 실무 역량을 극대화할 수 있다. 향후 온라인과 오프라인을 결합한 하이브리드 학습 모델은 학습의 유연성과 접근성을 획기적으로 높일 것이다. 가상현실, 증강현실 기술을 활용한 원격 협업 플랫폼, 실시간 상호작용 학습 환경은 지리적 제약을 완전히 뛰어넘는 글로벌 학습 경험을 제공할 수 있다. 평생 학습의 개념은 더욱 중요해질 것이며, 마이크로 크레덴셜은 그 핵심 메커니즘이 될 것이다. 전통적인 학위 중심 교육에서 벗어나, 개인이 필요에 따라 유연하게 학습하고 인증받을 수 있는 모듈형 교육 시스템이 자리 잡을 것이다. 이는 급변하는 기술 환경에서 지속적인 역량 개발을 가능하게 할 것이다.

미래 대학의 역할과 비전

2040년 대학은 더 이상 단순한 지식 전달 기관이 아니라, 인류의 지속가능한 미래를 설계하고 혁신을 선도하는 사회적 변혁의 중심지가 될 것으로 예측된다. 앞서 논의한 AI, 바이오테크놀로지, 양자 컴퓨팅, VR/AR 등 첨단 기술 영역의 교육은 단순한 기술 습득을 넘어, 인류가 직면한 복합적 글로벌 도전 과제를 해결하기 위한 총체적으로 접근할 수 있는 기반이 되어야 한다. 대학의 근본적인 사회적 책임은 기술적 혁신과 윤리적 성찰의 균형을 추구하는 것이다. 무엇보다 급속도로 발전하는 기술들이 인간의 존엄성, 사회정의, 환경지속가능성을 훼손하지 않도록 비판적이고 성찰적인 시각을 길러주어야 한다. 단순히 기술을 만들어내는 것이 아니라, 그 기술이 인류에게 미치는 장기적이고 포괄적인 영향을 깊이 있게 이해할 수 있는 윤리적 리더십을 양성해야 한다. 미래 대학은 끊임없는 혁신과 적응의 살아 있는 생태계여야 한다. 고정된 커리큘럼과 경직된 학문 체계를 벗어나, 빠르게 변화하는 글로벌 환경에 즉각적으로 대응하고 재구성할 수 있는 유연성을 갖추어야 한다. 학제간 융합, 실무 중심 교육, 평생학습 모델 등을 통해 학생들이 미래 사회의 복합적 도전 과제를 창의적으로 해결할 수 있는 역량을 개발해야 한다. 궁극적으로 2040년 대학의 비전은 단순히 지식을 전수하는 것이 아니라, 인류의 지속가능하고 포용적인 미래를 적극적으로 설계하는 혁신의 플랫폼이 되는 것이다. 기술과 인문학, 과학과 윤리, 개인과 사회를 연결하는 통합적 사고를 갖춘 글로벌 인재를 양성함으로써, 대학은 단순한 교육기관을 넘어 사회 변혁의 핵심 동력이 될 수 있을 것이다.

이러한 지식 처리 과정은 현재의 수백배 내지 수천배 빠른 속도로 처리가 가능하고 지식의 양에 있어서도 인류가 축적해놓은 지금까지의 지식을 알고리즘의 기법을 통해 수백수천 배의 지식의 양으로 가공해낼 수 있는 시대로 전환할 것이다. 따라서 지식 처리 과정은 속도와 양의 측면에서 초고속, 초지능, 초거대 등의 특징을 지니고 있어서 연구와 교육의 경우 인류가 풀지 못한 미과제나 문제들을 엄청난 속도로 해결하는 시대로 접어들게 된다. 이러한 변화는 교육에서도 초고속 스피드와 초대량 지식량과 현실과 접목되는 초현실과 현실의 접목 형태가 될 가능성이 높다. 이러한 과정에서 대학의 기능은 지식 창출과 지식 배분, 지식 습득의 기능에서 완전히 탈피하게 되어 인간이 한계를 초월한 지식 처리 기능으로 전환할 것이다.

제3장

미래 대학의 시나리오 : 2040년의 교육 인프라

- OPEN AI 버스티와 구글 아카데미 : 거대 기업의 대학 시나리오
- 지능형 학습 패스포트 : 학위 없는 자격의 시대
- 탈국가, 탈공간 대학 패러다임 : 5탈(脫) 대학 등장
- 생애지능사회 : 끝없는 학습사회 패러다임
- 생애 학습 사회와 직업 생태계 전망
- 한국 고등교육 시스템의 전환

미래 대학의 시나리오는 2040년 교육 인프라와 직결되어 있다. 주목해야 할 부분은 대학 교육이 대학만의 독점물이 아니라는 것이다. 오히려 정규 학습보다는 평생 학습 정규 학위 과정보다는 자격증이 강조되는 사회로 전환하고 정규 대학에서 받은 학위보다는 기업들이 현장에서 즉시 활용할 수 있는 자격증 과정으로 전환될 가능성이 높다. 이러한 점에서 2040년의 교육 인프라는 기업이 대학 교육을 설계하고 직접 대학 교육을 운영하는 체제로 전환될 가능성이 높다. 이러한 과정에서는 탈국가, 탈공간, 탈대학 패러다임이 강조될 것이고 사회의 특성 또한 생애지능사회로 전환될 가능성이 높다. 더욱 중요한 사실은 학위 없는 사회 도래와 함께 경력없는 사회로 전환이 이루어지고 지능형 학습 패스포트 체제에 의한 생애 과정에서의 삶과 직결된 현장형 자격 과정이 대폭 확산될 것이다. 따라서 미래 대학의 시나리오는 교육 인프라의 전반적인 변화가 이루어질 것이고 학위 중심보다는 생애 과정을 통해서 습득하게 되는 현실 중심의 학점과 학습 패스포트가 매우 중요시될 것이다.

OPEN AI 버스티와 구글 아카데미 : 거대 기업의 대학 시나리오

20세기 교육의 핵심 축은 '국가'와 '대학'이었다. 국가는 공공교육 시스템을 설계하고, 대학은 전문지식과 학문을 축적하며 교육과 사회, 이론과 실무를 연결하는 '관문'으로 기능해 왔다. 그러나 21세기 들어 기술의 진화와 사회 구조 변화는 이 축을 빠르게 해체하고 있다. 이제 기술은 지식을 탈중앙화[3]하고, 정보는 AI가 더 빠르고 정확하게 해석하며, 산업은 기존 교육 체계를 기다려줄 여유가 없어졌다. 그 결과, 산업계(특히 빅테크, 글로벌 대기업, 창업 플랫폼)가 스스로 대학을 설계하고, 직접 인재를 교육하며, 평가 시스템까지 구축하는 현상이 전 세계적으로 가속화되고 있다. 교육은 더 이상 대학만의 몫도 아니고 교수진만의 몫이 아니다. 기업은 더 빠르게, 더 실용적으로, 더 정밀하게 교육을 설계하기 시작했다.

---

3 탈중앙화의 의미는 지식 유통과 창출 그리고 그 과정이 분산되고 집적화되지 않은 개별화, 다양화된다는 의미이다.

기업들이 스스로 필요한 인재를 양성하기 위한 목적에서 커리큘럼을 설정하고 대학 교육에서 필요한 내용을 가르치는 형태로 전환하는 것은 기술 변화 속도에 대학 교육이 따라가지 못한 데에서 기인하고 있다. 특히 구글이나 넷플릭스, NVIDIA 그리고 다른 첨단 산업이나 대기업 등이 이러한 예에 속한다. 거대 기업들이 직접 인재를 양성하는가 하는 것은 그 이유는 다양하지만 소위 OPEN AI에 의한 교육과 필요한 과정을 빠른 시간내에 습득시켜 현장에 투입하기 위한 목적에서이다. 전통적 대학 교육이 산업체의 현장 착근형 교육에 부응하지 못함 때문이다. 다음 표에서는 거대 기업의 대학 시나리오가 확대되는 이유를 설명한다.

표 10 OPEN AI 버스티 확산 이유

이유	설명
기술 변화 속도 불일치	대학 커리큘럼은 3~5년 단위로 개편, 기업은 6개월 단위로 기술 갱신
학위 불신 확대	졸업장은 있지만 실무 능력은 부족한 인재 → 실전 능력 중심 교육 필요
자체 교육 인프라 확보	리스킬(Reskill)·업스킬(Upskill)을 위해 내부 교육 플랫폼 및 콘텐츠 개발 필요성 증가
글로벌 인재 수급 위기	지역·국가 간 인력 격차 심화 → 직접 양성 구조로 전환 불가피

기업 주도 교육 질서의 형성과정

'채용'에서 '교육'으로의 이동

전통적으로 기업은 대학이 배출한 인재를 평가하여 '채용'했다. 그러나 이제 기업은 인재를 기다리지 않고, 필요한 인재를 직접 길러내는 방식으로 전환 중이다. 삼성 SSAFY, 현대오토에버 소프트웨어아카데미, 구글 커리어 자격증, IBM SkillsBuild 등은 기업이 자체적으로 커리큘럼을 설계하고 인증하며, 수료생을 자사나 협력 기업에 채용하는 사례이다. 이러한 경향은 점점 확대되어 가고 있으며 2040년에는 일반화될 가능성이 높다.

글로벌 스킬 격차와 학위 무력화

기존 학위제도는 속도, 실용성, 유연성에서 현장을 따라가지 못한다. 기업은 당장 필요한 AI 개발자, 데이터 분석가, UX 전략가를 요구하지만, 대학은 3~4년 후에야 이론 중심의 인재를 배출한다. "학위는 있으나 실력은 부족한" 졸업생에 대한 피로감은 교육의 구조적 재설계를 기업이 스스로 선택하도록 만들었다. 이 점에서 2040년의 대학은 현장 착근형 교육과 Reskill과 Upskill 등의 전문 계속 교육 프로그램의 경향이 커질 것이다.

기업이 설계하는 '교육 질서'의 7가지 핵심 원칙

직무 중심 역량 설계(Job-based Curriculum Design)

기존 대학은 전공과 학과를 중심으로 교육이 구성된다. 하지만 기업 설계 교육은 실제로 업무에 투입 가능한 스킬 중심으로 학습 경로를 조직한다.

예: 'AI개론' → 이론 60%, 실습 40%

- 기업식 커리큘럼: 'AI 기반 고객추천 알고리즘 구축' → 실무 프로젝트 100%

이런 방식은 학문을 위한 학문이 아니라, 성과를 위한 지식 설계다. 따라서 2040년의 대학은 인성, 창의성, 도덕성 그리고 기초 능력 등의 기초 교육 부분과 직무중심 교육의 2중 구조가 될 가능성이 높다.

마이크로러닝 & 모듈화(Microlearning Modules)

기업은 '4년제 학위' 같은 거대한 고정 커리큘럼보다, 2~8주 단위의 작고 빠른 학습 단위를 수십 개 결합하는 모듈식 교육을 선호한다. 따라서 현장 중심 크레덴셜 프로그램과 역량 중심 자격 과정이 짧은 기간에 이루어질 가능성이 높다.

예: "데이터 클렌징" 3일, "SQL 쿼리 최적화" 5일, "BI 대시보드 만들기" 2주

학습자는 본인의 필요에 따라 모듈을 순차적·비선형적으로 조합하여 자기만의 학습 여정을 설계한다.

AI 기반 실시간 개인화 학습(AI-Driven Personalization)

학습자의 성향, 속도, 집중도, 실수를 AI가 분석하고 콘텐츠의 난이도, 형식, 피드백 방식을 실시간 조정한다.

예: A는 영상 중심 시각 학습자, B는 텍스트 중심 분석가일 경우 같은 주제를 다른 방식으로 전달하여 성취도는 AI가 계속 추적

AI는 인간 교수가 제공할 수 없는 24시간 맞춤 피드백을 제공한다. 따라서 2040년 대학은 해체될 것이고 단순히 원자화된 학습자의 연계 조정 관리 역할을 하는 플랫폼이 될 것이다.

기업 인증 중심 평가 체계(Credential by Enterprise)

졸업장 대신, 기업이 직접 발행한 자격증, 뱃지, NFT 인증서가 인재 검증 기준이 된다.

예: "Google 인증 UX 디자이너", "Meta 공인 Metaverse 콘텐츠 전략가", "삼성 클라우드 API 설계 뱃지"

이는 국가나 학교가 아닌 산업이 인정하는 교육 이력이며, 실제 취업이나 프로젝트 수주에서 높은 영향력을 가진다.

프로젝트 중심 실천형 학습(Project-Based Learning)

실습은 가상의 케이스가 아닌, 기업의 실제 과제나 시제품 개발 프로젝트와 연결된다. Coursera, EdX, LinkedIn Learning에서 진행하는 기업연계 과제는학습자가 결과물을 포트폴리오로 제출하며 기업은 이를 실력 검증 자료로 활용한다.

평가의 다중화 : 점수에서 행동으로(Multi-layered Evaluation)

전통적인 시험과 레포트 중심 평가에서 벗어나, 기업은 다음과 같은 기준으로 학습자의 성장을 분석한다.

항목	설명
실행력	실제 행동에 옮겼는가? 프로젝트 완료 여부
협업력	피어 리뷰(동료 평가)와 팀워크 기반 평가
지속성	반복 시도 및 개선 과정에서의 변화 추적
결과물	문제 해결을 위한 도출 산출물의 품질

학습과 고용의 통합(Education-Employment Integration)

기업 주도 교육은 '배움'과 '고용'의 경계를 허문다. 교육이 끝나면 채용이 되는 것이 아니라, 교육 그 자체가 곧 업무이고, 업무가 다시 교육이 되는 순환 구조로 설계된다.

예: Amazon에서는 AWS 자격증 취득자가 내부 프로젝트 참여 →수료 후 정식 팀 배치

구글은 인턴십과 수업을 통합 운영하여 학습과 실무의 이원화를 최소화한다.

실제 사례 : 기업 주도 교육의 현재

기업 주도 교육 실제 사례들은 실제로 오래전부터 IBM에서 왓슨 센터를 구축해 운영해 온 사례를 볼 수 있다. 특히 컴퓨터나 데이터 분석, 네트워크 그리고 애니메이션 분야 등에서 실제 사례로 기업 주도 교육이 이루어져왔다. 근래 들어서는 생성형 AI 특히 인공지능 회사들의 중심으로 기업 주도 교육이 이루어지고 있는데 실제적으로 이 과정을 이수한 학생들 경우 세계 일류 대학 졸업자보다 더 선호하는 경향이 있고 이러한 경향은 2040년에는 일반화될 것으로 예측된다. 기업 주도 교육 플랫폼의 사례를 도시해 보면 다음과 같다.

표 11 기업 교육 플랫폼 사례

기업/플랫폼	내용
Google Career Certificates	학위 없이 6개월 과정만으로 구글 채용, Coursera와 연계
AWS Academy	대학 내 클라우드 인프라 전문가 양성 과정 운영
IBM SkillsBuild	전 세계 고졸자, 실업자 대상 무료 IT 교육 & 채용 연계
LinkedIn Learning + 기업 피드백	학습자 데이터 기반으로 콘텐츠 자동 추천 + 기업 협업
삼성 SSAFY	자체 소프트웨어 인재 양성 과정, 수료 후 협력사 채용 연계

향후 사회 변화와 기업 주도 교육의 특성

교육의 공공성 vs 사유화

기업 주도 교육은 효율성과 실용성 측면에서 매우 효율적이고 실제적인 측면에서 커다란 장점이 있다. 그러나 그만큼 교육의 공공성, 인간성, 다양성, 인문학적 가치가 후순위로 밀릴 위험도 존재한다. 철학, 윤리, 예술, 문화적 감수성과 같은 "당장 실용성과 거리가 있는 분야"의 필요성은 누가 책임질 것인가? 라는 문제를 안고 있다.

'속도'와 '깊이'의 균형 필요

기업 교육은 빠르고 강력하지만, 깊이 있는 사고, 실패를 통한 통찰, 정체성 탐색등을 간과하고 적시성 측면만 강종하여 빠르게 진행될 가능성이 있다. 따라서 우리는 '기업 교육의 구조'를 활용하되, 그 속에서 인간적 사유, 비판적 대화, 사회적 책임감을 함께 담아낼 수 있어야 한다.

대학이 기업에서 요구하는 인재를 제대로 양성하지 못하고 산업 환경의 급격한 변화와 특히 AI 기술의 혁신적 발전에 의해 기업 스스로 대학 대신 대학 교육을 실시하고 있지만 그렇다고 대학은 끝나지 않는다. 그러나 완전히 다시 해체적 수준에서 재설계되어야 한다. 기업은 대학을 대체하려는 것이 아니라, '재정의'하고 '재구성'하려 한다. 이제 대학 교육은 다음과 같이 바뀌어야 한다.

- 제공자 : 국가 → 기업·플랫폼·커뮤니티
- 내용 : 이론 → 실무 기반 프로젝트
- 형식 : 4년 고정 → 유동적 모듈 조합
- 증명 : 졸업장 → NFT 기반 실력 인증
- 평가 : 시험 → 행동, 포트폴리오, 협업

이러한 변화들을 감안할 때 2040년의 교육은 누가 가르치느냐가 아니라, 누가 설계하느냐에 따라 완전히 다른 미래를 만든다. 이 점에서 2040년은 많은 영역에서 대학의 소멸 내지 대학의 위축이 확대될 것이다. 그러나 대학은 다른 형태로 특히 플랫폼 형태로 존속할 가능성이 높다.

지능형 학습 패스포트 : 학위 없는 자격의 시대

현대 교육 환경은 끊임없이 변화하고 있으며, 이러한 변화의 중심에 '학점 패스포트(credit passport)'라는 혁신적인 개념이 자리 잡고 있다. 학점 패스포트는 학생의 학업 성과와 경력 발전과 성장을 종합적으로 기록하고 관리하는 디지털 포트폴리오 시스템으로, 개인의 학습 여정을 체계적으로 추적하고 인정하는 현대적 교육 도구이다. 학점 패스포트의 핵심 목적은 학생 개인의 다양한 학습 경험을 통합적으로 기록하고, 이를 공식적으로 인정받을 수 있도록 지원하는 것이다. 전통적인 성적 증명서를 넘어서, 학생의 실질적인 역량과 잠재력을 입체적으로 보여주는 통합적으로 이해하는 기록 시스템이라고 할 수 있다. 급변하는 글로벌 교육 환경에서 학점 패스포트는 더 이상 선택이 아닌 필수가 되어가고 있다. 학생들의 학습 경험을 입체적으로 기록하고, 평생 학습의 여정을 지원하는 혁신적인 도구로서 그 중요성은 날로 커지고 있다.

학점 패스포트의 역사적 배경

학점 패스포트의 역사적 배경은 교육의 국제화와 학습 경험의 다양성 인정에 대한 점진적인 인식 변화와 밀접하게 연결되어 있다. 20세기 중반, 대학 간 학점 교환 및 인정 시스템의 초기 형태가 등장하기 시작했다. 이는 주로 미국과 유럽의 대학들이 학생들의 이동성을 높이고 학습 경험을 보다 유연하게 인정하고자 하는 노력에서 시작되었다.

1990년대에 들어서면서 유럽을 중심으로 '에라스무스 프로그램'과 같은 국제 학술 교류 프로그램이 확산되면서 학점 인정의 중요성이 더욱 부각되기 시작했다. 이 시기에 표준화된 학점 체계와 학업 성과 기록의 필요성이 급격히 증가했으며, 디지털 기술의 발전은 이러한 변화를 더욱 가속화했다.

2000년대 초반, 볼로냐 프로세스와 같은 국제적 교육 협약은 학점 패스포트 개념의 제도화에 결정적인 역할을 했다. 이는 유럽 전역에서 학점 인정의 투명성과 호환성을 높이는 데 중요한 전환점이 되었다. 디지털 기술의 발전과 함께 학점 패스포트는 점차 더욱 정교하고 포괄적인 시스템으로 진화하기 시작했다. 1990년 중반부터 아시아 태평양 지역에서도 유럽의 학점 상호 인정 프로그램과 같은 제도가 도입되었다. 필자가 2번 의장으로 재임하였던 UMAP(University Mobility in Asia-Pacific) 기구에서도 UCTS(University Credit Transfer Scheme) 프로그램이 패스포트 형태의 하나이다.

최근에는 인공지능과 블록체인 기술의 도입으로 학점 패스포트의 신뢰성과 접근성이 더욱 향상되고 있다. 이제 학점 패스포트는 단순한 학업 기록을 넘어 개인의 평생 학습 여정을 종합적으로 기록하고 지원하는 혁신적인 도구로 자리 잡아가고 있다.

국내외 학점 패스포트 시스템의 발전

국내외 학점 패스포트 시스템의 발전은 각 국가와 지역의 교육적 맥락에 따라 독특한 궤적을 그려왔다. 한국의 경우, 학점 패스포트 시스템은 주로 고등교육 기관을 중심으로 점진적으로 발전해왔다. 초기에는 전통적인 성적 증명서 형태에서 시작하여, 점차 학생들의 다양한 학습 경험을 포괄적으로 기록할 수 있는 디지털 시스템으로 진화했다. 유럽의 경우, 볼로냐 프로세스[4]가 학점 패스포트 시스템 발전의 핵심 동력이 되었다. 이 프로세스는 유럽 전역의 고등교육 시스템의 호환성과 투명성을 높이는 데 결정적인 역할을 했다.

유럽 국가들은 학생들의 국제적 이동성을 촉진하기 위해 표준화된 학점 체계를 적극적으로 도입했으며, 이는 글로벌 교육 환경에서 혁신적인 접근으로 평가받고 있다. 미국의 학점 패스포트 시스템은 보다 유연하고 개인화된 접근을 보여준다. 다양한 대학과 교육 기관에서 학생들의 비교과 활동, 인턴십, 연구 경험 등을 포함하는 종합적인 학습 기록 시스템을 개발해왔다. 이는 학생 개인의 역량을 보다 입체적으로 평가하고 인정하는 방식으로 발전해왔다. 아시아

4 볼로냐 프로세스(Bologna process)는 1999년 6월 19일 발표된 볼로냐 선언으로 유럽 대학 학위를 국제적으로 인증하고 비교하기 쉽게 학생, 교수, 연구원의 국제 교류를 증진시키는 시스템을 말한다.

지역에서는 한국, 일본, 싱가포르 등이 디지털 기술을 활용한 혁신적인 학점 패스포트 시스템을 개발하고 있다. 특히 블록체인 기술과 인공지능을 접목하여 학점 기록의 신뢰성과 접근성을 높이는 노력이 두드러진다.

각 지역과 국가마다 고유한 접근 방식은 있지만, 공통적으로 학점 패스포트 시스템은 학생들의 다양한 학습 경험을 통합적으로 기록하고, 개인의 평생 학습 여정을 지원하는 방향으로 발전하고 있다. 이는 급변하는 글로벌 교육 환경에 대응하는 혁신적인 접근으로 평가될 수 있다.

학점 패스포트의 핵심 구성 요소

학점 패스포트의 핵심 구성 요소는 복합적이고 통합적인 시스템으로, 학생의 학업 경험을 입체적으로 기록하고 평가하는 혁신적인 접근법을 대표한다.

첫째, 기본 프로필 섹션은 학생의 기본 인적 사항, 소속 기관, 학과 정보 등을 포함한다. 이는 학습 이력을 추적하고 식별하는 기본 토대가 된다.

둘째, 학업 성과 기록 모듈은 전통적인 성적표를 넘어 각 과목의 상세 학습 내용, 성취도, 핵심 역량 등을 종합적으로 기록한다.

셋째, 중요한 구성 요소는 비교과 활동 및 역량 기록 섹션이다. 여기에는 인턴십, 연구 프로젝트, 봉사활동, 국제 교류 프로그램 등

공식 교육과정 외 학습 경험이 상세히 기록된다. 이를 통해 학생의 실질적인 역량과 잠재력을 입체적으로 평가할 수 있다.

디지털 보안 및 인증 시스템은 학점 패스포트의 또 다른 핵심 구성 요소이다. 블록체인 기술과 같은 첨단 기술을 활용하여 기록의 위변조를 방지하고, 데이터의 신뢰성을 보장한다. 이는 학점 패스포트의 공신력을 높이는 중요한 메커니즘이다. 마지막으로, 실시간 업데이트와 상호작용 기능은 현대 학점 패스포트 시스템의 혁신적 특징이다. 학생, 교육기관, 잠재적 고용주 간의 실시간 정보 공유와 상호작용을 가능하게 하여, 평생 학습의 연속성을 지원한다. 이러한 구성 요소들은 유기적으로 연결되어 학생의 학습 여정을 총체적으로 기록하고 평가하는 혁신적인 시스템을 형성한다.

학점 인정 기준과 절차

학점 패스포트의 학점 인정 시스템은 학습자의 다양한 교육적 경험을 종합적으로 평가하고 인정하는 혁신적인 접근법을 채택하고 있다. 학점 인정의 기본 원칙은 학습의 질, 깊이, 그리고 실질적인 역량 습득에 중점을 둔다. 학점 인정의 주요 기준은 크게 세 가지 영역으로 나눌 수 있다. 첫째, 공식 교육과정 내 학습으로, 대학에서 이수한 정규 과목들이 포함된다. 둘째, 비공식 학습 경험으로, 인턴십, 연구 프로젝트, 국제 교류 프로그램 등이 평가 대상이 된다. 셋째, 평생 학습 활동으로, 온라인 강좌, 전문 워크숍, 자격증 취득 등이 인정 범위에 포함된다.

학점 인정 절차는 다음과 같은 단계로 진행된다.

- 학습 경험 기록 자료: 학생은 자신의 학습 활동을 상세히 기록
- 초기 평가: 교육기관의 전문 위원회가 제출된 학습 경험 검토
- 심층 평가: 학습 성과, 역량, 학습 깊이에 대한 종합적 평가
- 최종 인정: 기준에 부합하는 학점 공식 인정

디지털 기술의 발전으로 학점 인정 과정은 더욱 투명하고 객관적이 되었다. 블록체인 기술을 활용하여 학습 기록의 위변조를 방지하고, 인공지능 기반 평가 시스템을 통해 공정성을 높이고 있다. 예를 들어, 해외 인턴십 3개월 과정은 실무 경험, 언어 능력, 전문성 등을 종합적으로 평가하여 2-3학점으로 인정될 수 있다. 마찬가지로 온라인 전문 강좌 수료 시 해당 분야의 전문성에 따라 1-2학점이 부여될 수 있다. 이러한 유연하고 포괄적인 학점 인정 시스템은 학습자 중심의 평생 학습 패러다임을 구현하는 혁신적인 접근법이라 할 수 있다.

학점 패스포트의 장점과 혜택

학점 패스포트는 현대 교육 시스템에서 학생들에게 전례 없는 학업 유연성을 제공한다. 전통적인 경직된 교육 모델을 넘어, 개인의 학습 경로를 맞춤형으로 설계하고 다양한 학습 경험을 통합적으

로 인정하는 혁신적인 접근법을 실현한다. 학업 유연성의 핵심은 학생들이 다양한 교육적 경험을 자유롭게 선택하고 이를 공식적으로 인정받을 수 있다는 점이다. 예를 들어, 한 학생이 국내 대학 정규 과목, 해외 단기 연수, 온라인 전문 강좌, 인턴십 등을 통합적으로 학습 경력에 포함시킬 수 있다. 이는 학생 개개인의 고유한 학습 욕구와 경력 목표에 부합하는 맞춤형 교육 경로 설계를 가능하게 한다.

국제적 학점 이동의 측면에서 학점 패스포트는 글로벌 교육 환경의 문턱을 획기적으로 낮추고 있다. 표준화된 디지털 기록 시스템을 통해 학생들은 보다 쉽게 해외 대학 간 학점을 교환하고 인정받을 수 있다. 특히 유럽의 에라스무스 프로그램과 같은 국제 학술 교류 프로그램에서 학점 패스포트의 장점이 두드러진다. 평생 학습 지원 측면에서 학점 패스포트는 매우 혁신적인 도구이다. 전통적인 학위 중심 교육 모델을 넘어, 지속적인 학습과 역량 개발을 지원한다. 직장인들이 업무와 병행하며 온라인 강좌, 단기 전문 과정 등을 통해 꾸준히 학습하고 이를 공식적인 학습 이력에 포함시킬 수 있다. 경력 개발 관점에서도 학점 패스포트는 중요한 이점을 제공한다. 고용주들은 지원자의 학점 패스포트를 통해 단순한 학점을 넘어 실질적인 역량과 잠재력을 종합적으로 평가할 수 있다. 인턴십, 프로젝트 경험, 비교과 활동 등 다양한 학습 경험이 상세히 기록되어 있어 지원자의 전문성을 입체적으로 이해할 수 있다.

디지털 기술의 발전은 이러한 학점 패스포트의 장점을 더욱 강화하고 있다. 블록체인 기반의 안전한 데이터 관리, 인공지능을 활용한 개인화된 학습 경로 추적 등은 학점 패스포트의 미래 잠재력을 보여준다. 결론적으로, 학점 패스포트는 단순한 기록 시스템을 넘어 개인의 평생 학습과 성장을 지원하는 혁신적인 교육 생태계의 핵심 요소로 자리 잡고 있다.

학점 인정의 표준화 문제

학점 인정의 표준화는 오늘날 대학 교육에서 가장 복잡하고 도전적인 과제 중 하나이다. 교육 기관과 국가 간 학점 인정 기준의 근본적인 차이는 학생들의 학습 이동성을 심각하게 제한하는 요인으로 작용해왔다. 표준화의 주요 도전 과제는 크게 세 가지로 볼 수 있다.

첫째, 교육 프로그램의 질적 평가 기준의 불일치이다. 각 대학과 국가마다 서로 다른 교육과정 평가 방식을 채택함에 따라 학점 인정의 객관성 확보가 어렵다.

둘째, 비공식 학습 경험의 정량화 문제이다. 인턴십, 프로젝트, 온라인 강좌 등 다양한 학습 경험을 일관된 기준으로 평가하기란 쉽지 않다.

이러한 문제를 해결하기 위해 국제적으로 몇 가지 접근 방식이 시도되고 있다. 볼로냐 프로세스와 같은 국제 교육 협약은 유럽 내 학점 호환성을 높이는 데 중요한 역할을 해왔다. 또한 ECTS(European Credit Transfer System)와 같은 표준화된 학점 체계 도입은 학점 인정의 투명성을 높이는 데 기여하고 있다. 아시아 태평양 지역 고등교육 협력기구(UMAP)에서도 유럽과 유사한 형태의 각국 대학 간 표준화 학점 체계인 UCTS(university credit transfer scheme)가 도입되어 상호학점이 인정되고 있다. 기술적 측면에서는 블록체인 기술과 인공지능을 활용한 표준화 접근이 주목받고 있다. 이러한 기술들은 학습 경험의 신뢰성을 검증하고, 객관적인 평가 기준을 제공할 수 있는 잠재력을 가지고 있다. 궁극적으로 학점 인정의 표준화는 단순한 기술적 문제를 넘어 교육의 본질적 가치와 관련된 복합적인 도전 과제이다. 학습자의 다양성을 존중하면서도 엄격한 학문적 기준을 유지하는 균형 잡힌 접근이 필요하다.

기관 간 협력과 신뢰 구축의 필요성

학점 패스포트의 성공적인 구현과 확산을 위해서는 교육 기관 간 긴밀한 협력과 신뢰 구축이 필수적이다. 글로벌 교육 환경에서 개별 기관의 독자적 접근은 더 이상 효과적이지 않으며, 상호 연결된 협력 네트워크가 요구된다.

기관 간 협력의 핵심 목표는 학점 패스포트 시스템의 일관성, 신뢰성, 그리고 호환성을 확보하는 것이다. 대학, 연구 기관, 정부 교육 부처 간의 표준화된 프로토콜 개발은 학생들의 학습 이동성을 획기적으로 개선할 수 있다. 예를 들어, 공동 데이터 표준, 상호 인증 메커니즘, 통합된 평가 기준 등을 공동으로 개발함으로써 학점 패스포트의 신뢰성을 높일 수 있다. 실질적인 협력 메커니즘으로는 정기적인 기관 간 워크숍, 공동 연구 프로젝트, 통합 디지털 플랫폼 개발 등이 있다. 특히 블록체인 기술을 활용한 분산형 인증 시스템은 기관 간 신뢰를 기술적으로 보장할 수 있는 혁신적인 접근법이 될 수 있다. 국제적 차원에서는 볼로냐 프로세스와 같은 국제 교육 협약이 좋은 선례가 될 수 있다. 이러한 협력 모델은 단순한 학점 교환을 넘어 교육의 질적 표준을 공동으로 정립하고, 상호 인정 메커니즘을 구축하는 데 중요한 역할을 한다. 궁극적으로 기관 간 협력은 학생 중심의 유연하고 포용적인 교육 생태계를 만드는 핵심 전략이다. 상호 신뢰와 개방적 소통을 바탕으로 한 협력은 학점 패스포트 시스템의 진정한 잠재력을 실현할 수 있는 토대가 될 것이다.

학점 패스포트의 기술 통합 가능성

학점 패스포트의 미래는 인공지능(AI)과 블록체인 기술의 혁신적인 통합에 달려 있다. 이 첨단 기술들은 학점 패스포트 시스템의 기능을 근본적으로 변화시킬 잠재력을 가지고 있다. 인공지능 기술은 학점 패스포트의 개인화와 최적화에 혁명을 가져올 수 있다. AI 알고리즘은 학생 개인의 학습 패턴, 관심사, 역량을 분석하여 맞춤형 학습 경로를 추천할 수 있다. 예를 들어, 학생의 기존 학습 이력과 잠재력을 종합적으로 분석하여 가장 적합한 강좌, 프로젝트, 인턴십 기회를 제안할 수 있다.

블록체인 기술은 학점 패스포트의 보안과 신뢰성을 획기적으로 향상시킬 수 있다. 분산형 디지털 원장(ledger)을 통해 학습 기록의 위변조를 원천적으로 방지하고, 학생의 학습 이력에 대한 불변의 증명을 제공할 수 있다. 이는 학점 패스포트의 공신력을 크게 높이는 핵심 메커니즘이 될 것이다. AI와 블록체인의 융합은 더욱 혁신적인 가능성을 열어준다. 지능형 블록체인 시스템은 학습 데이터의 실시간 검증과 분석을 동시에 수행할 수 있어, 보다 정교하고 신뢰할 수 있는 학점 인정 메커니즘을 구현할 수 있다. 이는 글로벌 교육 시장에서 학점 패스포트의 호환성과 신뢰성을 크게 향상시킬 것이다.

글로벌 교육 시장에서 학점 패스포트의 역할 확대

학점 패스포트는 글로벌 교육 시장에서 점점 더 중요한 역할을 수행하고 있다. 전통적인 국가 중심 교육 모델을 넘어 초국가적 학습 생태계를 구축하는 핵심 메커니즘으로 자리 잡아가고 있다. 글로벌 교육 시장에서 학점 패스포트의 확장은 크게 세 가지 측면에서 두드러진다.

첫째, 국제적 학습 이동성의 획기적 개선이다. 학생들은 이제 한 국가의 교육 시스템에 국한되지 않고, 전 세계의 다양한 교육 프로그램을 유기적으로 연계하여 자신만의 맞춤형 학습 경로를 설계할 수 있다.

둘째, 디지털 기술과 결합된 학점 패스포트는 평생 학습 사회의 핵심 인프라로 부상하고 있다. 급변하는 글로벌 노동 시장에서 지속적인 역량 개발은 필수적인데, 학점 패스포트는 개인의 평생 학습을 체계적으로 지원하고 기록할 수 있는 혁신적인 도구로 기능한다.

셋째, 인공지능과 블록체인 기술의 접목은 학점 패스포트의 국제적 신뢰성을 획기적으로 높이고 있다. 표준화된 디지털 인증 시스템을 통해 전 세계 교육기관들 간의 학점 호환성과 상호 인정 메커니즘을 강화할 수 있게 되었다.

특히 4차 산업혁명 시대에 학점 패스포트는 개인의 평생 학습과 경력 개발을 지원하는 핵심 플랫폼으로 진화하고 있다. 단순한 학업 이력 기록을 넘어, 개인의 실질적인 역량과 잠재력을 종합적으로 보여주는 혁신적인 도구로 자리 잡고 있는 것이다.

학점 패스포트의 의의와 발전 방향

학점 패스포트는 대학 교육 시스템의 패러다임을 근본적으로 변화시키는 혁신적인 접근법이다. 전통적인 경직된 대학 교육 모델을 넘어 학습자 중심의 유연하고 포용적인 교육 생태계를 구현하는 핵심 메커니즘으로 자리 잡았다.

이 시스템의 가장 큰 의의는 개인의 다양한 학습 경험을 종합적으로 인정하고 기록한다는 점이다. 더 이상 제한된 공식 교육과정만을 중요시하지 않고, 인턴십, 온라인 강좌, 연구 프로젝트 등 다양한 학습 경험을 입체적으로 평가한다. 이는 개인의 실질적인 역량과 잠재력을 보다 포괄적으로 이해할 수 있게 해준다.

미래 발전 방향에서 학점 패스포트는 인공지능과 블록체인 기술의 융합을 통해 더욱 혁신적으로 진화할 것으로 전망된다. AI 기반 맞춤형 학습 경로 추천, 블록체인을 통한 안전하고 신뢰할 수 있는 학습 기록 관리는 학점 패스포트의 잠재력을 크게 확장할 것이다. 그러나 여전히 극복해야 할 도전 과제들이 존재한다. 국제적 학점 인정의 표준화, 다양한 학습 경험의 객관적 평가, 개인정보 보호 등은 지속적으로 해결해야 할 중요한 과제들이다. 이를 위해서는 교육기관, 기술 기업, 정부 간의 긴밀한 협력이 필수적이다.

결론적으로 학점 패스포트는 단순한 기술적 도구를 넘어 평생학습 사회를 구현하는 혁신적인 플랫폼이다. 개인의 지속적인 성장과 발전을 지원하고, 글로벌 교육 환경의 변화에 능동적으로 대응할 수 있는 핵심 메커니즘으로 그 중요성은 더욱 커질 것이다. 앞으로 학점 패스포트는 개인의 학습 여정을 종합적으로 지원하고, 무한한 학습 가능성을 열어주는 혁신적인 도구로 자리 잡을 것이다. 특히 학점 패스포트는 국내외를 불문코 세계적인 추세중 하나로 자리 잡게 될 것이고 2040년에는 학위보다 더 중요한 개인의 능력과 취업 그리고 자격을 인정하는 대표적인 학습 이력이 될 것이다. 미국에서는 1970년대부터 CEU(평생학습 인증제)가 활용되어 왔다. 이러한 경향은 향후 세계의 모든 학습자들에게 그리고 기업에게 활용될 가능성이 매우 높다.

탈국가, 탈공간 대학 패러다임 : 5탈(脫) 대학 등장

2040년의 대학 교육의 모습은 한마디로 국적 없는 교육, 공간 없는 교육 그리고 교실 없는 교육, 가르치는 자와 배우는 자의 상호작용이 없는 패러다임으로 전환할 가능성이 매우 높다. 한마디로 국가와 공간을 초월한 세계가 교육의 장이 되고 세계의 모든 학생이 학습 대상이 되며 방법론에 있어서도 중앙 집권적 획일화된 방법론이 아니라 분권화된 원자화 학습자 체제로 패러다임이 전환할 가능성이 높다. 따라서 2040년의 교육은 탈캠퍼스, 탈교실, 탈교수, 탈교과서, 탈커리큘럼, 탈학위 등의 특성을 지닌 「5脫 대학 패러다임」[5]으로 정립될 것이다. 한마디로 대학 교육은 국가와 공간을 벗어나게 되는 것이다. 이 장에서는 탈국가, 탈공간, 대학 패러다임을 간략히 정리해 보고자 한다.

---

5 「5脫 패러다임」은 필자의 신조어로 향후 대학의 특징을 의미한다.

왜 '탈국가 · 탈공간' 교육이 등장하는가?

한때 교육은 국경 안에서, 물리적 캠퍼스에서만 이루어지는 고정된 시스템이었다. 국가별 교육당국은 교육과정과 평가 기준을 규정했고, 대학은 특정 지역 내 인프라를 전제로 운영되었으며, 학생은 물리적으로 등교해야 학습이 가능했다. 그러나 2040년의 교육은 더 이상 국가나 공간에 구속되지 않는다. 이는 단순한 기술적 진화가 아니라, 교육의 정의와 목적 자체가 근본적으로 변화하고 있다는 징후다. 대학 교육은 한 플랫폼, 다국적 학습자, 다국적 교수 코디네이터 형태로 전환할 것이고 이것은 한 마디로 탈국가, 탈공간 교육 시스템을 의미한다. 왜 탈국가, 탈공간 교육이 가능한가 라는 질문에 대한 답은 가장 큰 변화라 할 수 있는 기존 대학 시스템의 붕괴와 온라인 중심 학습 방법의 확대 그리고 학습자의 자기 주도적 학습 형태의 확산에 기인한다고 볼 수 있다. 이러한 탈국가 탈공간 교육의 등장은 대학이 세계를 공간으로 세계 학생을 대상으로 하는 학습 플랫폼 형태로 변화한다는 의미이다.

탈국가 교육의 핵심 특징

국가 교육 제도의 상대화

2040년의 교육은 국가 중심 커리큘럼이 아니라, 글로벌 표준과 산업 요구에 기반하게 된다. 예를 들어, 인공지능, ESG경영, 사이버

보안 등의 교육 콘텐츠는 MIT, 구글, 텐센트, UN 등 글로벌 기관이 주도하며, 국가별 교과과정보다 산업 적합성이 그 기준이 된다. 즉, "어느 나라에서 무엇을 배웠는가"보다 "누구의 인증을 받았고, 실제로 무엇을 할 수 있는가"가 평가 기준이 된다. 자격보다는 할 수 있는 능력. 학위보다는 학점 이수 이력 그리고 이와 관련된 여러 경험을 중요시하게 된다.

초국적 학위·자격 시스템

기존의 대학 졸업장 대신, 2040년에는 블록체인 기반 국제 공인 디지털 학위와 자격증이 주류가 된다. Coursera, EdX, Class Central 등에서 취득한 Micro Degree는 이미 일부 국가에서 대학 학위와 동등하게 인정받고 있으며, 이는 점차 국경을 초월한 교육 인증 체계로 확장되고 있다. 예를 들어, 한국 학생이 구글 AI 인증과 UN 지속가능개발교육(SDG) 자격증을 보유하면, 중동의 기업에 지원하거나 아프리카 개발 프로젝트에 직접 참여할 수 있다.

글로벌 수업, 지역적 실행(다국적 교수, 다국적 학습)

이제 수업은 국적 불문한 다국적 교수진에 의해 진행되고, 학생은 자기 나라에서 수업을 듣고, 그 지식을 자국 사회에 적용한다. 예를 들어, 미국 학생이 프랑스 교수의 탄소중립 수업을 듣고, 자국 도시의 에너지 정책 프로젝트에 바로 응용한다.

탈이념·탈정치적 교육 내용 구성

국가별 이념이나 검열의 영향을 받는 교과서 대신, 생성형 AI와 글로벌 연구자 집단이 공동 구성한 콘텐츠가 학습의 주요 학습자료가 된다. 이는 특히 정치·역사·윤리 과목에서 다양한 세계적 관점에서의 시각이 공존하는 교육이 가능케 된다. 한마디로 교육 내용이 인류 공통의 과제 중심이 확대되면서 세계적 시각을 갖는 탈이념 탈정치적 구성으로 변화될 것이다.

탈공간 교육의 핵심 특징

가상 캠퍼스의 일상화

가상 캠퍼스의 일상화는 AI 시대에 확산되고 있는 다양한 형태의 인공지능망과 가상 현실, 증강 현실 그리고 물리적 공간이 조합되는 메타버스 캠퍼스 공간이 될 것이고 이러한 메타버스 캠퍼스의 확산으로, 대학 교육은 물리적 건물 없이도 전 세계 학생이 같은 수업을 같은 메타버스 공간에서 동시에 체험하는 것이 일상이 된다. 예를 들어 다음과 같이 현실 캠퍼스(전통적 캠퍼스 중심)의 경우는 정해진 교실에 정해진 교과 과정을 이수하기 위해서 정해진 시간에 등교하고 등교를 하기 위해서 시간을 소비하며 수업을 마치고 귀가하는 형태의 대학 교육이 이루어지지만 메타버스 캠퍼스에서는 이와는 달리 접속하고 가상 현실 속으로 진입하면 학습이 이루어지는 형태이다. 아래와 같은 예시가 이러한 메타버스 캠퍼스의 모습을 요약한 내용이다.

- 현실 캠퍼스: 9시 수업을 위해 통학 1시간(더 걸릴 수도 있다)
- 메타버스 캠퍼스: 8시 58분에 접속, 9시에 VR 헤드셋으로 입장(통학 필요 없다)
- 메가 메타버스 캠퍼스: 메타버스 캠퍼스를 활용하고 또 다른 메타버스 캠퍼스와 접속하여 교육을 한다.

플랫폼 기반 다캠퍼스 교육 참여

학생은 더 이상 한 대학에 소속되지 않는다. 한양대의 음악 수업, 하버드의 인문학 수업, 한국과학기술원의 AI 과정, 인도 벵갈루루 대학의 유리 세미나를 동시 수강하고, 각 기관의 인증을 병렬로 취득한다. 이는 학습자가 공간에 귀속되지 않고, 문제 해결 중심의 경로를 따라 학습을 설계할 수 있게 함을 의미한다.

거주지 학습 기반 격차 해소와 교육격차의 해소

2040년의 교육은 서울과 아프리카 내륙 마을, 미국과 유럽 도시의 학생이 동일한 콘텐츠를 동시간에 경험할 수 있는 수준에 이른다. 위성 인터넷과 클라우드 컴퓨팅, 저가형 VR 기기의 보급은 물리적 인프라 부족을 극복할 수 있는 최소 환경을 제공한다.

교수와 학습자의 위치 무의미화(장소를 초월한 학습)

교수는 체코의 프라하에 있고, 학생은 나이지리아의 케냐, 한국의 서울, 그리고 미국의 LA에 있지만 동일한 메타버스 캠퍼스 안에서 아바타로 토론하며, 실제 교감하는 수준의 수업이 가능해진다. 이때 교수의 역할은 통합 설계 능력과 데이터 해석 능력 그리고 교육 자체를 교육하는 교육자로서의 메타 교육자로서 변화되게 된다. 따라서 교수의 미래는 혁신을 적응하는 공동 학습자의 역할이 강화될 것이다.

대학 변화의 전망과 시나리오

앞서 논의한 대학의 역할과 교수 학생들의 역할 변화 전망과 시나리오를 요약해서 도표로 정리하면 다음과 같다.

표 12 대학 변화의 전망과 시나리오

전망 영역	핵심 변화	기대 효과
대학의 역할	지식 제공자 → 글로벌 학습 코디네이터	캠퍼스는 학습 생태계 운영 거점으로 재편
국가의 역할	교육 통제자 → 공정한 접근 보장자	평등한 플랫폼 접근권 보장 중심 역할로 이동
학생의 역할	수동적 수강자 → 능동적 지식 설계자	자신의 경로를 디자인하는 자기주도 학습 강화
교육 콘텐츠	교과서 중심 → 문제 기반 콘텐츠로 진화	실전 중심, AI와 협업한 실시간 콘텐츠 생산
평가 방식	시험 → 프로젝트/과제 + AI 기반 진단	맥락·과정 중심의 맞춤형 평가로 진화

2040년 실제 사례 기반 시나리오(가상의 하루)

2040년, 한국 고등학생 김○○의 하루 일과

- 08:00 – 메타버스 국제고 캠퍼스 접속. 일본의 도쿄 대학 수학 수업 수강
- 10:00 – UNDP 주관 '기후정책 국제 협력'팀 프로젝트 협업 (프랑스, 홍콩 학생과 함께)
- 13:00 – MIT 개설 AI 윤리 수업. 토론 주제 : "AI에 시민권을 줄 수 있는가?"
- 15:00 – 한국 내 NGO와 연계한 지역 환경 프로젝트 현장 답사
- 20:00 – 개인 튜터봇이 일일 학습 피드백 제공과 함께 다음 수업 추천

도전 과제와 대응 방향

표 13 AI 시대 메타버스 캠퍼스의 과제

문제	설명	대응 전략
디지털 접근성	저개발국 인터넷 환경 부족	저사양 콘텐츠, 위성 인터넷 보급 정책 강화
국가별 제도 차이	학위/이수 기준의 불일치	국제 교육 인증 표준(Global EdCert) 구축

문제	설명	대응 전략
정체성 약화	국적·문화 기반 공동체 약화 우려	지역 문화 연계 콘텐츠 병행 운영
정보 검열/통제 위험	글로벌 플랫폼 중심 교육의 정치적 악용 가능성	다중 플랫폼·다중 소스 구조 설계로 다양성 확보

2040년의 교육은 국가도, 물리적 공간도 필요로 하지 않지만 그렇다고 '국가 없는 교육', '공간 없는 학습'을 말하는 것만이 아니다. 국가를 초월한 연결, 공간을 넘어선 체험, 그리고 학습자가 스스로 세계를 설계할 수 있는 자유를 말하는 것이다. 이러한 탈국가·탈공간 교육은 인류 모두에게 동등한 기회의 출발점이자, 교육의 민주화를 실현하는 중요한 열쇠가 될 것이다.

2040년에는 교수나 학생이 어디에 있든 어느 시간에 있든 학습이 가능하고 이러한 학습이 가능한 이유는 공간을 초월하고 시간을 초월하여 언제나 학습이 가능한 '종강이 없는 대학'(Termless college), '교수가 없는 학습'(Professless learning) 그리고 국적과 지역을 초월한 '평등한 대학 교육'이 일반화되는 시대가 도래한다[6](이현청, 2025).

6 '교수가 없는 학습', '종강이 없는 대학'은 필자의 신조어로 1990년 초 썼던 3無 대학, 즉 '캠퍼스 없는 대학', '교수 없는 강의실', '책 없는 도서관'의 연장선상에서 쓰인 것이다.

생애지능사회 : 끝없는 학습사회 패러다임

2040년, 인류는 역사상 유례없는 급진적 변화의 중심에 서 있다. 지난 20년간의 기술적, 사회적 혁신은 단순한 진보를 넘어 근본적인 패러다임의 전환을 예고하고 있다. 기술, 문화, 경제, 국방 안보 영역은 더 이상 독립적으로 존재하지 않으며, 복잡하게 얽혀 서로를 형성하고 변화시키는 상호 연결된 생태계를 만들어가고 있다. 향후 인공지능, 양자 컴퓨팅, 생명공학의 융합은 인간의 존재 방식 자체를 재정의할 것이다. 글로벌 문화의 초연결성은 국경을 넘어 새로운 사회적 규범을 만들어낼 것이며, 디지털 경제는 전통적인 경제 모델을 근본적으로 변화시킬 것이다. 동시에 사이버 안보와 우주 자원 확보를 둘러싼 국제적 경쟁은 국방 안보의 새로운 지평을 열어갈 것이다. 2040년 대학을 논의하기 위해서는 이러한 다차원적 변화의 본질을 탐구하고, 2040년 인류 사회의 잠재적 모습을 종합적으로 조망할 필요가 있다. 기술적 혁신, 문화적 변혁, 경제 재구조화, 그리고 안보 패러다임의 변화를 체계적으로 분석함으로써, 우리가 직면할 미래에 대한 통찰력 있는 이해를 제공하고 이에 기반하여 생애 과정을 통해 지속적으로 학습이 이루어져야 한다는 인식을 가져야 하기 때문이다. 앞서도 논의했으나 미래 기술 혁명의 핵심은 인공지능과 양자 컴퓨팅이고 이는 우리에게 '생애 지능 사회'라는 새로운 세기를 맞이하게 할 것이다.

미래 기술의 혁명 : 인공지능과 양자 컴퓨팅

2040년, 인공지능과 양자 컴퓨팅은 인류 기술의 혁명적 전환점을 대표하게 될 것이다. 양자 컴퓨터는 기존 컴퓨팅 한계를 완전히 뛰어넘어, 복잡한 문제들을 초고속으로 해결할 수 있게 되었다. 나노스케일에서 작동하는 큐비트 기술은 제약, 신소재 개발, 기후 모델링 등 전례 없는 계산 능력을 제공한다. 인공지능 또한 비약적으로 발전하여, 단순한 데이터 처리를 넘어 창의적 문제 해결과 자율적 의사결정 능력을 갖추게 되었다. 교육은 물론 의료, 과학 연구, 도시 계획 등 거의 모든 영역에서 AI는 인간 전문가 수준의 판단과 혁신적 통찰력을 제공한다. 특히 양자 컴퓨팅과 AI의 융합은 더욱 놀라운 잠재력을 보여준다. 양자 머신러닝 알고리즘은 기존 불가능했던 복잡한 패턴을 학습하고, 예측 모델의 정확성을 극적으로 향상시킨다. 기후 변화 대응, 신약 개발, 우주 탐사 등 인류의 가장 긴급한 도전 과제들에 혁신적 솔루션을 제공할 것으로 기대된다. 그러나 이러한 기술적 혁명은 윤리적, 사회적 도전과제도 동반한다. AI의 자율성 증가와 양자 컴퓨팅의 강력한 계산 능력은 개인정보 보호와 사회적 통제에 대한 근본적인 질문을 제기한다. 기술의 혜택을 공정하고 책임감 있게 활용하기 위한 사회적 합의와 규제 프레임워크 개발이 그 어느 때보다 중요해질 것이다.

미래 기술의 혁명 : 생명공학과 나노기술

2040년 생명공학과 나노기술의 융합은 인류 발전의 새로운 패러다임을 구축할 것이다. 나노스케일에서의 정밀한 생물학적 조작은 의료, 농업, 환경 분야에 혁명적 변화를 가져올 전망이다. 의료 분야에서 나노바이오 기술은 맞춤형 치료의 새로운 지평을 열고 있다. 나노로봇은 인체 내부에서 정밀하게 질병을 진단하고 치료할 수 있게 되었으며, 암세포를 선별적으로 타겟팅하거나 유전자 결함을 직접 수정하는 능력을 갖추게 되었다. 유전자 편집 기술과 나노입자의 결합은 불치병 치료에 대한 근본적인 접근을 가능케 한다. 농업 분야에서는 나노센서와 생명공학의 융합이 지속가능한 농업 혁명을 이끌고 있다. 작물의 유전자를 정밀하게 조작하여 기후 변화 저항성, 영양가, 생산성을 획기적으로 향상시키는 기술이 개발되었다. 나노기술 기반 스마트 비료와 농약은 환경 오염을 최소화하면서 농작물 생산성을 극대화한다. 그러나 이러한 기술적 혁신은 심각한 윤리적 도전과제를 동반한다. 인간 유전자 조작의 윤리적 경계, 나노기술의 장기적 건강 영향, 생태계 균형에 대한 잠재적 위험 등은 신중한 사회적 논의를 요구한다. 기술의 발전과 함께 윤리적 가이드라인 수립이 그 어느 때보다 중요해졌다. 나노바이오 기술의 궁극적 목표는 단순한 기술적 혁신을 넘어 인류의 삶의 질을 근본적으로 개선하는 것이다. 맞춤형 의료, 지속가능한 농업, 환경 문제 해결을 위한 혁신적 솔루션은 2040년 인류 사회의 새로운 희망을 상징하기도 한다.

미래 기술의 혁명 : 우주 탐사 기술

2040년 우주 탐사 기술은 인류의 우주 개척 능력을 근본적으로 변화시킬 것이다. 양자 컴퓨팅과 AI 기술의 발전은 우주선 설계, 항법 시스템, 심우주 통신 분야에 혁명적 진전을 가져왔다. 국제 우주 협력은 새로운 차원으로 진화했다. 미국, 중국, 러시아, 유럽연합, 인도 등 주요 우주 강국들은 복합적인 협력과 경쟁 관계를 형성하고 있다. 동시에 SpaceX, Blue Origin 같은 민간 우주 기업들이 우주 탐사의 핵심 주체로 부상했다. 이들은 재사용 가능한 로켓 기술, 저비용 우주 발사 시스템을 통해 우주 접근성을 획기적으로 높였다. 화성 탐사는 2040년 우주 기술의 가장 중요한 이정표의 하나이다. 국제 협력 프로젝트를 통해 최초의 지속 가능한 화성 기지가 설립되었으며, 일부 과학자와 엔지니어들의 장기 체류가 가능해졌다. 나노소재와 3D 프린팅 기술은 우주 환경에서의 건축과 자원 활용을 혁신적으로 변화시켰다. 심우주 탐사를 위한 새로운 추진 기술도 개발되었다. 이온 엔진과 태양 돛 기술의 발전으로 더 멀고 오랜 우주 여행이 가능해졌으며, 소행성 벨트와 목성의 위성들에 대한 탐사 임무가 현실화되고 있다. 위성 기술 역시 비약적으로 발전했다. 초소형 나노위성 클러스터는 지구 관측, 통신, 기후 모니터링 등 다양한 목적으로 활용되며, 글로벌 정보 인프라의 핵심 인프라로 자리 잡았다. 우주 자원 개발은 새로운 경제적 영역으로 부상했다. 희토류 금속과 희귀 광물을 채굴하기 위한 소행성 채굴 미션들이 진행되고 있으며, 이는 지구 자원 고갈 문제에 대한 잠재적 해결책으로 주목받고 있다. 그러나 이러한 발전은 새로운 국제법적, 윤리적 도전과제를 동반한다. 우주 자원 소유권, 우주 환경 보호, 군사적 긴장 관리 등은 국제사회가 해결해야 할 중요한 과제로 떠오르고 있다.

문화적 패러다임의 전환 : 가상 현실과 증강 현실

2040년, 가상 현실(VR)과 증강 현실(AR)은 더 이상 미래 기술이 아니라 일상의 필수 요소가 될 것이다. 초고해상도 홀로그래픽 디스플레이와 촉각 피드백 기술의 발전으로, 디지털 세계와 물리적 현실 사이의 경계가 완전히 모호해졌다. 교육 분야에서 VR/AR 기술은 혁명적 변화를 가져왔다. 학생들은 이제 역사적 사건을 직접 체험하고, 복잡한 과학 개념을 몰입형 시뮬레이션을 통해 학습한다. 해부학 수업에서는 인체의 3D 모델을 실시간으로 탐구할 수 있으며, 지리 수업은 전 세계 어느 장소든 즉각적으로 방문할 수 있는 경험으로 변모했다. 엔터테인먼트와 사회적 상호작용 영역에서도 근본적인 변화가 일어났다. 전통적인 소셜 미디어는 완전히 몰입형 가상 공간으로 대체되었으며, 사람들은 물리적 거리와 상관없이 감각적으로 생생한 상호작용을 경험한다. 콘서트, 전시회, 회의는 더 이상 물리적 공간에 제한되지 않고, 글로벌 참여자들이 마치 같은 공간에 있는 것처럼 소통할 수 있게 되었다. 그러나 이러한 기술적 혁신은 심각한 사회심리학적 도전과제를 동반한다. 가상 세계와의 과도한 몰입은 현실 도피와 사회적 고립의 위험을 내포하고 있다. 디지털 정신 건강 전문가들은 VR/AR 중독과 현실 감각 상실에 대한 우려를 지속적으로 제기하고 있으며, 건강한 디지털 생활 방식에 대한 사회적 가이드라인 마련이 중요해졌다. 윤리적 측면에서도 새로운 도전이 등장했다. 개인의 가상 정체성 보호, 디지털 프라이버시, 현실과 가상 세계 간의 법적 경계 설정 등은 2040년 사회가 해결해야 할 중요한 과제로 부상했다. 기술의 발전과 함께 인간성 유지, 진정한 소통, 그리고 윤리적 균형을 찾는 것이 그 어느 때보다 중요해졌다.

문화적 패러다임의 전환 : 글로벌 문화 교류

2040년, 글로벌 문화 교류는 현재와는 엄청나게 다른 모습을 보일 것이다. 어쩌면 2030년을 기점으로 AI 기술의 대혁명과 가상 현실의 대혁신은 역사상 가장 역동적이고 복합적인 글로벌 문화 패러다임 전환의 양상을 보이게 될 것이다. 디지털 기술의 급속한 발전과 초연결성은 국경의 개념을 근본적으로 재정의하며, 문화적 상호작용의 새로운 패러다임을 창출하고 있다. 실시간 번역 기술의 완성도 높은 발전은 언어의 장벽을 사실상 무너뜨렸다. AI 기반 고급 통역 시스템은 문맥과 문화적 뉘앙스까지 완벽하게 전달할 수 있게 되어, 전 세계 사람들 간의 직접적이고 깊이 있는 소통을 가능케 했다. 이는 단순한 의사소통을 넘어 문화적 이해와 공감의 새로운 차원을 열었다. 가상현실과 증강현실 기술은 문화 교류의 경험을 근본적으로 변화시켰다. 사용자들은 물리적 거리와 상관없이 다른 문화의 축제, 전통, 일상생활을 생생하게 체험할 수 있게 되었다. 이러한 몰입형 문화 경험은 문화적 고정관념을 해체하고, 글로벌 시민의식을 함양하는 데 중요한 역할을 하고 있다. 그러나 이러한 글로벌 문화 교류는 문화적 다양성과 동질화 사이의 미묘한 균형를 요구한다. 우선 지역 고유문화의 보존과 존중이 중요하며, 다른 한편으로는 상호 이해와 통합을 위한 문화적 개방성도 필요하다. 이 과정에서 문화 간 대화와 상호 존중의 메커니즘 개발이 핵심적인 과제로 부상했다. 글로벌 문화 교류의 또 다른 흥미로운 측면은 하이브리드 문화의 등장이다. 전통적인 문화적 경계를 넘어서는 새로운 문화적 표현 방식들이 생겨나고 있으며, 이는 음악, 예술, 패션, 요리 등 다양한 영역에서 혁신적인 융합을 만들어내고 있다. 동시에 이러한 글로벌 문화 교류는 윤리적, 사회적 도전과제도 제기한다. 문화적 정체성 유지, 디지털 문화 제국주의(Digital Cultural Imperialism)[7]에 대한 우려, 문화적 맥락의 왜곡 가능성 등은 지속적인 성찰과 논의가 필요한 영역이다. 이러한 디지털 문화 제국주의는 2040년 디지털 문화 강국과 디지털 문화 약소 국가로 이원화될 가능성이 높고 다른 한편으로는 디지털 문화 평준화의 가능성도 있다.

---

7 디지털 문화 제국주의는 문화 식민지주의, 교육 식민지주의 등과 유사한 개념으로 국가 간 디지털, 문화, 교육의 종속과 의존에 대한 비판적 시각이다.

경제 구조의 재편: 디지털 경제와 노동 시장

2040년 경제는 디지털 기술과 인공지능에 의해 완전히 재구성될 것이다. 전통적인 산업 구조는 근본적으로 해체되고, 플랫폼 기반 경제와 초연결 디지털 생태계가 지배적인 패러다임으로 자리 잡게 될 것이다. 지금껏 블록체인과 분산형 금융(DeFi) 기술은 금융 시스템의 탈중앙화를 가속화했다. 전통적인 은행과 금융 중개기관의 역할은 크게 축소되었으며, 개인 간 직접 거래와 글로벌 디지털 화폐 생태계가 표준화되었다. AI 기반 금융 알고리즘은 투자와 리스크 관리를 혁신적으로 변화시켰다. 한편 노동 시장에서는 전례 없는 구조적 변화가 일어나고 있다. 인공지능과 로봇 자동화로 인해 대부분의 반복적이고 규칙 기반의 작업들이 대체되었다. 대신 창의성, 감성지능, 복잡한 문제 해결 능력을 요구하는 새로운 직업군들이 등장하고 있다. 대표적인 새로운 직업군으로는 AI 윤리 컨설턴트, 양자 알고리즘 설계자, 인간-로봇 협업 전문가, 디지털 생태계 관리자 등이 있다. 이러한 직업들은 기술적 전문성뿐 아니라 높은 수준의 학제간 사고와 윤리적 판단력을 요구한다. 평생 학습과 지속적인 재교육은 이제 생존을 위한 필수 전략이 되었다. 대학과 직업 훈련 시스템은 빠르게 변화하는 기술 환경에 신속하게 대응할 수 있는 유연한 교육 모델로 전환되었다. 마이크로 크리덴셜과 온디맨드(On-demand) 학습 플랫폼이 전통적인 학위 시스템을 보완하거나 대체하고 있다. 그러나 이러한 디지털 경제 전환은 심각한 사회경제적 도전과제도 동반한다. 기술 숙련도에 따른 불평등 심화, 대규모 실업, 일자리의 불안정성 등은 여전히 중요한 사회적 이슈로 남아 있다. 따라서 포용적 디지털 전환을 위한 사회적 안전망과 재분배 메커니즘의 중요성이 그 어느 때보다 커졌다. 따라서 2040년에는 디지털 경제를 기반으로 하는 직업 생태계와 노동 시장의 패러다임이 완전히 재구조화되리라고 예상된다.

경제 구조의 재편 : 지속가능한 경제 모델

2040년의 경제 모델은 단순한 성장 중심에서 벗어나 지구 생태계의 회복력과 인류의 장기적 번영을 동시에 추구하는 근본적인 전환을 경험하게 될 것이다. 그동안 인류가 추구해왔던 지속가능성은 더 이상 선택적 옵션이 아니라 경제 시스템의 핵심 설계 원리로 자리 잡았다. 소위 순환경제(Circular Economy) 모델은 이러한 변화의 중심에 있다. 나노기술과 AI의 발전은 자원의 재활용과 재생을 혁신적으로 최적화했다. 제품 수명주기 전체를 설계 단계부터 재사용과 재활용을 고려하는 접근법이 표준화되었으며, 이는 자원 소비와 폐기물 발생을 획기적으로 감소시켰다. 탄소 중립 기술과 녹색 경제 인프라에 대한 대규모 투자가 전 지구적 경제 전략의 핵심이 되었다. 재생에너지 기술, 탄소 포집 시스템, 지속가능한 농업 및 도시 설계 등에 대한 대규모 자본 투입이 이루어졌다. 이러한 투자는 단순한 환경 보호를 넘어 새로운 경제적 기회와 일자리 창출의 원천이 되고 있다.

정부와 기업은 통합적인 지속가능성 평가 시스템을 개발했다. 전통적인 GDP 지표를 넘어 환경적 영향, 사회적 웰빙, 장기적 회복력 등을 종합적으로 측정하는 새로운 경제 성과 지표가 도입되었다. 이는 경제 발전과 생태계 보전 사이의 균형을 추구하는 근본적인 패러다임 전환을 의미한다. AI와 빅데이터 기술은 이러한 지속가능한 경제 모델의 핵심 동인으로 작용한다. 이러한 기술은 자원 흐름의 실시간 최적화, 에너지 효율성 예측, 공급망의 탄소 발자국 추적 등 복잡한 시스템을 정밀하게 관리할 수 있게 되었다. 그러나 이러한 전환은 결코 순탄치 않다. 기존 경제 시스템의 관성, 이해관계의 충돌, 글로벌 불평등 문제 등은 여전히 중요한 도전 과제로 남아 있다. 지속가능한 경제로의 전환은 기술적 혁신뿐만 아니라 포용적이고 공정한 접근을 필요로 한다.

국방 안보의 새로운 지평 : 사이버 안보와 무인 시스템

2040년 국방 안보는 첨단 기술과 사이버 영역의 복합적 위협으로 인해 근본적인 변화를 겪게 될 것이다. 사이버 공간은 이제 물리적 전장만큼이나 중요한 전략적 영역으로 부상했으며, 국가 안보의 핵심 영역으로 자리 잡았다.

양자 컴퓨팅과 AI 기술의 발전은 사이버 보안의 패러다임을 근본적으로 변화시키고 있다. 기존의 암호화 시스템은 양자 컴퓨터의 연산 능력 앞에 취약해졌으며, 이에 대응하기 위해 양자 암호화 기술이 개발되었다. AI 기반 사이버 방어 시스템은 실시간으로 사이버 위협을 감지하고 대응할 수 있게 되었으며, 지능형 사이버 공격을 예측하고 차단하는 능력을 갖추게 되었다. 무인 시스템과 로봇 기술의 군사적 활용은 전쟁의 본질을 근본적으로 재정의하고 있다. 완전 자율 무인 전투 시스템은 이제 육해공 전장의 핵심 전력으로 자리 잡았다. 초정밀 드론, 자율 수중 무인정, 인공지능 기반 전투 로봇은 인간 병력의 위험을 최소화하면서 높은 작전 효율성을 제공한다. 특히 하이브리드 전쟁 개념의 등장은 국방 전략에 혁명적 변화를 가져왔다. 물리적 전장과 사이버 공간, 정보 영역이 복합적으로 연결된 전략은 전통적인 군사 작전 개념을 완전히 바꾸어놓았다. AI와 빅데이터 분석 기술은 실시간 정보 수집과 전략적 의사결정을 지원하며, 군사 정보의 정확성과 대응 속도를 극대화했다. 그러나 이러한 기술적 혁신은 심각한 윤리적, 법적 도전과제를 동반한다. 자율 무기 시스템의 윤리성, 인공지능의 독립적 작전 결정 권한, 민간인 피해 최소화 문제 등은 국제사회의 지속적인 논의와 규제를 요구한다. 군사 기술의 발전과 인도주의적 원칙 사이의 균형을 유지하는 것이 2040년 국방 안보의 핵심 과제로 부상하게 될 것이다.

국방 안보의 새로운 지평 : 우주 안보

2040년 우주 안보는 국제 지정학의 가장 중요한 전략적 영역으로 부상할 것이다. 우주는 더 이상 탐사와 과학의 영역이 아니라, 자원 확보와 국가 간 전략적 경쟁의 핵심 무대가 되었다.

주요 우주 강국들 사이의 우주 자원 확보 경쟁은 새로운 형태의 국제 긴장을 야기하고 있다. 달과 소행성 벨트의 희토류 금속, 희귀 광물, 그리고 잠재적 에너지 자원은 국가 간 자원 갈등의 중심에 서 있다. 미국, 중국, 러시아, 인도, 유럽연합 등은 우주 자원 확보를 위한 치열한 경쟁을 벌이고 있으며, 이는 때로는 협력과 때로는 긴장의 양상을 보인다. 우주 안보의 핵심은 단순한 자원 확보를 넘어 전략적 우위 확보에 있다. 고성능 위성 네트워크, 우주 기반 감시 시스템, 우주 방어 기술은 국가 안보의 필수 요소가 되었다. AI와 양자 컴퓨팅 기술의 발전으로 우주 공간에서의 정보 수집, 통신, 조기 경보 시스템이 혁명적으로 발전했다. 동시에 국제사회는 우주 자원 활용과 관련된 새로운 법적, 윤리적 프레임워크 수립에 힘쓰고 있다. 유엔 우주조약을 대폭 개정하여 우주 자원의 공정한 활용과 분배, 환경 보호, 평화적 목적 사용을 보장하기 위한 노력이 진행 중이다. 그러나 이러한 노력에도 불구하고 우주를 둘러싼 잠재적 갈등의 위험은 여전히 존재한다. 우주 방어 시스템의 군사화, 자원 확보를 위한 경쟁, 기술적 우위를 둘러싼 긴장은 국제 평화와 안보에 새로운 도전을 제기하고 있다. 이러한 변화는 2040년 대학의 역할 중에 우주 안보 연구 영역과 우주 자원 개발의 가능성에 대한 준비가 매우 중요한 역할로 부상하게 될 것이다.

기술과 윤리의 조화

2040년, 기술과 윤리의 조화는 인류 사회의 가장 중요한 도전 과제로 부상할 것이다. 디지털 기술의 폭발적 성장은 개인의 프라이버시와 데이터 주권에 대한 근본적인 질문을 제기하고 있다. AI, 빅데이터, 생명공학 기술의 급속한 발전은 이전에는 상상할 수 없었던 윤리적 딜레마를 만들어내고 있다. 개인정보 보호는 디지털 시대의 핵심 인권으로 자리 잡았다. 양자 암호화 기술과 분산형 신원 확인 시스템은 개인 데이터의 안전과 통제권을 보장하기 위한 혁신적 솔루션을 제공한다. 향후 개인은 이제 자신의 데이터에 대한 완전한 소유권과 선택권을 가지게 될 것이며, 실시간으로 데이터 사용을 추적하고 통제할 수 있게 될 것이다.

따라서 인공지능의 윤리적 지위는 더욱 복잡한 철학적 딜레마를 야기한다. 고도로 발전된 AI 시스템은 점점 더 인간과 유사한 의사결정 능력과 감정 인식 능력을 보여주고 있다. 이는 로봇의 법적, 윤리적 권리에 대한 근본적인 질문을 제기한다. AI 시스템의 자율성, 책임성, 그리고 잠재적 권리에 대한 국제적 합의 도출이 시급한 과제로 떠올랐다. 생명공학 분야에서는 더욱 첨예한 윤리적 딜레마가 존재한다. 유전자 편집 기술과 나노바이오 기술의 발전은 인간의 유전적 특성을 근본적으로 변화시킬 수 있는 능력을 제공한다. 질병 치료를 위한 유전자 수정부터 인간 능력의 확장까지, 그 경계는 점점 더 모호해지고 있다. 이는 인간의 본질, 평등, 그리고 생명의 존엄성에 대한 깊은 철학적 성찰을 요구한다.

이러한 복합적인 도전에 대응하기 위해 국제사회는 포괄적이고 유연한 윤리 프레임워크 개발에 힘쓰고 있다. 다학제적 접근을 통해 기술 전문가, 윤리학자, 법학자, 사회과학자들이 협력하여 기술 발전의 윤리적 가이드라인을 지속적으로 수립하고 있다. 이는 단순한 규제를 넘어, 인간 중심의 기술 혁신을 추구하는 근본적인 패러다임 전환을 의미한다. 결국, 2040년 기술과 윤리의 조화는 기술의 잠재력을 최대화하면서 동시에 인간의 존엄성과 가치를 보호하는 섬세한 균형을 요구하게 될 것이다. 이는 단순한 기술적 도전을 넘어, 인류의 미래를 정의하는 근본적인 사회적 과제인 것이다. 2040년에는 기술과 윤리의 조화는 매우 중요한 대학 교육의 이슈가 될 것이고 국가 사회적으로도 중요한 과제로 등장하게 될 것이다.

미래를 향한 준비와 도전: 생애 지능 사회의 도래

2040년은 인류 역사상 가장 급진적이고 복합적인 변화의 시기로 기록될 것이다. 기술, 문화, 경제, 국방 안보 영역에서 일어난 주요 변화들은 단순한 개별적 혁신을 넘어 인류 존재 방식 전체를 근본적으로 재구성하고 있다.

양자 컴퓨팅과 AI의 발전, 나노바이오 기술의 혁신, 우주 탐사 능력의 확장은 인간의 인지적, 물리적 한계를 넘어서는 새로운 가능성을 열었다. 가상현실과 증강현실 기술은 문화적 경험의 차원을 확장했으며, 글로벌 문화 교류는 이전에 상상할 수 없었던 깊이와 폭으로 진화했다. 디지털 경제와 순환경제 모델은 지속가능성을 경제 시스템의 핵심 원리로 전환했고, 국방 안보 영역에서의 기술적 혁신은 전쟁과 평화의 개념을 재정의하고 있다. 그러나 이러한 변화는 동시에 심각한 윤리적, 사회적 도전과제를 동반한다. AI의 자율성, 개인정보 보호, 기술로 인한 불평등, 생명공학의 윤리적 경계 등은 인류가 신중하게 검토하고 고민해야 할 복잡한 영역들이다. 미래 사회를 향한 준비는 기술적 혁신과 동등하게 인간적 가치와 윤리적 성찰에 달려 있다. 우리는 기술을 단순한 도구가 아니라 인류의 지속가능한 발전을 위한 전략적 수단으로 인식해야 한다. 이를 위해서는 다음과 같은 접근이 필요하다.

첫째, 교육 시스템의 근본적 혁신을 통해 미래 세대가 기술적 변화에 적응할 수 있는 유연성과 창의성을 함양해야 한다.

둘째, 국제사회의 협력을 통해 기술 발전의 윤리적 가이드라인을 지속적으로 발전시켜야 한다.

셋째, 포용적이고 공정한 기술 전환 메커니즘을 개발하여 사회적 불평등을 최소화해야 한다.

2040년, 인류의 미래는 기술에 대한 우리의 선택에 달려 있다. 기술은 잠재력이자 동시에 도전이며, 우리의 지혜와 윤리적 통찰은 이 잠재력을 인류 공동의 번영으로 전환시킬 수 있을 것이다.

이러한 인류가 직면하게 되는 기술 변화에 따라 교육 시스템의 근본적 혁신이 필요하고 사회는 생애 지능 사회(Life intelligent society)로 전환할 것이며 일생동안 한번의 교육으로 끝나는 것이 아니라 생애 전과정 속에서 이러한 변화들에 적응할 수 있는 학습 사회 패러다임으로 전환하게 된다. 이를 위해 우리 삶과 직·간접적으로 영향을 주는 변화들을 열거하면 다음과 같다.

2040년, 뉴패러다임의 전환

2040년, 세계는 지금보다 훨씬 더 정교하고, 밀접하게 연결될 것이며, 동시에 불확실성이 커진 사회로 진입할 것이다. 기술, 문화, 경제, 그리고 국방·안보 전반에 걸쳐 우리의 삶을 근본적으로 바꿀 변화들이 도래하고 있으며, 이 변화는 단순한 진보가 아니라 '패러다임의 전환'에 가깝다. 2040년에는 2030년부터 시작되는 패러다임의 전환이 자리잡게 되는 뉴패러다임 전환의 시대가 될 것이다. 특히 양자 컴퓨팅과 초지능 AI, 그리고 삶의 전체를 바꾸어 놓을 수 있는 「뉴패러다임의 삶」이 전개될 가능성이 높다.

기술 분야 : 인간과 인공지능의 공존과 AGI 등장

2040년의 기술은 지금과는 비교할 수 없을 정도로 인간의 삶에 깊숙이 통합될 것이다. 가장 핵심적인 변화는 범용 인공지능(AGI)의 등장이다. 기존의 인공지능이 특정한 업무에 특화되어 있었다면, AGI는 인간처럼 다양한 상황에 적응하고 사고할 수 있는 능력을 갖춘다. 이는 단순한 업무 대체를 넘어 창작, 전략적 사고, 교육, 심리상담 등 감성 기반 영역까지 AI가 진입하게 되는 것을 의미한다. 또한, 양자 컴퓨팅이 본격적으로 상용화되면서 복잡한 암호 해독, 신약 개발, 기후 예측 등의 영역에서 기존 컴퓨터가 해결할 수 없었던 문제들이 해결될 전망이다. 이로 인해 정보보안 체계는 완전히 재설계되어야 하며, 새로운 보안 기술이 필요하게 된다.

에너지 측면에서도 혁신이 일어날 것이다. 핵융합 에너지는 안정적이고 청정한 에너지 공급의 핵심이 되며, 이를 통해 기후변화 대응뿐 아니라 산업 구조 자체가 변화할 가능성이 높다. 초고속 충전 배터리와 무선 에너지 전송 기술은 스마트 시티와 모빌리티 환경을 완전히 재정의하게 된다. 한편, 우주 산업은 이제 단순한 탐사가 아니라 실제 거주와 자원 채굴, 군사 활동까지 아우르게 된다. 달이나 화성 기지에서의 인간 거주 실험이 가속화되고, 소행성에서의 광물 채굴은 새로운 '우주경제'를 탄생시킬 것이다.

문화 분야 : 정체성과 현실의 경계 붕괴 그리고 감성과 가상의 통합

기술 발전은 문화의 본질에도 큰 변화를 가져온다. 2040년에는 몰입형 콘텐츠가 단순히 가상현실(VR) 수준을 넘어, 뇌와 컴퓨터를 직접 연결하는 브레인-컴퓨터 인터페이스(BCI) 기반의 경험으로 발전하게 된다. 이러한 콘텐츠는 시청이나 조작의 개념을 넘어, '감정'과 '기억'까지 전달하며 현실과 가상을 혼동하게 만든다. 문화의 또 다른 축은 생체 기술과 연결된다. 유전자 편집 기술의 대중화로 인해 출생 전 외모나 지능, 질병 가능성을 설계하는 것이 일반화되고, 인공 장기나 사이보그화[8]된 신체가 보편화되며 인간 존재에 대한 인식이 변화한다. 동시에 디지털 아바타나 가상 인간과의 감정 교류가 일상화되며, 인간 관계의 새로운 형태가 등장할 것이다. 또한 글로벌화된 디지털 환경에서는 국적이나 언어의 경계가 모호해진다. 실시간 AI 번역과 감정 인식 기술로 인해 언어 장벽은 사라지고, 사람들은 국경보다 '취향'과 '가치관'으로 연결된다. 이로 인해 K-콘텐츠 같은 문화는 더 이상 특정 국가의 산물이 아니라, 세계적인 정체성의 일부가 된다.

---

8 사이보그화는 인간의 능력을 기술로 증강하는 것으로 유전 기술을 통해 젊음을 유지한다든지 인간과 인공지능을 융합한다든지 하는 의미이다.

경제 분야 : 탈물질화, 자동화, 그리고 디지털 자산

2040년의 경제는 디지털 기술과 자동화에 의해 기존의 산업 구조가 근본적으로 재편된다. 중앙은행 디지털화폐(CBDC)가 전 세계적으로 도입되며, 실물 화폐는 사실상 사라지게 된다. 거래는 블록체인 기반의 '스마트 계약'으로 자동화되고, 중개자 없는 경제 시스템이 보편화된다.

노동의 개념도 전면적으로 바뀐다. 반복적이고 표준화된 업무는 AI와 로봇이 대부분 수행하게 되고, 인간은 창의성과 감정, 가치 기반의 영역에 집중하게 된다. 이로 인해 구조적인 실업 문제를 해결하기 위한 기본소득 제도의 도입이 논의될 것이며, 노동이 생계의 수단이 아닌 '자아 실현의 수단'으로 바뀌는 흐름이 나타날 것이다. 한편, 경제 권력도 기존의 미국·중국 중심 구조에서 벗어나, 인도, 동남아시아, 아프리카 일부 국가들이 새로운 성장 동력으로 부상하게 된다. 동시에 달러 중심의 금융 체계는 디지털 자산 기반의 '다극 경제 체계'로 전환되며, 국가 간 경제 갈등의 양상도 복잡해질 것이다.

국방·안보 분야 : 보이지 않는 전쟁의 시대

국방과 안보는 기존의 물리적 전쟁에서 비물리적, 디지털 전쟁으로 전환되고 있다. 2040년에는 자율 살상 무기 시스템, AI 전투 드론, 로봇 병력이 실제 전장에 투입되며, 인간 병력의 역할은 점점 줄어든다. 이러한 무기의 사용 윤리와 통제 문제가 국제 사회의 핵심 쟁점이 될 것이다. 가장 위협적인 변화는 사이버전의 일상화이다. AI

를 활용한 사이버 해킹, 정보 조작, 딥페이크를 통한 사회 혼란 유발 등은 실제 무력 충돌보다 더 큰 피해를 유발할 수 있다. 사이버 안보는 더 이상 기술 문제가 아니라 정치, 외교, 심리전까지 아우르는 복합 전쟁의 핵심이 된다. 또한, 우주 공간의 군사화가 본격화된다. 위성은 이제 통신, 정찰, 미사일 방어 등 모든 국방 기술의 핵심으로 자리잡고 있으며, 우주에서의 군사 충돌 가능성도 점차 현실이 된다. 이에 따라 국제 우주 안보 협약 체계의 필요성도 커질 것이다.

앞서 언급된 여러 영역의 커다란 변화를 감안할 때 2040년은 단순히 기술이 더 좋아지는 시대가 아니다. 인간의 정체성, 노동의 의미, 국가의 역할, 문명의 윤리 등 모든 가치가 다시 정의되는 거대한 전환기다. 이 변화의 중심에 있는 것은 인공지능과 디지털 기술, 그리고 그것을 활용하는 사람의 철학과 태도이다. 지금 우리가 어떤 선택을 하느냐에 따라 2040년은 유토피아일 수도, 디스토피아일 수도 있다. 이 점에서 대학 교육이 매우 중요한데 대학 교육 체제는 중앙집권화 형태에서 원자화·분산화·개별화 형태로 바뀌게 되므로 체계적인 준비가 부족해질 수 있다. 그러나 이러한 미래를 대비하기 위해서는 지금부터 기술 리터러시, 윤리 교육, 글로벌 감각을 갖춘 미래 인재 양성이 필수적이다.

생애 학습 사회와 직업 생태계 전망

4차 산업혁명과 디지털 혁신이 가속화되면서 인류 사회는 전례 없는 급진적 변화의 시대를 맞이하고 있다. 양자 컴퓨팅, 인공지능, 빅데이터, 로봇공학 등 첨단 기술의 폭발적 성장은 기존 산업 구조와 노동 시장을 근본적으로 재편하고 있으며, 이러한 변화의 진원지는 바로 교육 시스템이다.

여기서는 2040년까지의 미래 교육 환경을 전망하며, 급변하는 사회적 요구와 기술적 혁신이 고등교육에 미칠 근본적인 영향을 분석한다. 특히 전통적인 학문 분야의 소멸과 새로운 학과의 등장에 주목하여, 미래 교육의 패러다임 전환을 예측하고자 한다. 기술 발전은 더 이상 단순한 도구의 진화가 아니라 인간 지식과 학문 체계 자체를 근본적으로 변형시키는 혁명적 동력이 되고 있다. 인공지능과 자동화 기술은 많은 전통적 학문 영역을 대체하거나 융합할 것이며, 동시에 환경, 우주, 생명공학 등 새로운 융합 학문 분야를 탄생시킬 것이다.

현재 교육 시스템의 변화 동향을 보면 향후 디지털 전환과 4차 산업혁명의 융합적 기술 특성이 두드러질 것이다. 따라서 4차 산업혁명은 교육 시스템의 근본적인 패러다임 전환을 가속화하고 있다. 디지털 기술의 폭발적 성장은 전통적인 교육 방식을 급진적으로 재구조화하며, 학습자 중심의 혁신적이고 유연한 교육 모델을 절실히 요구하고 있다.

이와 함께 노동 시장의 급격한 변화는 교육 시스템에 근본적인 도전을 제기하고 있다. 조금 오랜 지표이지만 세계경제포럼(WEF)에 따르면, 2025년까지 8500만 개의 일자리가 자동화로 인해 사라질 것으로 예측되는 반면, 동시에 9700만 개의 새로운 직업이 등장할 것으로 전망된다. 데이터 사이언티스트, AI 윤리 전문가, 사이버보안 전문가, 로봇 프로그래머 등 첨단 기술 기반의 새로운 직업군은 기존 교육 패러다임의 근본적인 재설계를 요구하고 있다.

학제 간 융합 교육은 이러한 변화의 핵심 대응 전략으로 부상하고 있다. 전통적인 학문 영역을 넘어서는 통합적 접근은 복잡한 글로벌 도전 과제들을 해결할 수 있는 인재 양성의 핵심 메커니즘이 되고 있다. 예를 들어, 서울대학교의 융합형 교육과정은 공학, 인문학, 사회과학을 통합한 혁신적인 프로그램을 운영하고 있으며, KAIST의 미래전략대학원은 기술과 인문학의 융합을 통해 미래 혁신 리더를 양성하고 있다.

디지털 기술은 교육의 접근성과 상호작용성을 근본적으로 변화시키고 있다. AI 기반 개인화 학습 플랫폼, 가상현실(VR) 및 증강현실(AR) 교육 콘텐츠, 실시간 온라인 글로벌 협업 학습 등은 전통적인 교실 개념을 해체하고 있다. 이러한 기술들은 학습자의 개별적 학습 스타일과 속도에 최적화된 맞춤형 교육 경험을 제공하며, 평생 학습의 새로운 패러다임을 창출하고 있다. 결과적으로, 4차 산업혁명 시대의 교육 시스템은 단순한 지식 전달을 넘어 복합적 사고력, 창의성, 적응력을 갖춘 미래 인재를 양성하는 플랫폼으로 진화하고 있다.

2040년 교육 환경 변화 전망

2040년 교육 환경은 기술과 인간성의 혁신적인 융합을 통해 근본적으로 재구성될 것이다. 초능력 인공지능, 빅데이터, 가상현실 기술은 더 이상 단순한 도구가 아니라 교육의 본질적 구조를 변환하는 핵심 동력이 될 것이다.

따라서 개인에게 가장 중요한 것은 끊임없는 학습과 적응 능력이다. 미래 사회는 특정 지식보다는 창의적 사고, 문제 해결 능력, 기술 간 융합 역량을 요구할 것이다. 이 점에서 모든 개개인 학습자에게 평생학습은 선택이 아닌 필수가 될 것이며, 개인은 지속적인 자기 혁신에 투자해야 한다.

사회적 차원에서는 교육의 포용성과 접근성 확대가 핵심 과제다. 기술 기반 맞춤형 학습 플랫폼을 통해 모든 이에게 질 높은 교육 기회를 제공해야 한다. 동시에 기술 발전의 윤리적 측면을 고려하는 균형 잡힌 접근이 필요해진다.

궁극적으로 2040년 교육은 단순한 지식 전달을 넘어 인간의 잠재력을 최대한 발현시키는 혁신적인 생태계로 진화해야 한다. 기술은 인간을 대체하는 것이 아니라 인간의 창의성과 잠재력을 극대화하는 촉매제가 될 것이다.

따라서 미래 교육은 기술과 인간성의 조화로운 융합을 추구해야 한다. 특히 단순한 기술 습득을 넘어 창의성, 비판적 사고, 윤리적 판단력을 갖춘 인재를 양성하는 것이 중요하다. 이는 급변하는 미래 사회에서 진정한 경쟁력의 원천이 될 것이다.

2040년에 사라질 것으로 예상되는 학과 : 전통적 학과들

2040년 디지털 혁명의 가속화로 인해 많은 전통적인 학과들이 존재 의의를 상실할 것으로 예측된다. 특히 인공지능과 자동화 기술의 급속한 발전은 회계학, 번역학 등 반복적이고 규칙 기반의 업무를 수행하는 학과들을 근본적으로 변화시킬 것이다.

회계학과의 경우, AI 알고리즘과 빅데이터 분석 기술이 재무제표 작성, 감사, 세무 업무를 더욱 정확하고 효율적으로 수행할 수 있게 되면서 그 존재 가치가 크게 줄어들 것이다. 번역학과 역시 딥러닝 기반 자연어 처리 기술의 발전으로 인해 대부분의 번역 작업이 자동화될 전망이다.

법학, 행정학 등 일부 사회과학 분야도 AI 법률 자문 시스템과 스마트 행정 플랫폼의 등장으로 급격한 변화를 겪을 것이다. 이러한 학과들은 완전히 사라지기보다는 기술과 융합된 형태로 재구성될 가능성이 높다.

학과 소멸은 단순한 기술적 대체를 넘어 심각한 사회경제적 파장을 일으킬 것이다. 많은 전문직 종사자들의 일자리가 위협받게 되며, 교육 시스템 전반의 구조적 변화를 요구하게 될 것이다. 따라서 대학과 정부는 이러한 변화에 선제적으로 대응하는 전략을 마련해야 할 것이다.

2040년에 확장할 것으로 예상되는 학과 : 인공지능과 빅데이터 관련 영역

2040년 고등교육의 패러다임은 인공지능과 빅데이터 중심의 혁신적인 학과들로 재편될 것이다. 특히 AI 및 데이터 사이언스 분야는 급진적인 학문적 진화를 예고하고 있다.

첫째, 인공지능 관련 학과는 기존의 단순한 프로그래밍 교육을 넘어 복합적이고 융합적인 접근을 추구할 것이다. '인공지능 윤리학', 'AI 사회심리학', '알고리즘 정책학' 등 새로운 융합 전공들이 등장할 전망이다. 이러한 학과들은 단순히 기술적 역량뿐만 아니라 AI의 사회적, 윤리적 함의를 깊이 있게 탐구할 것이다.

빅데이터 분야 역시 획기적인 변화를 맞이할 것이다. '예측적 데이터 분석', '실시간 글로벌 데이터 지능', '다차원 데이터 시각화' 등의 전공이 새롭게 개설될 것이다. 이러한 학과들은 의료, 기후변화 대응, 도시계획, 국가 정책 결정, 교육 정책 등 다양한 영역에서 혁신적인 통찰을 제공할 수 있는 전문 인력을 양성할 것이다.

특히 주목할 만한 점은 이러한 학과들이 단순한 기술 교육을 넘어 인간 중심의 혁신적 접근을 추구한다는 것이다. 기술과 인문학의 융합을 통해 윤리적이고 책임감 있는 미래 기술 전문가를 양성하는 데 중점을 둘 것이다.

산업계와 학계의 긴밀한 협력을 통해 실무 중심의 교육과정도 강화될 전망이다. 실제 데이터 프로젝트 수행, 글로벌 기업과의 공동 연구, 최첨단 AI 연구소와의 협업 등을 통해 학생들은 실전적인 역량을 배양하게 될 것이다.

더불어 이러한 미래 학과들은 단순한 기술 습득을 넘어 복합적 사고력, 창의적 문제 해결 능력, 글로벌 협업 역량을 키우는 데 중점을 둘 것이다. 4차 산업혁명 시대를 넘어 다가올 5차 산업혁명 시대의 핵심 경쟁력을 갖춘 인재를 양성하는 플랫폼으로 진화할 것으로 기대된다.

또한 개인 맞춤형 학습 경로는 AI 알고리즘을 통해 혁신적으로 설계될 것이다. 학습자의 개인적 능력, 학습 속도, 관심사를 실시간으로 분석하여 최적화된 교육 모듈을 제공하는 시스템이 등장할 것이다. 모듈식 교육과정은 유연하고 개인화된 학습을 가능하게 하여, 전통적인 획일적 교육 모델을 완전히 대체할 것이다.

기술 발전은 교육의 접근성과 상호작용성을 근본적으로 혁신할 것이다. 앞서도 언급한 대로 증강현실(AR), 가상현실(VR) 기술은 물리적 제약을 넘어 몰입도 높은 글로벌 학습 경험을 제공할 것이며, 시공간의 한계를 완전히 극복하는 교육 생태계를 만들어갈 것이다.

그러므로 2040년 대학은 단순한 지식 전달자에서 혁신적인 사회 변화의 주도자로 진화해야 한다. 기존 학문 체계를 근본적으로 재구조화하고, 급변하는 기술 환경에 능동적으로 대응하는 혁신적 플랫폼으로 변모해야 한다. 한마디로 2040년에는 대학이 해체되어 재설계하고 건축하는 재탄생의 모습을 갖추게 될 것이다.

2040년에 사라질 학과와 새롭게 등장할 학과

현대 사회는 4차 산업혁명을 넘어 2030년경부터는 5차 산업사회로 진입하게 될 것이다. 필자는 2019년부터 5차 산업의 도래와 양뇌사회 그리고 산업 생태계와 대학교육의 빅뱅에 대해 언급해온 바 있다. 2040년에는 인공지능(AI), 빅데이터, 로봇공학, 양자 컴퓨팅, 유전자 편집, 기후 변화 대응 기술 등이 급격히 발전하면서 산업, 노동, 윤리, 소통 방식까지 재편될 것으로 보인다. 이러한 흐름 속에서 고등교육의 역할 역시 '지식 전달자'에서 '미래 문제 해결자 양성'으로 변화하고 있으며, 이는 대학의 학과 구성 자체에 근본적인 변화를 요구한다.

기존 학과 중 일부는 기술 발전, 자동화, 사회적 수요 감소로 인해 점차 축소되거나 폐지될 것으로 보이며, 반대로 지금까지는 없던 신분야 중심의 학과들이 새로운 주류로 부상할 전망이다. 이 장에서는 이러한 변화를 구체적으로 탐구하며, 학문과 직업, 그리고 사회 변화 간의 연결 고리를 살펴보고자 한다.

사라질 학과와 등장할 학과 :
2040년에 사라지거나 축소될 가능성이 높은 학과들

1) 기술 자동화에 밀리는 전통 직무 중심 학과

- 회계학과 : AI 회계 솔루션(예 : QuickBooks, ChatGPT 기반 자동 분개 기능) 도입으로 단순 회계·세무 직무는 급감하고 회계 자체보다는 재무 전략, ESG 회계 분석 등 융합형 역

량 요구가 증가한다.

- 법학과(기초 중심) : 문서 검색, 판례 분석, 계약서 작성 등은 이미 AI가 대체 가능하고 AI 법률 기술, 국제 디지털 법률 등과의 융합이 없으면 독립 학과로 생존이 어려울 전망이다.
- 기초 통계학과 : 통계 분석이 AI와 자동화된 분석툴로 손쉽게 대체되며, 통계학은 개별 학과보다는 데이터 사이언스 내 하위 모듈로 통합될 가능성이 높다.

2) 사회적 수요 감소 및 전공 포화 현상이 있는 학과

- 순수 교육학과 : 정형화된 교수 양성 커리큘럼은 온라인 학습 시스템, AI 튜터, 메타버스 학습 환경의 등장으로 경쟁력을 잃을 가능성이 크다.
- 경영학과(일반 트랙) : 수십 년간 인기 전공이었던 경영학은 이론 위주의 커리큘럼이 산업계 변화에 뒤처지고 있어, 실무 중심 디지털 비즈니스, 스타트업 창업융합 전공 등으로 세분화 필요가 있다.
- 일반 언론·방송학과 : 전통 미디어의 쇠퇴와 더불어, 유튜브, 팟캐스트, 숏폼 중심의 미디어 소비 구조 변화로 디지털 콘텐츠 기획·데이터 기반 언론학으로 진화하지 않으면 구조조정 가능성이 매우 높다.

전통 인문학계 학과의 통폐합 가능성

- 고전어학과(라틴어, 헬라어 등): 연구 목적 외 일반 학생 수요는 매우 낮고, 취업과 연계도 약하다. 디지털 인문학 내 모듈로 통합될 가능성 높다.
- 순수 철학과: 철학은 본질적 중요성을 지니나, 단독 학과로 운영하기보다는 AI 윤리, 기술 철학, 디지털 사회와 결합된 형태로 유지될 가능성이 더 높다.

2040년에 등장하거나 부상할 가능성이 높은 학과들

1) 기술과 인간의 융합을 주제로 한 신개념 학과

- AI 윤리 및 인간-기계 관계학과: 인공지능이 인간의 의사결정을 대체하는 시대에서 '기술 윤리'는 필수적 가치가 된다. 윤리학, 인공지능, 철학, 법학을 통합적으로 다루는 융합 학과로서 자리 잡을 것이다.
- 인간 증강공학과(Human Augmentation Engineering): 웨어러블, 뇌-컴퓨터 인터페이스, 생체 이식 기술 등 인간 능력 확장을 목적으로 하는 공학 학과. 의료·AI·로봇공학의 융합 지점에서 탄생할 학문으로 향후 대폭 확대될 가능성이 있다.

2) 미래 사회 문제 해결 중심 융합 학과

- 지속가능 미래학과/ESG학과: 환경 문제와 기업의 사회

적 책임(ESG)은 2040년 기업 경쟁력의 핵심이므로 환경공학, 사회과학, 정책학, 경영학이 통합된 실천 중심 학과로 발전할 가능성이 있다.

- 기후테크학과(Climate Tech): 기후 변화 대응을 위한 탄소 포집, 대체 에너지 기술, 스마트 농업 등을 포함하여 환경과학과 IT의 융합으로 구성될 전망이다.
- AI 정책학과/디지털 거버넌스학과: 인공지능 기술에 대한 국가 규제, 사회적 정책 설계, 디지털 헌법 등의 사회적 논의가 중심이 되는 새로운 사회과학계 학과로 성장할 가능성이 높다.

3) 초개인화와 감성 기술 기반 학과

- AI 감정공학과 / 인공지능 심리학과: 감정을 이해하고 반응하는 감성 AI의 개발을 목표로 하는 이 학과는 심리학, 뇌과학, 컴퓨터 공학 융합 형태로 성장 가능성이 있다.
- 개인 맞춤형 교육 설계학과: 학습자의 행동 데이터 분석, 학습 유형에 맞춘 콘텐츠 개발 등 에듀테크 중심 학과로 진화할 것이다.

4) 디지털·문화 창작 산업 기반 실무 학과

- 버추얼 콘텐츠 디자인학과: 가상 인플루언서, 디지털 아바타 제작, 실시간 렌더링 기술, 감정 시뮬레이션 등 메타버스 문화 산업 대응을 위한 학과로 성장 가능성이 있다.

- 게임시나리오·세계관 제작학과: 창의적 세계관 설계 능력은 영화, 게임, 웹툰 등 글로벌 콘텐츠 시장의 핵심 자산이 될 영역이다.
- 인터랙티브 스토리텔링학과: 사용자의 선택에 따라 전개가 달라지는 콘텐츠를 제작하는 기술과 서사학의 융합 학과이다.

5) 보건·생명과학 중심 융합 미래학과

- 디지털 헬스케어학과: 유전자 분석, 헬스 앱, 원격 진료 등 건강 데이터를 활용한 의료 서비스 학과가 등장할 것이다.
- 뉴로테크 및 뇌-기계 인터페이스학과: 뇌파를 통해 기계를 제어하고 인간 감각을 확장하는 학문으로, 의료뿐 아니라 산업과 군사 분야에서도 수요 급증이 예상되는 학과이다.

앞서 소멸 학과와 신설 학과에 관한 예시에서 볼 수 있듯 2040년의 대학은 지금과는 완전히 다른 모습일 것이다. 기술의 발달, 직업군의 변화, 사회적 가치의 전환은 고등교육의 패러다임 자체를 변화시키고 있다. 학문의 종말이 아닌 재구성이 대대적으로 이루어질 가능성이 높다.

기존 학과 중 일부는 '종말'을 맞이할 수 있지만, 이는 곧 새로운 학문 체계로의 전환이기도 하다. 학과가 사라진다는 것은 그 지식이 무의미해졌다는 뜻이 아니라, 새로운 방식으로 통합되고 재구성된다는 뜻이다.

학생, 학부모, 교육기관은 '인기 학과'가 아니라 '미래 사회에서 어떤 역할을 수행할 수 있는지'를 기준으로 학과를 바라봐야 한다. 대학은 더 이상 전공 이름에 집착하기보다, 문제 해결 중심의 융합적이고 유연한 교육 시스템을 구축해야 한다. 특히 2040년 직업 생태계의 변화는 인공지능, 자동화, 기후 변화, 고령화, 우주 산업, 디지털 가상현실, 거대한 변화 요인에 의해 근본적으로 재편될 전망이다. 핵심 키워드는 디지털 전환, 인간 중심 기술, 초개인화, 지속가능성 등이다. 2040년 직업 생태계 전환 전망을 정리하면 다음과 같은 특성을 지닌다.

① 바이오 헬스, 고령자케어, 정신 건강 영역 확대
② AI와 자동화에 따른 로봇 대체 영역 확산
③ 기후 및 지속 가능성과 관련된 대체 에너지, 환경, 탄소중립 영역 증가
④ 디지털 전환에 따른 메타버스 디지털 트윈, 블록체인, 디지털 윤리, 데이터 관리 영역 수요 증가
⑤ 우주 산업, 우주 관광, 우주 광산, 우주 정거장 등 신생 영역 확대
⑥ 해양 산업, 심해 산업, 생태계 유전학 영역 등 확대

한국 고등교육 시스템의 전환

2040년 미래 대학의 인프라와 미래 대학의 시나리오와 관련지어보았을 때 한국 고등교육 시스템의 전환 또한 불가피한 실정이다. 우선 한국 고등교육 시스템을 혁신해야 하고 대학 붕괴에 대한 준비도 해야하며 양자 컴퓨터와 초지능 생성형 AI의 등장에 대한 대비 그리고 세계를 하나의 장으로 하는 대학 교육의 패러다임의 등장 등에 대비할 준비가 절실한 실정이다.

한국 고등교육 시스템의 현재 상황

한국의 고등교육 시스템은 급격한 변화의 시기를 겪고 있으며, 특히 지방 대학들은 심각한 생존과 구조적 도전에 직면해 있다. 현재 한국의 대학 생태계는 수도권 중심의 극심한 쏠림 현상으로 인해 지방 대학의 생존과 발전이 위협받고 있다. 학령인구의 지속적인 감소와 수도권 집중화 현상은 지방 대학에 심각한 압박을 가하고 있다. 2000년대 초반에 비해 대학 입학 정원은 크게 줄어들었으며, 이는 특히 지방 대학들에게 더욱 치명적인 영향을 미치고 있다. 대학 간 경쟁이 심화되면서 지방 대학들은 우수한 학생 유치와 재정 확보에 어려움을 겪고 있다. 그럼에도 불구하고 지방 대학은 여전히 지역 혁신과 인재 양성의 중요한 생태계로서 의미를 가진다. 지역 경제 발전, 산학협력, 지역 문화 및 사회 발전에 핵심적인 역할을 수행하고 있다. 특히 지방 대학들은 지역 특성에 맞는 특성화 전략을 통해 생존 가능성을 모색하고 있다.

최근 고등교육 패러다임의 변화는 지방 대학에 새로운 기회를 제공하고 있다. 온라인 교육의 확대, 평생교육 수요 증가, 지역 산업과 연계한 실용적 교육과정 개발 등은 지방 대학의 새로운 성장 전략이 될 수 있다. 그러나 근본적인 구조적 문제들은 여전히 해결되지 않고 있다. 재정적 취약성, 우수 교수 및 학생 유치의 어려움, 연구 역량 부족 등은 지방 대학이 반드시 극복해야 할 과제들이다.

2040년 한국 지방 대학 전망

한국 사회는 오랫동안 대학을 단순한 고등교육 기관으로 바라보는 경향이 있었지만, 오늘날 대학은 지역 경제, 인구 유지, 산업 인프라, 문화 생태계까지 포함하는 지역의 '두뇌'이자 엔진 역할을 수행하고 있다. 그 중심에 있는 것이 바로 '지방 대학'이다. 그러나 학령 인구 급감과 수도권 집중화, 디지털 전환의 흐름 속에서 지방 대학의 존립 자체가 위협받고 있다. 2040년까지 지방 대학은 무너질 수도 있고, 반대로 국가 균형발전의 핵심 동력으로 새롭게 재편될 수도 있다.

2040년은 한국 고등교육, 특히 지방 대학의 미래를 전망하는 데 결정적인 시점이다. 이 시기는 한국 사회가 경험할 다차원적이고 근본적인 구조적 변화의 핵심 지점으로, 지방 대학의 생존과 발전 전략을 수립하는 데 중요한 분기점이 될 것이다.

첫째, 인구학적 측면에서 2040년은 한국 사회의 급격한 인구 구조 변화가 절정에 달하는 시기이다. 저출산과 고령화의 심화로 인해 학령인구는 급격히 감소할 것이며, 이는 대학 입학 정원과 대학 생태계 전반에 근본적인 변화를 초래할 것이다. 예측에 따르면, 현재 대비 대학 입학 가능 인구는 50% 이상 감소할 것으로 전망된다.

둘째, 기술 혁신과 산업 구조의 급격한 변화가 고등교육에 미칠 영향을 고려해야 한다. 4차 산업혁명 이후 급속도로 발전하는 AI, 빅데이터, 로봇공학 등의 기술은 기존 대학 교육 모델의 근본적인 재구조화를 요구하고 있다. 지방 대학은 이러한 기술 변화에 대응하여 새로운 교육 패러다임을 선제적으로 구축해야 한다.

셋째, 글로벌 경쟁과 지역 혁신의 관점에서 2040년은 지방 대학의 생존 전략을 재정립해야 하는 중요한 시기이다. 수도권 집중화와 글로벌 경쟁 심화 속에서 지방 대학은 지역 특성에 맞는 혁신적인 생존 전략을 모색해야 한다. 지역 산업과의 밀접한 연계, 특성화된 교육과정, 국제화 전략 등이 핵심적인 대응 방안이 될 것이다.

이러한 복합적인 변화의 맥락에서 2040년을 전망하는 것은 단순한 미래 예측을 넘어, 한국 고등교육의 지속가능한 발전을 위한 전략적 로드맵을 수립하는 데 필수적이다.

산학협력과 평생 학습 체제 확대

산학협력의 중요한 측면은 공동 연구 및 기술 개발 프로젝트이다. 지방 대학의 연구 역량을 지역 기업의 혁신 수요와 연계함으로써 상호 발전의 선순환 구조를 만들 수 있다. 대전의 대덕연구단지와 인근 대학들의 협력 모델은 이러한 접근의 대표적인 성공 사례로 볼 수 있다.

지역사회와의 연계 강화 또한 지방 대학의 생존 전략에 핵심적이다. 대학은 단순한 교육기관을 넘어 지역 사회혁신의 플랫폼으로 기능해야 한다. 지역 문화 프로그램 운영, 평생교육 서비스 제공, 지역 사회문제 해결을 위한 협력 등을 통해 지역사회와의 긴밀한 유대관계를 구축할 수 있다. 실제로 성공적인 지방 대학들은 지역 특성에 맞는 혁신적인 연계 모델을 개발하고 있다. 지역 중소기업 지원센터 운영, 창업 보육 프로그램, 지역 문화예술 프로젝트 등을 통해 대학의 사회적 가치를 확대하고 있다. 그러나 이러한 산학협력과 지역사회 연계 전략의 성공을 위해서는 대학의 적극적이고 전략적인 접근이 필요하다. 유연한 학사제도, 현장 중심 교육과정, 지속적인 산업체 및 지역사회와의 소통 등이 핵심 성공 요인이 될 것이다. 지방 대학의 성장 전략과 생존 전략은 2040년의 시대 변화에 예측을 정확히 예견하고 변화되고 있는 학습 방법과 평생 교육 시스템로의 전환을 염두해두어야 한다.

한편 온라인 교육의 확대는 지방 대학에 새로운 기회를 제공한다. 지리적 한계를 극복하고 더 넓은 학습자 집단에 접근할 수 있는 플랫폼을 구축함으로써, 지방 대학은 학생 모집의 새로운 전략을 수립할 수 있다. 특히 AI 기술과 빅데이터를 활용한 맞춤형 온라인 학습 모델은 교육의 질을 높이고 학습자의 접근성을 개선할 수 있다. 평생교육 프로그램의 확대 또한 중요한 생존 전략이다. 4차 산업혁명 시대의 빠른 기술 변화로 인해 지속적인 재교육의 필요성이 증대되고 있다. 지방 대학은 지역 산업체 근로자들을 위한 맞춤형 직업 재교육 프로그램, 단기 실무 중심 과정, 전문성 개발 프로그램 등을 개발할 수 있다. 효과적인 온라인 및 평생교육 프로그램 운영을 위해서는 다음과 같은 전략적 접근이 필요하다.

- 첨단 디지털 학습 플랫폼 구축
- 유연한 학사 제도 개선
- 산업체 수요와 연계된 실용적 교육과정 설계
- 전문 인력 양성을 위한 맞춤형 프로그램 개발
- 지역 특성에 적합한 특화된 교육 콘텐츠 제공

이러한 접근을 통해 지방 대학은 단순한 생존을 넘어 지역 혁신의 중심 기관으로 자리 잡을 수 있을 것이다. 온라인 교육과 평생교육은 지방 대학에게 새로운 성장 동력이 될 잠재력을 가지고 있으며, 미래 고등교육의 핵심 전략으로 자리 잡을 것으로 전망된다.

2040년 지방 대학 감소 예측 : 현재 추세 분석 및 인구 변화 전망

2040년 한국의 지방 대학 감소는 인구구조 변화와 밀접하게 연관된 구조적 문제로 예측된다. 현재 한국에는 전국적으로 약 390개의 대학이 운영되고 있으며, 이 중 지방 대학은 약 200개에 달한다. 그러나 인구 감소 추세와 학령인구 급감으로 인해 2040년까지 지방 대학의 수는 현재 대비 30~40% 감소할 것으로 전망된다.

통계청 자료에 따르면, 한국의 학령인구(18세)는 2020년 약 50만 명에서 2040년에는 약 25만 명 수준으로 급감할 것으로 예측된다. 이러한 인구학적 변화는 지방 대학에 특히 치명적인 영향을 미칠 것이다. 수도권 대학에 비해 상대적으로 경쟁력이 낮은 지방 대학들은 학생 모집의 어려움으로 인해 구조조정과 통폐합의 위기에 직면할 가능성이 높다. 지역별로 차이는 있지만, 특히 인구 과소지역의 지방 대학들이 더욱 심각한 위기를 겪을 것으로 예상된다. 충청도, 전라도, 경상도 등 지방 지역의 대학들은 학생 모집 경쟁에서 점점 더 불리한 위치에 놓일 것이다. 일부 전문가들은 2040년까지 지방 대학의 40~50%가 실질적인 통폐합이나 폐교를 경험할 것으로 전망하고 있다.

이러한 감소 추세의 주요 원인은 다음과 같다.

- 극심한 저출산으로 인한 학령인구 급감
- 수도권 집중화 현상
- 지방 대학의 상대적 경쟁력 약화
- 산업구조 변화에 따른 대학 교육 수요 변화

결론적으로, 2040년 한국의 지방 대학 생태계는 현재와는 근본적으로 다른 모습으로 재편될 것으로 예측된다. 생존을 위해서는 혁신적인 구조조정과 특성화 전략이 필수적이다.

특히 한국 사회의 저출산과 고령화 현상은 지방 대학 생태계에 근본적인 구조적 도전을 야기하고 있다. 통계청 자료에 따르면, 한국의 합계출산율은 2023년 기준 0.72명으로 세계 최저 수준을 기록하고 있으며, 이는 지방 대학의 생존을 위협하는 핵심 요인으로 작용하고 있다.

저출산으로 인한 학령인구 감소는 지방 대학에 특히 치명적인 영향을 미친다. 2020년 대비 2040년 학령인구는 약 50% 감소할 것으로 예측되며, 이는 지방 대학의 입학 정원과 재정에 직접적인 압박을 가할 것이다. 지방 대학들은 제한된 학생 풀(pool)로 인해 생존을 위한 치열한 경쟁에 직면하게 될 것이다.

2040년 예상 18세 인구는 약 26만~27만 명으로 예측되고 있고 현재 4년제 대학 정원(약 35만 명)을 감안할 때, 전국 대학이 정원을 채우지 못하게 되는 구조적인 초과 공급 상황을 의미한다. 특히 수도권 이외 지역의 대학은 이미 2023년부터 지속적인 미달 사태를 겪고 있으며, 일부 대학은 신입생 충원률이 50% 미만인 경우도 나타나고 있다. 이는 단순한 경영의 어려움을 넘어, 학문 공동체의 붕괴로 이어질 수 있다.

이와 함께 수도권 집중 현상은 지방 대학 위기를 더욱 심화시키는 구조적 요인이다. 서울 및 수도권 대학들은 우수 학생 유치, 연구 역량, 취업률 등에서 지방 대학보다 압도적인 경쟁력을 보유하고 있다. 이로 인해 우수 학생들은 지방 대학 대신 수도권 대학을 선호하는 경향이 더욱 강화되고 있다.

폐교 가능성 : 얼마나 많은 지방 대학이 사라질까?

전문가들은 2040년까지 다음과 같은 수치를 전망하고 있다.

항목	수치
전체 4년제 대학 수	약 200개
지방 소재 대학 수	약 130개
생존 가능 대학 추정 수	약 40~50개
통폐합 또는 폐교 예상 수	약 80~90개

즉, 지방 대학의 약 60~70%가 문을 닫거나 통합될 것이라는 분석이 유력하다. 이미 일부 대학은 다른 대학과의 연합 모델, 공동 캠퍼스 운영, 전문대학과의 합병을 추진하고 있다.

이러한 지방 대학의 심각한 위기에도 불구하고 지방 대학을 살려야 할 절박한 이유가 있다. 2040년, 대한민국의 지방 대학은 단지 생존이 아니라 존재 이유 자체에 대한 재정의가 필요한 시점이다. 더 이상 단순한 지식 전달자가 아닌, 지역과 함께 호흡하는 사회적 플랫폼, 미래 산업 인재의 요람, 지속 가능한 지역의 엔진으로 거듭나야 한다. 물론 이는 대학 혼자의 노력만으로는 불가능하다. 정부의 장기적 비전, 지역 사회의 연대, 산업계의 협력이 삼각 축을 이루어야 한다.

'지속 불가능한 교수 구조'의 시대 도래

한국 고등교육은 그동안 '확장'을 중심으로 성장해왔다. 하지만 학령인구 감소와 대학 구조조정, 산업 패러다임 변화로 인해 양적 팽창의 시대는 끝나고, 이제는 질적 전환의 시대로 접어들고 있다. 그 중심에 있는 것은 대학 교수 인력이다. 2040년을 향한 한국 대학의 교수 인력 구조는 단순한 감소가 아니라, 교육 콘텐츠, 연구 주제, 산업 수요, 지역 균형 발전 등 사회 전반의 변화와 맞물려 재편되고 있다.

교수 인력 총량 변화 전망

특히 교수 인력 전망과 관련해서 2040년에는 인력 총량의 변화가 불가피할 것인데 현재의 기준보다 30~35% 이상 감소할 것으로 예견하고 있다. 일부 미래학자들은 미국의 경우 2040년까지 전체의 교수의 40%가 감소할 것으로 예측하고 있다(Frey, 2022).

표 14 교수 수 추계

연도	전체 교수 수 (전임 기준, 4년제 대학)	변화 추이
2020년	약 76,000명	기준 연도
2024년	약 74,000명	감소 시작
2030년	약 65,000명 이하	정년퇴직 가속화 + 신규 채용 축소
2040년	약 48,000~52,000명	30~35% 이상 감소

이러한 감소는 몇 가지 주요 요인이 있는데 이러한 요인을 요약하면 다음과 같다. 이 요인들은 한국 중심의 요인이다.

① 정년퇴직 증가: 1990년대 교수 임용자들이 대거 은퇴
② 정원 미달 대학 증가: 지방대 위기 → 교수 충원 중단
③ 사립대 재정난: 전임 대신 시간강사, 겸임교수 확대
④ 대학 통폐합: 캠퍼스 및 학과 구조조정으로 교수 정원 축소
⑤ 디지털 강의 확대: 일부 강의는 AI·온라인 콘텐츠로 대체

감소가 예상되는 교수 전공 분야는 다음과 같다.

① 인문학 및 기초학문 계열

- 대표 전공: 문학, 역사, 철학, 종교학, 윤리학 등
- 원인: 낮은 취업 연결성, 학생 수 감소, 전공 수요 하락

- 결과: 일부 학과 폐과, 교수 정년퇴직 후 미충원 사례 급증

② 순수자연과학

- 대표 전공: 수학, 물리학, 화학, 천문학 등
- 원인: 연구비 감소, 이공계에서도 응용 중심으로 재편
- 결과: 기초과학 교수는 대형 국립대·특수대 중심으로만 유지될 가능성

③ 교직 및 사범대 전공

- 대표 전공: 교육학, 초등·중등교수 양성학과 등
- 원인: 교수 임용 규모 감소, 공교육 축소
- 결과: 일부 사범대는 인문사회 계열로 전환하거나 통합될 가능성 있음

④ 일부 예체능계열

- 대표 전공: 무용, 성악, 체육, 동양화 등
- 원인: 장비 유지비 부담, 입학자 급감, 비대면 수업 한계
- 결과: 예체능 단과대학의 통폐합 및 계약직 교수 전환 증가

⑤ 정치외교·행정학

- 원인: 공무원 중심 취업의 감소, 실용 정책학·데이터 기반 정책으로의 전환

이와는 달리 향후 증가 또는 재편 가능성이 높은 전공과 교수

군을 보면 다음과 같다.

① AI·빅데이터·컴퓨터공학

- 원인: 모든 산업의 핵심 인프라화
- 수요: 제조, 금융, 의료, 교육 등 다방면에서 AI 전문가 요구
- 교수 역할: 코딩 교육자 → 문제 해결형 융합형 연구자 및 실무 교강사

② 바이오·헬스케어·보건융합

- 원인: 초고령사회 진입, 헬스테크 산업 성장
- 교수 수요: 디지털 헬스, 바이오의약, 정밀의학 등 응용 중심 전공 확대

③ 반도체·소재공학

- 원인: 국가 전략 산업, 삼성·SK 중심 대학별 산학 채용 연계
- 변화: 반도체 계약학과 확대 → 산업체 출신 겸임교수 및 기업파견형 교수 증가

④ 탄소중립·에너지환경공학

- 원인: 2050 탄소중립 목표에 따른 탄소 기술 인재 양성
- 교육 영역: 수소·풍력·태양광, 순환경제, ESG 경영과 연계

⑤ 콘텐츠·문화기술(CT)

- 분야: 게임, 애니메이션, UX디자인, 메타버스 디자인 등

- 원인: K-콘텐츠 수출 성장, 실감형 콘텐츠 개발 붐
- 교수 특징: 실무 중심, 산업 겸업 가능성 높음

⑥ 사이버보안·블록체인·디지털 법률

- 원인: 디지털 전환에 따른 보안 이슈, NFT, 디지털 자산 시장 확대
- 교수 역할: 기술-법 융합형 인재 양성 주도

교수 인력 감소와 증가의 구조적 원인 분석

교수의 증가와 감소의 구조적 원인을 정리해보면 다음과 같다.

감소의 구조적 원인

- 학령인구 급감: 정원 감축과 함께 교수 수요 자연 감소
- 교육 재정 취약화: 등록금 동결과 인상 제한, 국고지원 축소
- 산업 수요 변화: 순수학문 중심 → 실용·융합 학문 중심
- 온라인 교육의 보편화: 대면강의 일부 대체
- 지방대 구조조정: 학과 통폐합 → 전임교원 감소

증가의 구조적 원인

- 산업 수요 직접 연계: 대학이 취업 중심 교육기관으로 변모

- 국가 전략 산업 확대: 반도체, AI, 탄소중립 등 정부 주도 인력 양성
- 평생교육 수요 증가: 중장년·시니어·전직자 대상 교육의 폭발적 확대
- 융합 인재 필요성: AI+X 교수 수요 증가(예: AI+농업, AI+행정 등)

2040년의 교수는 어떤 모습인가?

과거 교수	2040년 교수
강의 중심, 전공 고정형	문제해결 중심, 융합형 전공 운영
대학 전업 중심	산업체·정부 등 교차 활동 가능
종신 고용, 정년 보장	계약 기반, 프로젝트형 고용 증가
학문 중심	실용·사회적 문제 해결 중심
수업–연구 분리	실습·산학·현장과 통합된 교육

2040년의 교수는 단순히 지식을 전달하는 존재가 아니라, 지속가능한 교육 생태계를 설계하고, 산업과 지역 문제를 함께 해결하는 실천적 리더로 자리매김해야 한다. 뿐만 아니라 학습 촉매자, 학습 코칭, 학습 디자인, 학습 공동 수행자 역할이 확대되어 간다.

교수와 관련된 혁신 전략

- 디지털 교육 역량 강화형 교수 양성 시스템 도입
- 산업 맞춤형 계약학과 및 교수 운영 유연화

- 기초학문 보호형 공동연구소 및 연합학과 설립
- 지방대 구조개편과 연계된 교수 정원 조정 가이드라인 마련 필요
- 성인학습자 대상 교수군 확보(리스킬링, 전직 교육 전문 교수 활용 등)
- AI 교수 도입 및 인간 교수의 역할 재정의 정책 필요

교수 감소 추세 : 현황과 원인

현재 한국의 대학 교수 인력은 심각한 구조적 변화를 겪고 있으며, 2040년까지 상당한 감소가 예상된다. 통계청과 교육부의 최근 연구에 따르면, 향후 20년간 대학 교수 인력은 약 30~35% 감소할 것으로 전망된다. 감소의 주요 원인은 다음과 같다.

첫째, 인구 구조의 급격한 변화이다. 저출산으로 인한 대학 입학 연령대 인구 감소는 대학의 교수 수요를 직접적으로 축소시킬 것이다. 현재 추세로는 2040년까지 18~24세 인구가 현재의 50% 수준으로 감소할 것으로 예측된다.

둘째, 기술 발전과 온라인 교육 플랫폼의 확산이다. AI 및 디지털 교육 기술의 발전으로 전통적인 대면 강의 방식이 점차 축소되고 있으며, 이는 필요 교수 인력의 감소로 이어질 것이다.

셋째, 대학의 재정적 어려움이다. 일부 대학의 등록금 동결, 정부 지원금 축소 등으로 대학들은 인건비 절감을 위해 교수 충원을 제한하고 있다. 특히 지방 대학과 중소규모 대학에서 이러한 경향이

두드러질 것으로 예상된다.

넷째, 학문 영역의 융합과 재편성이다. 전통적인 학문 분야가 축소되고 새로운 융합 학문 분야가 등장하면서 일부 전공의 교수 수요가 급격히 감소할 것이다.

이러한 복합적인 요인들로 인해 2040년 대학 교수 인력 구조는 현재와 매우 다른 모습을 보일 것으로 전망된다. 대학과 정부는 이러한 변화에 선제적으로 대응하는 전략을 마련해야 할 시점이다.

교수 인력 감소는 고등 교육 생태계에 근본적이고 복합적인 영향을 미칠 것으로 예상된다.

첫째, 교육과정의 구조적 변화가 불가피할 것이다. 교수 수 감소로 인해 대학들은 더욱 효율적이고 융합적인 교육과정을 개발해야 할 것이며, 이는 전통적인 학문 분야의 경계를 허물고 새로운 학제 간 접근을 촉진할 것이다.

둘째, 연구 역량에 심각한 도전이 예상된다. 교수 감소는 특히 기초 연구와 장기 학술 프로젝트에 부정적인 영향을 미칠 수 있다. 연구 인력 축소로 인해 학술적 혁신과 지식 생산 과정이 제한될 위험이 있으며, 이는 장기적으로 국가의 학술 경쟁력에 심각한 영향을 미칠 수 있다.

셋째, 학생들의 학습 경험이 근본적으로 변화할 것이다. 줄어든 교수 인력은 개별 학생에 대한 밀착 지도와 멘토링 기회를 감소시킬 것이며, 이는 교육의 질적 저하로 이어질 수 있다. 디지털 기술과 온라인 플랫폼이 이러한 공백을 부분적으로 메울 수 있겠지만, 개인화된 학습 경험을 완전히 대체할 수는 없을 것이다.

마지막으로, 대학 기관의 적응력이 핵심 과제로 부상할 것이다. 대학들은 축소된 인력으로 교육과 연구의 질을 유지하기 위해 혁신적인 접근법을 개발해야 한다. 이는 AI 기반 교육 도구, 유연한 강의 모델, 그리고 글로벌 협력 네트워크 구축 등을 통해 가능할 것이다.

이러한 변화들은 단순한 양적 감소를 넘어 고등 교육의 근본적인 패러다임 전환을 의미한다. 대학, 정부, 그리고 학술 공동체는 이러한 도전에 대해 전략적이고 혁신적인 접근을 모색해야 할 것이다. 이를 위한 방안들을 요약 정리하면 다음과 같다.

- 학제간 융합 역량 개발
- 타 학문 분야와의 협력 연구 적극 추진
- 디지털 인문학, 융합과학 등 새로운 학문 영역 개척
- 기술 활용 능력 향상을 위한 재교육 프로그램 참여
- 교육 방식의 혁신
- 온라인 플랫폼 활용 강의 설계 능력 강화
- AI 기반 교육 도구 적극 도입
- 실무 중심 교육과정 개발을 통한 학생 취업 지원
- 연구 포트폴리오 다각화
- 산업체 협력 연구 프로젝트 적극 발굴
- 정부 정책 연구, 컨설팅 등 대안적 학술 활동 모색
- 글로벌 연구 네트워크 구축을 통한 연구 기회 확대

이러한 성장 분야의 공통된 특징은 기술 혁신, 사회적 변화에 대한 대응, 그리고 실용적 문제 해결 능력이다. 대학은 이러한 트렌드

에 부응하여 유연하고 혁신적인 교육과정을 개발해야 할 것이다. 대학에서의 전공의 대변화는 사라지는 전공과 증가하는 전공으로 이원화될 것인데 특히 증가 전공의 교수 수요에 비해 충원이 어려울 경우가 많을 것이고 이를 위해서는 대학마다 수요가 급증한 전공 영역의 교수를 확보하는 전략 수립이 매우 중요하다.

2040년 성장 전공의 교수 수요를 충족시키기 위해 대학은 다각적이고 혁신적인 접근 전략을 수립해야 한다.

첫째, 산업계와의 전략적 파트너십을 통해 최신 실무 경험을 갖춘 전문가를 교수진으로 유치해야 한다. 예를 들어, AI와 데이터 사이언스 분야의 경우 기술 기업들과의 협력 프로그램을 통해 현직 연구원과 전문가들을 겸임교수 또는 특임교수로 초빙할 수 있다.

둘째, 대학은 기존 교수들의 전문성 업그레이드를 위한 체계적인 재교육 프로그램을 개발해야 한다. 바이오테크놀로지나 신재생에너지 분야의 빠른 기술 변화에 대응하기 위해 정기적인 연수, 최신 기술 워크샵, 글로벌 연구 교류 프로그램 등을 적극 지원해야 한다.

셋째, 유연한 채용 및 커리큘럼 개발 전략이 필요하다. 사이버보안과 같은 신흥 분야의 경우 기존 학문 체계에 얽매이지 않는 혁신적인 채용 접근법이 요구된다. 산업 경력자, 실무 전문가들이 빠르게 교육 현장에 진입할 수 있는 유연한 트랙을 마련해야 한다.

넷째, 글로벌 인재 확보를 위한 적극적인 노력이 필요하다. 융합 인문사회과학 등 국제적 협력이 중요한 분야에서는 해외 우수 인재 유치를 위한 경쟁력 있는 연구 지원 및 정착 지원 프로그램을 마련해야 한다.

마지막으로, 학제간 융합 접근 방식을 통해 다양한 배경의 전문가들이 교육과 연구에 참여할 수 있는 생태계를 조성해야 한다. 대학은 전통적인 학과 경계를 넘어 혁신적이고 유연한 교육 모델을 개발함으로써 미래 교육 수요에 선제적으로 대응할 수 있을 것이다.

2040년 아시아 최고의 대학 TOP 10

2040년, 아시아는 세계 고등교육의 중심지로 떠오르고 있다. 미국과 유럽 중심의 대학 랭킹이 무너지고, 연구력, 산업 연계성, 글로벌 유학생 유치 역량 등을 바탕으로 아시아 대학들이 상위권을 점령하게 될 것이다. 이러한 흐름 속에서 한국의 지방 대학은 어떻게 대응하고 있으며, 우리나라 대학들도 세계적인 경쟁력을 갖춘 대학으로 도약할 수 있는지 살펴보는 것이 시급하다. 2040년 아시아최고의 대학들을 예시함으로서 그 주요 강점과 함께 어느 대학들이 톱 대학들인지를 참고할 필요가 있다. 다음은 2040년 톱 10 아시아 대학의 가능성을 제시한 것이다. 향후 15년 내에 변화 가능성도 배제할 수는 없을 것이다.

표 15 2040년 아시아 최고의 대학 TOP 10 (예상)

순위	대학명 (국가)	주요 강점
1	싱가포르국립대 (NUS, 싱가포르)	글로벌 연구력, 정부 투자, AI/바이오 분야 세계적 수준
2	칭화대 (중국)	반도체·공학·AI 융합, 세계 10위권 논문 인용도
3	도쿄대 (일본)	기초과학·의학 분야 전통 강세, 글로벌 연구 펀드 활용 능력 탁월
4	홍콩과기대 (HKUST, 홍콩)	금융공학·데이터과학 특화, 중화권 글로벌 허브
5	KAIST (대한민국)	AI, 반도체, 디지털 융합분야 선도, 창업·기술 이전 강점
6	베이징대 (중국)	인문사회 융합연구의 세계적 허브, 정책학·국제관계 연구 선도
7	POSTECH (대한민국)	첨단 연구중심, 개별 교수 연구력 세계 상위권 유지
8	인도공과대학(델리) (IIT Delhi, 인도)	수학·공학·AI 분야 글로벌 인재 배출 중심지
9	서울대 (대한민국)	다양한 전공 균형, 기초학문·의학의 전통적 강세
10	난양이공대 (NTU, 싱가포르)	기후기술, 지속가능 에너지 연구의 핵심 거점

제4장

지성의 재구성 : 철학, 윤리, 존재의 질문들

- AI와 인간 지성의 경계
- 디지털 엘리트주의 등장 : 기술이 만드는 교육 불평등
- 배움의 윤리 : 기계와 함께 성장하는 배움의 의미
- 포스트휴먼 교실 : 학습의 미래는 인간 너머에 있는가?

인공지능(AI)의 발전은 인간의 인지적 기능을 모방하고 자동화함으로써 교육을 비롯한 다양한 분야에 영향을 미치고 있다. 특히 최근 등장한 챗GPT-5 같이 초지능 인공지능의 등장은 교육은 물론 모든 영역에 큰 변화를 가져다주고 있다. 그러나 기술적 진보가 인간 지성의 본질을 대체할 수 있는지는 여전히 논의의 중심에 있다. 이 장은 인간 고유의 지성적 작용과 AI의 인지 기능 간 본질적 차이를 분석하고, 이를 바탕으로 교육적 시사점과 적용 방안을 제시하고자 한다.

AI와 인간 지성의 경계

AI의 진화는 인간 지성의 본질에 대한 철학적 질문을 촉발시켰다. 인공지능이 언어를 이해하고, 의료영역에서 진단을 내리며, 창작 활동에까지 손을 뻗는 오늘날, 우리는 "인간만이 지적인 존재인가"라는 근대 이성 중심주의의 전제를 재검토해야 한다. AI는 인간의 인지 구조를 모방하여 학습하고, 추론하고, 창의적 산출물을 만들어내지만, 그것이 인간과 동일한 방식으로 지능을 행사하는 것인가에 대해서는 여전히 깊은 논쟁이 존재한다.

인지과학은 인간의 지능을 정보처리 체계로 설명하면서 AI의 가능성을 이론적으로 뒷받침해왔다. 허버트 사이먼과 앨런 뉴얼[9]은 인간 사고의 논리적 과정을 기계가 재현할 수 있다고 보았고, 이는 기계적 사고 실현의 철학적 기반이 되었다. 그러나 그레고리 베이트

---

9 Herbert A. Simon & Allen Newell은 1955~56년에 첫 인공지능 프로그램 '논리 이론가(Logic Theorist)'를 개발했으며 인공지능 발전의 기초를 닦은 학자이다.

슨[10]이 지적했듯이, 정보는 단지 차이의 차이이며, 의미는 그 자체로 존재하지 않는다. 인간은 감정, 맥락, 관계 속에서 의미를 구성하는 존재이며, 이는 AI의 연산 능력만으로는 접근할 수 없는 영역이다. AI는 지능의 도구적 기능, 예컨대 계산, 예측, 패턴 인식 등의 능력을 인간보다 월등히 수행할 수 있다. 그러나 인간의 지성은 단지 계산이나 문제해결에만 머무르지 않는다. 폴 리쾨르는 인간을 해석학적 자아로 정의하며, 인간 지성은 삶의 이야기를 구성하고, 세계에 의미를 부여하는 해석적 존재라고 보았다.[11] 인간은 단순히 "정보"를 처리하는 존재가 아니라, 세계를 경험하고 해석하며, 존재에 대한 질문을 던지는 자이다.

AI는 이러한 해석적·윤리적 기능을 수행하지 못한다. AI가 의료 영상에서 암세포를 정확히 찾아낼 수는 있지만, 그 결과가 갖는 존재적 의미, 생의 방향성, 죽음에 대한 수용과 같은 문제에 대해서는 아무런 언어도 갖지 못한다. 따라서 인간 지성의 본질은 '정답을 아는 능력'이 아니라, '질문을 던질 수 있는 능력'에 있다. AI는 인간처럼 존재를 묻지 않는다.

AI의 시대는 오히려 인간 지성을 더욱 명확히 사유할 기회를 제공한다. 따라서 대학 교육은 인간 고유의 지적 작동, 즉 상호이해, 윤리적 판단, 감정적 공감의 역량을 더욱 강화해야 한다. 인간은 계산

---

10 Gregory Bateson. (2007). 「Mind and Nature」, Stanford University.

11 폴 리쾨르. (1995). '비판과 확신, 프랑스아 아주비와 마르크드 로네와의 인터뷰'. 변광배, 전종윤 옮김. 그린비출판사.
폴 리쾨르. (1995). 해석 이론. 서광사.
폴 리쾨르. (2000). 시간과 이야기. 문학과 지성사 참조.

이 아니라 해석하는 존재이며, AI는 그것을 보완할 수 있을지언정 인간의 해석 능력을 대체할 수는 없다.

인공지능의 인지모델

AI는 통계적 데이터 처리 기반의 인지 체계를 따른다. 딥러닝, 자연어처리(NLP) 등은 방대한 데이터를 학습하여 인간의 언어와 사고를 모방한다. 초기 AI는 규칙기반(rule-based)이었으나, 현대 AI는 확률적 모델을 사용해 추론하고 판단한다.

인간 지성의 해석적 특성

가다머(Gadamer)의 해석학에 따르면 인간은 세계를 의미 있게 해석하고, 서사(narrative)를 통해 정체성을 구성한다고 설명한다.[12] 인간의 지성은 경험을 반성하고, 의미를 맥락 속에서 구성하는 능력이며, 이는 기계적 모형으로는 재현이 어렵다.

---

12 한스 게오르크 가다머(Hans-Georg Gadamer)는 그의 해석학 저서 '진리와 방법(1960)'에서 예술적, 문학적, 역사적 판단도 개인 차원에서 한계를 갖고 해석할 수밖에 없다는 논리를 펴고 있다.

AI와 인간 지성의 비교

구분	AI	인간 지성
지식처리	통계적 예측, 규칙 기반	해석, 의미 구성
학습방식	데이터 기반	경험과 반성 기반
판단기준	확률, 최적화	윤리, 가치, 직관
정체성 형성	없음	이야기와 기억, 관계 속 구성

실제 사례 분석

- 사례 1 : AI로 작성된 글은 논리적이나 개성이나 성찰이 부족하다. 인간이 작성한 글은 구조는 부족하더라도 경험과 관점이 담겨 있다.
- 사례 2 : 역사 수업에서 AI는 정보를 제공하지만, 윤리적 질문은 인간의 고유 역량이다.

교육적 적용 방안

- AI 보조 + 인간 중심 질문 활동
- 철학적 사고훈련 강화
- 교수의 질문자 역할 강조
- 기계-인간 협업형 수업 설계

특히 AI와 인간의 지성의 경계는 많은 쟁점을 안고 있고 필자는 '반기계 인간', '반인간 기계'라는 용어를 써왔는데 AI와 인간 지성은 상호 교류할 수밖에 없지만 그 한계를 어떻게 정의하고 어떤 형태로 교류와 협업이 이루어질 것인가에 대한 많은 쟁점을 안고 있다. AI를 발명한 것도 인간이며 AI로부터 위협을 받는 대상도 인간이며 AI와 인간지성의 경계를 설정하는 것도 인간의 책임이다. 그러므로 AI와 인간 지성의 경계는 인간 지성의 바탕에서 인간 지성의 판단으로 이루어지는 것이 가장 현명한 선택이 될 것이다.

디지털 엘리트주의 등장 : 기술이 만드는 교육 불평등

디지털 엘리트주의(Digital Elitism)

디지털 기술의 급속한 확산은 교육과 사회 전반에 걸쳐 거대한 가능성과 동시에 위기를 초래하고 있다. 정보 접근의 민주화를 통해 누구나 어디서나 지식에 도달할 수 있는 길이 열렸지만, 실상은 또 다른 형태의 불평등이 자리를 잡았다. 그것은 단순한 하드웨어나 인터넷 접속의 문제가 아니다. 기술을 '이해하고 조작하며, 그로부터 판단을 내릴 수 있는 능력'은 소수에게 집중되고 있으며, 이들이 디지털 사회의 새로운 지배층을 형성하고 있다. 우리는 이를 디지털 엘리트주의라 부를 수 있다.

피에르 부르디외는 문화 자본이 교육을 통해 계급 재생산을 수행한다고 보았다.[13] 지금의 디지털 사회에서도 동일한 현상이 발생

---

13 Bourdieu, P. (1977). Reproduction in Education, society and culture(R. Nice Trans). London: Sage.

한다. 테크놀로지를 이해하고, 데이터를 해석하며, 알고리즘의 작동 구조를 비판적으로 통찰할 수 있는 능력은 새로운 문화 자본이 되었고, 이는 특정 계층에게만 허용되는 특권이 되었다. 더구나 이들은 기술만을 독점하는 것이 아니라, 정보의 흐름 자체를 설계하고 통제한다. 구글, 메타, 바이두와 같은 플랫폼 기업은 사용자의 클릭과 선택을 유도하며 정보의 세계를 재구성하고 있다.

사용자는 스스로 정보를 선택한다고 믿지만, 실제로는 알고리즘에 의해 구성된 정보 환경 안에서 움직인다. 알고리즘은 중립적이지 않다. 그것은 특정 가치를 반영하고, 특정 이익을 향해 설계되며, 특정 세계관을 재생산한다. 정보는 누구에게나 열려 있는 듯 보이나, 어떤 정보가 보이고 어떤 정보가 가려질지는 플랫폼 권력에 의해 결정된다. 디지털 엘리트는 이러한 정보 구조 자체를 통제하는 집단이다.

교육은 이 권력 구조를 드러내고, 그 작동 방식을 비판적으로 성찰할 수 있도록 하는 힘을 가져야 한다. 디지털 리터러시는 단순히 컴퓨터를 잘 다루는 기술이 아니라, 기술의 이면에 놓인 사회적 맥락과 윤리적 문제를 통찰하는 능력이다. 누구나 창작할 수 있고, 누구나 배울 수 있다고 말하는 디지털 민주주의의 이면에는 실제로는 지극히 비대칭적인 정보 권력이 존재한다. 이 권력의 구조를 이해하지 못하는 한, 기술은 해방이 아니라 새로운 종속의 도구가 될 것이다.

디지털 격차(digital divide)를 넘어서 디지털 능력을 기반으로 형성되는 새로운 계층 간 불평등, 즉 디지털 엘리트주의가 교육에서 중요한 문제로 대두되고 있다. 여기에서는 앞서 논의한 디지털 엘리트주의의 개념에 따라 그것이 교육과 학습환경에 미치는 영향, 나아가 디지털엘리트주의에서 기인된 교육 불평등을 극복하기 위한 방안을 고찰한다.

디지털 리터러시와 사회계층

파페르트(S. Papert)는 디지털 기술은 민주화 가능성을 지닌다고 보았으나,[14] 이후 연구자들은 디지털 기술 접근과 활용 역량의 불균형이 오히려 새로운 불평등을 낳는다고 보았다.

지식 권력으로서의 디지털 능력

푸코(M. Foucault)는 지식은 권력이며, 디지털 기술을 잘 다루는 소수는 정보 통제와 생산에 우위를 점한다. 이는 교육 현장에서도 교수나 학생 간 권력 차이를 만든다.

디지털 엘리트주의의 교육적 현상

영역	디지털 엘리트의 특성	비엘리트의 경험
자료 탐색	알고리즘 조작, 고급 검색	단순 검색, 표면적 수용
발표 및 제작	멀티모달 콘텐츠 활용	단순 PPT, 수동적 학습
평가 대응	생성형 AI 활용	기계 사용 불안, 소극성

---

14 S. Papert는 '계수기 없는 오토마타(counter-free automata, 1971)'를 저술한 인공지능 로고(프로그래밍 언어) 전문 인지과학자이다.

사례 분석

- 사례 1: 디지털 기기에 익숙한 학생 A는 생성형 AI를 이용해 발표자료를 제작하고, 효과적인 스토리텔링을 구사한다. 반면 익숙하지 않은 학생 B는 자료 준비에 어려움을 겪고 결과물의 질이 낮다.
- 사례 2: 고소득층 지역의 학교는 VR, AR, 코딩 등 최신 기술을 접목한 수업을 진행하지만, 저소득층 지역의 학교는 여전히 전통적 칠판 수업에 의존한다.

교육적 적용 방안

- 디지털 역량 형평성 교육 강화: 디지털 기본역량(정보 검색, 생산, AI 도구 활용) 교육을 공통과정으로 도입
- 에듀테크 접근권 보장: 공공기기 대여, 학교 내 개방형 디지털실 운영
- 교수 연수 프로그램 확대: 기술적 숙련도 격차 해소를 위한 연수 체계화

배움의 윤리 : 기계와 함께 성장하는 배움의 의미

배움이란 무엇인가? 우리는 학교에서 많은 정보를 배우지만, 그것이 곧 의미 있는 앎으로 연결되지는 않는다. 배움은 단순히 정보를 외우거나 시험을 잘 보는 능력이 아니라, 세계를 이해하고 자기 존재를 형성해 가는 과정이다. 이 점에서 진정한 배움은 지식의 내면화, 의미 구성, 정체성 형성을 포함하는 깊이 있는 행위다.

존 듀이는 배움을 "경험의 반성적 구성"이라고 보았다. 인간은 환경과 상호작용하며 시행착오를 겪고, 그 경험을 반성함으로써 성장한다. 이는 학습이 단순히 지식을 주입하는 것이 아니라, 학습자가 능동적으로 의미를 재구성하는 과정임을 시사한다. 구성주의 교육이론도 이와 맥을 같이한다. 학습은 외부에서 주어진 정보를 받아들이는 것이 아니라, 학습자의 기존 경험과 인지 구조에 기반해 새롭게 구성된다.

AI 기반 학습은 여기에 어떤 영향을 미치는가? AI는 개별 학습자의 수준을 진단하고 맞춤형 콘텐츠를 제공하는 데 탁월한 능력을 보인다. 반복 학습, 개별 진단, 빠른 피드백 등은 학습의 효율을 높일 수 있다. 그러나 AI가 제공하는 학습은 의미를 만들어내는 '맥락'을 제공하지 않는다. 학습자가 왜 그것을 배워야 하는지, 그것이 자신의 삶과 어떤 관계를 맺는지에 대한 질문은 여전히 인간의 몫이다.

레프 비고츠키[15]는 근접발달영역(ZPD) 개념을 통해, 인간의 학습은 사회적 상호작용 속에서 가능하다고 보았다. 인간은 타자와의 언어적, 정서적 상호작용을 통해 사고를 발달시키며, 그 과정에서 사고는 내면화된다. AI와의 상호작용은 이를 대신할 수 없다. 기계는 정서적 맥락을 갖지 않으며, 그 대화에는 존재적 긴장감이 없다.

따라서 교육은 단지 지식을 효과적으로 전달하는 문제를 넘어서야 한다. 배움의 본질은 존재를 형성하는 일이기 때문이다. AI가 제시할 수 있는 것은 '어떻게' 배우는가에 대한 기술적 해법일 뿐이다. '무엇을', '왜', '어떤 방식으로' 배울 것인가는 여전히 인간 교육자의 몫이며, 이는 인간 존재에 대한 근본적 성찰을 요구한다.

전통적 배움의 원리(Principles of Learning)

AI 시대의 학습은 단순한 정보 수용을 넘어, 학습자가 능동적으로 참여하고 의미를 구성하는 과정으로 전환되고 있다. 전통적 배움의 원리에서는 고전적 학습이론과 다양한 형태의 학습 패러다임 예를 들면 행동주의이론과 인지이론, 동기이론 등의 다양한 이론

---

15 Vygotsky, L. S. (1986). Thought and Language. Massachusets: MIT press.

적 기반 위에 학습 이론을 전개해 왔다. 근래에 들어서는 전통적 학습과는 달리 문제 중심 학습, 프로젝트 학습, 상황 중심 학습, 플립러닝, e-러닝 등 다양한 형태의 학습 이론이 활용되고 있다. AI 시대에 걸맞은 새로운 배움의 원리를 통합적으로 인식할 필요가 있다. 여기서는 구성주의 학습이론과 경험학습을 간략히 소개하고 AI시대의 배움의 재구성에 대해서 요약하고자 한다.

구성주의 학습이론

앞서 언급된 바대로 피아제와 비고츠키는 학습은 사회적 상호작용과 경험을 통해 구성된다고 보았다. 특히 비고츠키의 ZPD(근접발달영역)는 AI 튜터링 시스템 개발의 이론적 기반이 된다.

경험학습이론

한편 존 듀이는 학습은 '경험의 재구성'이라 보았다. 이때 반성과 탐색이 중요하며, 이는 생성형 AI 시대의 메타인지 활동과 연결된다.

AI 시대 배움의 재구성

- 정보 수용 → 의미 구성
- 수동적인 학습 → 참여적 탐구
- 개별 중심 → 협력적 제작

사례 분석

- 사례 1: 과학 수업에서 학생들이 AI 실험 시뮬레이터를 활용하여 가설을 세우고 검증하는 과정을 통해 탐구 기반 학습을 경험한다.
- 사례 2: 문학 수업에서 학생들이 AI로 생성한 시나리오를 비판적으로 분석하고, 공동 창작물로 확장한다.

교육적 적용 방안

- 탐구 기반 학습 설계: 프로젝트 중심, 문제해결 중심 수업 확대
- 메타인지 역량 강조: AI 활용 후 자기평가, 반성 일지 쓰기
- AI와 협력적 창작 활동 강화

2040년, 미래의 지식은 어떻게 변화하고 처리되는가?

지식은 이제 사유나 단순한 기억의 수준이 아니라 행위와 연관된 '결정하는 힘'이다. 우리는 오랫동안 지식을 '기억하고 꺼내는 것'으로 이해해왔다. 시험 공부도, 회의 준비도, 커리어 개발도 결국 '얼마나 많이 알고 있는가'가 중심이었다. 하지만 2040년에 접어들면 지식의 본질은 '의미를 파악하고, 맥락에 맞게 판단하며, 실시간으로 적용하는 능력'으로 완전히 재정의되게 될 것이다. 지식은 이제 고정된 데이터가 아니라, '흐르는 판단 도구'가 된다. 저장이 아니라

활용, 축적이 아니라 연결, 암기보다 해석이 중심이 된다.

그렇다면, 2040년, 지식의 주요 형태는 어떻게 달라지는가? 현재와 같은 기억하고 기억한 것을 두뇌에서 꺼내놓은 지식과는 달리 의미와 맥락 그리고 저장한 지식이 아니라 즉시 쓰는 지식의 시대가 도래한 2040년에는 지식의 암기와 습득, 지식의 활용과 응용 그리고 지식과 상황의 이원화는 더 이상 효용성이 없게 된다. 따라서 미래의 지식은 상황과 적시성(Just-in-time)에 기반을 둔 상황 맥락적 지식이 될 것이고 실시간 즉시 활용되는 지식이 될 것이다.

상황 맥락형 지식(Contextualized Knowledge)

2040년에는 지식이 '문맥'을 떠나 독립적으로 존재하는 것이 불가능해진다. 같은 데이터도 상황에 따라 다르게 작동하며, 사용자의 위치, 감정, 목적, 사회적 맥락까지 함께 고려되어야 지식으로 기능한다.

예를 들어, 한 직장인이 보고서를 쓸 때 '기후 변화'에 대한 정보는 그냥 데이터가 아니라, 대상 독자가 정부 기관인지 기업인지, 정책 제안을 위한 것인지, 투자 분석인지, 현재 기온과 관련 트렌드가 어떤지에 따라 전혀 다른 형태로 재조합되어야 의미가 생긴다.

실시간 결정형 지식(Real-time Knowledge)

지식은 '미리 배운 것'보다 '그때그때 판단할 수 있는 능력'이 더 중요해진다. 2040년의 작업환경은 대부분 AI와 함께 실시간으로 협업하며 진행되기 때문에, 데이터를 분석하고 빠르게 요약하고 실천

가능한 제안을 도출할 수 있는 지식이 필요하다. 예를 들어 물류센터에서 AI가 날씨, 교통량, 창고 상태를 분석한 뒤 즉시 배송 경로를 재조정하는 작업은 과거의 정적 매뉴얼 지식으로는 불가능하다.

융합·통합형 지식(Synthetic Knowledge)

지식은 더 이상 단일 분야 안에서만 의미가 없다. 의학 지식은 AI 기술과 연결되어야 하고, 문학은 사회현상 해석 도구가 되어야 하며, 경영 전략은 심리학과 통계학을 아울러야 한다. 예를 들어, 신약 개발은 다음 요소가 융합된 지식으로 구성된다.

- 유전학 + 기계학습 + 환자의 행동패턴 분석 + 약물 시장 분석

즉, 융합형 지식은 단순한 '합'이 아니라, 완전히 새로운 구조로 재구성된 형태다. 이처럼 전공과 계열을 초월한 융합적 지식을 2040년 지식의 주요 형태가 될 것이고 지식의 본류가 될 것이다.

2040년 지식은 어떻게 처리되는가?

일반적으로 지식은 데이터에서 추출되어 상황과 주관적 선택에 의해서 재창조된다. 필자는 2000년 초 지식 정보화 사회가 도래할 때에 지식을 3K로 정의한 바 있다. 이 3K는 지식의 네트워크(Knowledge-Net), 지식의 미디어(Knowledge-Media) 그리고 지식의 인

큐베이터(Knowledge incubator)로 정의한 바 있는데 이러한 3K의 지식은 네트워크와 미디어, 인큐베이터가 한 번에 통합되는 지식 처리 시대로 도래한 것이다(이현청, 2000).

향후 지식의 처리 구조와 단계를 예시하면 다음과 같다.

지식의 4단계 처리 구조

2040년의 지식은 다음 네 단계를 거쳐 작동한다.

1단계 : 데이터 수집(Sensing)

센서, 웹, 소셜미디어, 사물인터넷 등에서 수집된 대규모 데이터가 지식의 첫 원료다.

예: 농부는 토양 센서에서 얻은 데이터를 기반으로 '금일 물 주기' 여부를 판단한다.

2단계 : 지능적 정제(Filtering)

수많은 데이터 중 의미 있는 정보만 분리하고, 노이즈나 오류는 자동으로 제거된다.

AI 필터는 사용자의 목적, 환경, 목표 성과 등을 고려해 맞춤형으로 작동한다.

예: 같은 날씨 정보라도, 농업용과 이벤트 기획용은 서로 다른 필터를 통과한다.

3단계 : 문맥 기반 해석(Contextual Reasoning)

정보는 인간의 감정, 문화, 과거 경험 등 맥락에 따라 다르게 해석되어야 한다.

예: 같은 뉴스도 젠더 관점, 정치 관점, 경제 관점에서 관점에 따라 다르게 해석될 수 있다.

4단계 : 창의적 조합과 실행(Synthesis & Action)

AI는 기존 데이터를 단순히 전달하는 것을 넘어서 새로운 해결책을 창출한다.

예: 고객의 소비 패턴과 심리 데이터를 분석하여, 그 사람만을 위한 금융 상품을 AI가 제안한다. 교육에서도 학습 패턴과 심리 데이터를 분석하여 그 학습자에게 맞는 교육 내용과 방법을 AI가 제공한다.

지식 처리의 구체적 변화 예시 – 교육, 의료, 비즈니스

분야	과거의 지식 중심	2040년 지식 활용 방식
교육	교과서 암기, 문제 풀이	개인 맞춤형 학습 경로, 프로젝트 기반 문제 해결
의료	의사의 경험 의존	AI 기반 진단 + 환자 유전체 데이터 융합
비즈니스	보고서, KPI 기반 분석	실시간 데이터 분석 + AI 협업을 통한 전략 실행

미래 지식을 위한 준비 전략

2040년형 지식을 활용하기 위한 구체적 준비 방법은 다음과 같다.

데이터 리터러시 함양

- 단순 정보가 아니라 데이터를 읽고, 해석하고, 질문할 수 있는 능력

융합사고 훈련

- 전공 분야와 다른 영역을 연결하여 '통찰력'을 키우는 연습

AI 도구 활용 능력 강화

- ChatGPT, 코파일럿, 데이터 시각화 툴 등과 자연스럽게 협업할 수 있는 능력

문맥 판단력(Context IQ)

- 같은 정보라도 어떤 상황에 어떻게 활용해야 할지를 감각적으로 판단할 수 있는 능력

앞서 설명한 바대로 지식의 미래는 그리고 지식의 처리 과정과 활용은 현재의 지식 습득 과정과 확연히 차이가 난다. 한 마디로 **지식의 미래는, 결국 해석의 미래다.** 2040년의 지식은 암기의 양이 아니라, 해석의 깊이에서 경쟁이 갈린다. 더 많은 데이터를 가진 사람보다, 더 정확한 질문을 할 수 있는 사람이 유리한 시대다. 그리고 이러한 사람은 대부분, AI와 적극적으로 협업하며 지식을 창조적으로 조합할 수 있는 사람이다.

대학에서 '배운다'는 개념은 어떻게 바뀌는가?

20세기까지 '배움'은 지식을 전달받고 저장하는 과정이었다. 교수는 전달자이고, 학생은 지식의 수용자이며, 대학은 지식의 공급처였다. 그러나 2040년의 대학에서 배움은 완전히 다른 방식으로 재정의된다. 2040년형 배움은 다음과 같은 철학적 명제를 따른다.

"배움은 행위이며, 경험이고, 책임이다."

- 행위 : 학습은 더 이상 수동적 수용이 아니라, 문제를 해결하거나 기여하는 실천 중심의 행위이다
- 경험 : 학습은 교실 밖의 현실과 연결되어 있어야 하며, 감각적·정서적 몰입을 동반한다
- 책임 : 배운 내용을 사회적 가치로 바꾸고, 인간·기술·환경과의 관계 속에서 성찰하는 책임이 필요하다

2040년 대학에서의 '배움의 5원리(5대 학습 접근법)'

원리	설명
1. 의미 기반 학습	'왜 배우는가'를 먼저 설계하고, 삶이나 세계와 연결된 목적 중심 학습
2. 상황 중심 학습	이론이 아니라, 실제 맥락 속에서 학습 (예: 가상 도시 계획, 실시간 문제 해결 등)
3. 대화적 학습	인간-인간, 인간-AI 간의 끊임없는 질문과 응답을 통해 지식을 구성
4. 순환적 학습	학습 → 실천 → 반성 → 확장이라는 피드백 루프를 통한 지식의 진화
5. 협력적 창조 학습	개인 혼자가 아닌 집단 지성과 협업을 통해 새로운 의미를 공동 창출

인간은 어떤 책임을 져야 하는가?

기술이 배움의 많은 부분을 대신할 수 있게 되었을 때, 인간만이 감당할 수 있는 학습의 책임은 더욱 분명해진다. 이 책임은 다음 세 가지 축에서 요구된다.

① 의미 해석의 책임

AI는 정보를 요약하고 정리할 수 있지만, 정보가 인간에게 어떤 가치와 감정을 유발하는지는 오직 인간만이 해석할 수 있다.

예: AI는 '역사적 사실'을 알려줄 수 있으나, '그 역사에 대해 내가 어떤 윤리적 책임을 느끼는가'는 인간의 영역이다.

이 점에서 인간은 배운 지식이 자신의 삶, 공동체, 미래에 어떤 의미를 갖는지를 끊임없이 질문하고 응답해야 한다.

② 선택과 경로 설계의 책임

2040년 대학은 AI가 설계해주는 개인 맞춤형 학습 경로를 제공할 것이다. 하지만 어떤 지식을 선택하고, 어떤 속도로, 어떤 방식으로 실천할 것인지는 인간이 스스로 결정해야 한다. AI는 "이런 과정을 따라가라"고 제시하지만, "이 길이 나에게 왜 필요한가?"에 대한 판단은 인간이 내리는 것이다. 학습자는 더 이상 교과 과정의 수동적 학습 소비자가 아니라, 자기 설계자(Self-designer)가 되어야 한다.

③ 행동과 전환의 책임

배움은 단순한 이해로 끝나지 않는다. 배운 것을 삶에 적용하고, 주변에 기여하며, 자신을 변화시키는 책임이 필요하다. "알면서도 실천하지 않음"은 더 이상 배움이라 부를 수 없다. 진정한 학습은 행동을 동반한 전환(Transformation)이다.

예: 지속가능성 수업을 들었다면, 실제로 나의 소비 행동을 어떻게 바꿨는가
인권 수업을 들었다면, 내가 불의에 어떻게 응답했는가를 심사숙고하여 행동할 때 학습은 이루어질 것이다.

지식은 행동과 연결되지 않으면 기억으로 사라지며, 행동과

연결될 때 삶의 변화로 확장된다.

배움의 장면은 어떻게 바뀌는가?

배움은 더 이상 정해진 시간에 정해진 교과서로 정해진 교수에 의해 정해진 장소(교실)에서 이루어지지 않는다. 배움의 장소는 바뀐다. 어떻게 바뀔 것인가는 캠퍼스 특정 변화와 연계되어 있다. 배움의 장면과 관련된 요소, 향후 대학 캠퍼스 특징 등에 따라 요약한 도표는 다음과 같다.

표 16 캠퍼스 특성 변화와 배움

요소	2020년 대학	2040년 오메가 캠퍼스
학습 공간	교실, 강의실	메타버스, AR 공간, 실험 현장, 지역사회
강의 중심	교수 주도 강의	문제 주도 토론, AI 튜터 협업
학습 도구	교재, PPT	생성형 AI, 뇌파 기반 피드백, 감성 분석 시스템
평가 방식	시험, 과제	실전 문제 해결 + 피어 리뷰 + 행동 변화 추적
학습 목표	암기, 자격증	변화, 기여, 확산, 성찰

2040년 배움의 핵심 키워드 5가지

앞서 5대 배움의 원리와 2040년 5대 학습 접근법에 대해 설명한 바 있다. 이러한 변화와 연관된 2040년 배움의 핵심 키워드는 다음 5가지로 요약될 수 있다.

키워드	의미
의도성(Intentionality)	배움은 자동이 아니라, 선택적이고 목적 지향적인 행위
대화(Dialogue)	AI든 인간이든, 배움은 질문과 응답의 흐름 속에서 탄생
순환(Iteration)	실패 → 반성 → 재시도 → 개선이 반복되는 과정 중심 학습
개인화(Personalization)	학습의 리듬과 방식은 철저히 나에게 맞춰져야 함
변화(Change)	진짜 배움은 사고, 행동, 삶의 패턴을 바꾸는 것에서 완성됨

결론적으로 배움은 기술의 문제가 아니라 태도의 문제이다. 이 점에서 2040년의 대학은 세계 최고의 기술을 갖춘 플랫폼이 될 것이다. 그러나 그 대학이 진짜 배움의 장소가 되기 위해선, 인간이 '배우는 존재'로서 어떻게 존재할 것인가에 대한 태도가 핵심이 된다. 기억은 AI가, 분석은 알고리즘이, 요약은 생성형 모델이 대신할 수 있다. 하지만 "무엇을 위해 배우는가", "배운 것을 어떻게 살아낼 것인가"는 인간만이 할 수 있다. 이 점에서 기계와 함께하는 배움의 의미는 배움의 윤리와 학습자의 배움 인식에 의해 크게 달라질 수 있다. 2040년의 배움은 기존의 배움과는 전혀 다른 의미를 지니기 때문이다.

포스트휴먼 교실 : 학습의 미래는 인간 너머에 있는가?

포스트휴먼 시대는 인간 중심의 교육 패러다임을 넘어, 인간과 비인간(기계, 데이터, 환경)의 상호작용을 교육의 주요 축으로 간주한다. 본 장은 이러한 관점을 반영한 교육 패러다임의 전환을 제안한다. 포스트 휴먼 시대에서는 교육 내용이나 방법에 있어서 전통적인 대학에서의 인간 주도형 학습이 이루어지는 것이 아니라 인공지능과 인간 지성의 협력적 학습(HAIL)이 이루어지는 포스트휴먼 교실 (Post-human Classroom)이 일반화된다. 따라서 학습의 미래는 인간 너머의 형태로 이루어질 가능성이 높다. 특히 인간이 수동적, 의존적, 피교육자의 속성을 탈피하지 못할 경우에는 더더구나 AI 주도형 포스트휴먼 교실이 될 가능성이 매우 높다. 이 절에서는 포스트휴먼니즘의 철학에 입각하여 포스트휴먼 교실에 관한 논의를 하고자 한다.

우선 포스트휴머니즘의 철학과 포스트휴먼 교실과 관련하여 포스트휴먼니즘 철학을 이해할 필요가 있다.

로지 브라이도티(R. Braidotti)는 인간을 고립된 주체가 아니라 다양한 비인간 요소들과 관계 맺는 존재로 보았다.[16] 이는 학교 공간의 재개념화로 이어진다. 포스트휴먼 교육은 교수 중심이 아니라, 다중 행위자(학생, AI, 자연 등)가 함께 구성하는 비선형 학습을 추구한다. 이 점에서 일종의 탈 중심화된 학습이라 볼 수 있다.

포스트휴먼 교실의 재구성과 특성

포스트휴먼 교실의 특성은 학습자를 단순한 주체로 보는 게 아니라 학습자가 학습하는 환경과 연관된 다양한 비인간적 요소들과 관계 맺는 존재로 인식하고 학습자와 학습자의 효율을 높일 수 있는 비인간적 요소 예컨대 AI 친화적 방법론, 삶과 직결된 방법론 등과 연계하여 학습하게 되는데 이러한 학습 과정은 일종의 포스트휴먼 교실의 재구성과 연관되어 있고 그 특성은 다음과 같이 정리될 수 있다.

- 고정된 교실 공간 → 유동적 학습 환경
- 교수 중심 지식 전달 → 공동 생성과 조정
- 정적 교과 → 복합적 프로젝트 기반 학습

---

16 로지 브라이도티. (2022). 「포스트 휴먼 지식(비판적 포스트 인문학을 위하여)」. 아카넷.

사례 분석과 교육적 적용 방안

- 사례 1: 생태 프로젝트 수업에서 학생, AI 센서, 식물군이 함께 작동하는 하이브리드 학습 구조
- 사례 2: AI 로봇과의 협업을 통해 감정 인식과 윤리적 의사결정을 탐구하는 수업
- 사례 3: AI 튜터와 함께 프로젝트 중심 수업

위와 같은 사례에서 알 수 있듯이 교육적 적용 방안 또한 기존의 교육과 다를 수밖에 없고 그 특성에 있어서는 적용방안에서 알 수 있듯이 일종의 학생과 교수의 역할 변화와 학습 공간의 재설계 그리고 AI와 학습자의 공존 관계로 이해할 수 있다.

- 학습 공간의 재설계: 유연한 학습구조, 하이브리드 환경 구성
- 기계와의 윤리적 공존 탐색: AI와 함께하는 토론, 비판적 성찰 활동
- 교수 역할의 전환: 설계자, 촉진자, 공동 학습자 역할 강화

포스트휴먼 교실(Post human Classroom)

포스트휴머니즘은 인간 중심주의의 전통에 도전하는 철학적 흐름이다. 인간을 만물의 척도로 삼고, 자연과 타자를 지배해 온 근대의 인간상은 기술과 생명과학, 생태 위기 앞에서 재구성이 불가피

해졌다. 포스트휴먼 교실은 이러한 철학적 사유가 교육의 공간으로 확장된 결과다.

포스트휴먼 교실은 인간과 비인간, 유기체와 기계, 생물학적 존재와 디지털 객체가 공존하는 교육 생태계를 지향한다. 이는 교실에서 AI와 로봇, 스마트 기기, 가상현실과 같은 테크놀로지가 단순한 도구를 넘어서 하나의 '행위자'로 작동하기 시작했음을 의미한다. 교수는 더 이상 지식의 유일한 전달자가 아니라, 기술과 인간, 학습자와 비학습자의 매개자로 자리매김해야 한다.

도나 하라웨이는 사이보그 선언에서 인간과 기계의 경계가 이미 해체되고 있다고 선언했다.[17] 이는 교실에서도 동일하게 적용된다. 교수는 이제 존재론적으로 중간적 위치에 서게 되었고, 학생은 능동적인 정보 생산자로 변화했다. 인간과 기계, 자연과 인공, 실재와 가상이 얽힌 이 교실은 더 이상 고정된 권위 구조를 전제로 작동하지 않는다.

이 새로운 교실은 윤리적으로도 재구성되어야 한다. 기술과의 공존은 단지 기능적인 적응만이 아니라, 새로운 윤리의식을 요구한다. 인간 이외의 존재와 상호작용하는 교육은 생태적 감수성, 기술적 책임성, 그리고 정체성의 다층성에 대한 이해가 필요하다.

포스트휴먼 교실은 단지 미래의 환상이 아니다. 그것은 이미 도래한 현실이며, 우리가 그 의미를 어떻게 부여하느냐에 따라 교육의 방향은 크게 달라질 것이다. 인간 중심의 교육에서 관계 중심, 생태

---

17 유인원, 사이보그 그리고 여성: 자연의 재발명(Simons, Cyborg and Women: The Reinvention of nature), 2003, S(ed) gone. Encyclopedia of New Media.
트러블과 함께하기(2021), 마농지 참조.

중심, 네트워크 중심의 교육으로의 전환은 이제 선택이 아니라 필수다. 교육은 더 이상 인간만을 위한 주제가 아니라, 인간과 비인간이 함께 살아가는 방식을 학습하는 과제가 되어야 한다.

이러한 포스트휴먼 교실의 변화와 관련되어 중요한 5가지 변화를 정리해보면 다음과 같다.

① AI와 인간 지성의 협렵적 학습

② 전통적 대학 교육과 평생 교육의 통합

③ 디지털 캠퍼스와 메타학습 환경의 확산

④ 능력 단위 교육 설계와 마이크로 인증 확산

⑤ 사회적 실험실과 혁신 허브로서의 포스트휴먼 교실

이러한 변화는 포스트휴먼 교실과 함께 대학이라는 제도의 본질이 바뀌는 구조적 변화라 볼 수 있고 교육은 단순히 지식 습득을 넘어 인간과 기술, 사회와 연계하는 사회 혁신 플랫폼화의 기능이 확산된다는 의미이다.

제5장

오메가 캠퍼스 선언 : 새로운 대학의 설계도

- 새로운 아카데미아의 원칙 : 속도보다 깊이, 기술보다 철학
- 디지털 지성 공동체 : 학습의 사회적 복원력
- 2040 오메가 캠퍼스 : 대학은 다시 인간을 위한 공간이 될 수 있는가

새로운 대학의 모습은 전통대학의 모습이 붕괴되고 2040년의 경제, 기술, 사회적 변화에 걸맞은 형태의 대학으로의 변화를 의미한다. 2040년이 되어도 유명 명문대학은 변화된 형태로 존속하겠지만 대규모 캠퍼스 중심의 대학모델은 쇠퇴하거나 새로운 형태로의 전면적인 재구조화를 이루지 아니하면 생존이 어려워질 수가 있다. 이러한 이유들은 몇 가지 특징 때문인데 우선 AI와 자동화가 전통적 학습을 크게 변화시킬 것이며 산업계에서는 대학의 학위보다 자격증에 더 무게를 두게 될 것이고 가상 학습과 증강학습(Augmented Learning) 증가로 인해 기존 학습 체계는 크게 변화될 것이기 때문이다. 특히 전통적 학습의 형태는 소멸될 가능성마저 있기 때문이다. 소위 표준화된 정형적 학습(one-sige-fits-all)은 적응 학습(adaptive learning)으로 전환이 이루어질 것이다. 이러한 변화들은 새로운 대학들의 패러다임을 요구하고 이러한 패러다임은 곧 새로운 대학의 설계와 오메가 캠퍼스 형태의 전환을 요구받고 있다. 이 장에서는 새로운 대학의 설계 모형과 관련해서 몇 가지 관점에서 논의를 전개해 보고자 한다.

새로운 아카데미아의 원칙 : 속도보다 깊이, 기술보다 철학

새로운 대학은 왜 필요해졌는가?

대학은 한때 사회로 나가기 위한 필수 관문이자, 지식 생산의 상징이었다.

그러나 오늘날, 변화 속도를 따라가지 못하는 경직된 구조, 실제 산업과 괴리된 커리큘럼, '학위는 있지만 실무능력은 부족한' 졸업생 양산, 그리고 교육의 기회 불평등 등은 기존 대학 시스템의 한계를 극명하게 드러냈다. 2040년의 사회는 '문제 해결 능력 + AI 협업 + 시민적 감수성'을 갖춘 인재를 요구하며, 이는 현재의 대학 구조로는 충족될 수 없다. 따라서 우리는 기존 대학의 연장선이 아니라, 완전히 새로운 설계 철학을 필요로 한다. 2040년형 새로운 대학의 기본 원칙을 5가지로 정리해보면 생애형 대학, 문제 기반 구조, AI와의 협력 구조, 실전 중심 평가 체계, 사회 통합형 플랫폼의 특징으로 정리될 수 있다.

원칙	설명
1. 생애형 대학	입학과 졸업이 없는 대학. 10대부터 90대까지 언제든지 들어오고 나갈 수 있다
2. 문제 기반 구조	학과·전공이 아니라 '문제 중심 프로젝트'로 구성됨(기후, 의료, 복지, 도시 등)
3. AI와의 협력 구조	AI가 교수·조교·학습 매니저 역할을 하며, 개인 맞춤형 학습 경로 제공
4. 실전 중심 평가 체계	시험이 아닌 현실 문제 해결, 실험, 창작물, 기여도 등으로 평가
5. 사회 통합형 플랫폼	대학은 더 이상 고립된 공간이 아니라, 지역·글로벌 사회와 직접 연결된 생태계

이와 함께 새로운 대학의 구조 설계의 특성에 있어서도 새로운 대학의 조직과 운영 방식이 불가피한데 입학 시험에서부터 학습 구조 그리고 교수 구조 등에 있어서도 많은 재구조화가 요구된다.

① 입학 구조: 생애 개방형 플랫폼 입학제

- 입학시험 없음
- 누구나 관심 분야별 '문제 랩(Lab)'에 참여하면서 시작
- 입학 연령 제한 없음(10~90세 가능)
- '시민 등록형'으로 운영, 주민등록처럼 한 번 등록하면 언제든지 복귀 가능

② 학습 구조: 트랙 대신 미션 기반 모듈 구조

- 전공·학과 대신 '문제 테마' 단위로 구성된 학습 허브로 이루어진다

- 예를 들면 '도시에서 벌어지는 불평등 줄이기' 같은 문제 테마와 같은 학습 허브
- 'AI 윤리 기준 만들기'
- '기후위기 대응 에너지 시스템 설계하기' 등이 이러한 사례들이다

각 테마 안에 소주제 모듈이 있어

- 'AI 분석'
- '스토리텔링'
- '사회데이터 시각화'
- '사용자 인터뷰 설계' 등의 역량을 훈련

③ 교수 구조: 인간 + AI 협력형 교수진 운영

- 1명의 인간 교수 + 2~3명의 AI 교수 팀이 공동 지도
- AI는 학생 성향 분석, 진도 조절, 피드백, 반복 학습 보완
- 교수는 대화, 비판적 사고, 사회적 맥락 해석 중심 역할 수행
- 모든 강의는 메타버스 캠퍼스에서 실시간 AI와 교수가 함께하는 혼합 제공

2040년형 대학이 갖추어야 할 핵심 가치 7가지

2040년 대학은 전통 대학의 기능과 역할과는 확연히 달라지게 된다. 전통적 대학의 기능은 연구, 교육, 봉사의 3대 기능을 중요시

해왔고 오늘날까지 이러한 대학의 기능은 크게 바뀌어지지 않았다. 그러나 AI기술의 변화에 따라 교육이나 연구, 봉사의 형태와 과정이 크게 바뀌었고 이러한 변화 속에서 대학의 핵심 가치 또한 변화되어 왔다. 2040년 대학의 변화 기능과 역할은 알아보기 위해서는 그 특징을 심도있게 다루어볼 필요가 있다. 여기에서는 대학의 새로운 기능이라고 할 수 있는 연구와 혁신의 허브, AI와 인간의 협력센터 역할 그리고 마이크로 자격증과 기술 발달 플랫폼 역할, 글로벌 지식 네트워크의 역할에 비추어 볼 때 그 핵심 가치는 다음 7가지로 요약 정리될 수 있다.

① 문제 대응성(Problem Responsiveness)

2040년 대학은 실제 세계 문제에 직접 반응하고 개입할 수 있어야 한다. 기후위기, AI 윤리, 팬데믹, 고령화, 도시 소멸 등과 같은 글로벌 문제를 이론적으로 논의하는 것이 아니라, 실질적 해결 모색의 중심이 되는 대학이 되어야 한다. 한마디로

- 전통 : 이론 탐구 중심 → 미래 : 문제 해결 중심이 된다.

② 개방성과 유연성(Openness & Flexibility)

입학의 문턱은 낮고, 참여의 방식은 다양해야 한다. 고등학생, 은퇴자, 경력 단절자, 재직자 누구나 필요한 만큼, 필요한 시기에, 필요한 방식으로 대학과 연결될 수 있어야 한다.

- 전통 : 제한된 엘리트 중심 → 미래 : 모두를 위한 개방형 플랫폼

③ 연결성(Connectivity)

2040년 대학은 사회의 중심이 아니라 사회와 맞닿아 있는 촉수가 되어야 한다. 지역사회와 연결되고 기업, 시민단체, 글로벌 커뮤니티와 실시간 협업하며 대학 바깥의 세계와 끊임없이 지식과 감각을 주고받는 유기체이다.

- 전통: 독립적 지식 성역 → 미래: 사회적 네트워크 허브

④ 다양성과 포용(Diversity & Inclusion)

학습자뿐 아니라 교직원, 연구자, 학문 내용 자체도 다양성과 다중 관점을 반영해야 한다. 지금까지 대학은 표준어, 표준 지식, 표준 이력을 기반으로 구성되었으나 2040년 대학은 다문화, 다세대, 다정체성, 다방식적 학습을 담을 수 있어야 한다.

- 전통: 표준화 중심 → 미래: 차이와 특이성의 수용

⑤ 실행성과 책임성(Actionability & Accountability)

학문은 이제 더 이상 '말로 끝나는 지식'이어선 안 된다. 2040년형 대학은 배운 것을 현실로 옮기고, 사회적 책임과 윤리적 결과까지 고려하는 실천 지식의 생산자가 되어야 한다. 예를 들어 AI 기술 수업 후, 윤리적 응용 사례 설계라든지 도시설계 수업 후, 지역 거버넌스와 협력 프로젝트를 실행하는 사례 등이다.

- 전통: 사유 중심 → 미래: 실천과 결과 중심

⑥ 공공성과 공동적인 창조(Public Value & Co-Creation)

대학은 더 이상 고립된 탑(tower)이 아니라, 시민과 함께 문제를 정의하고, 해법을 만들어가는 공공 창작 공간이 되어야 한다. 시민과 함께 교과목을 설계하고 기업과 협력하여 커리큘럼을 만들고 지역과 협력해 데이터를 수집하고 사회를 디자인한다

- 전통 : 교수 중심 설계 → 미래 : 공동 제작형 학습 구조로 변한다.

⑦ 인간 중심 철학(Human-Centeredness)

기술이 아무리 발전하더라도, 대학의 중심은 '인간이 왜 배워야 하는가'에 대한 성찰과 감각이 중요하다. 특히 감정, 윤리, 정체성, 사회적 연대감, 문화적 공감, 인간다움, 인간 간의 대화, 인간과 자연의 공존 등 이 모든 것을 복원할 수 있어야 대학이 '기계의 시대'에도 인간의 학습 주체로 남을 수 있다.

- 전통 : 지적 훈련 중심 → 미래 : 삶과 존재에 대한 통합적 성찰 중심으로 변한다.

앞서 7가지 특성을 정리해보았지만 이제 왜 대학의 가치와 철학이 다시 논의되어야 하는가? 하는 질문에 직면하게 된다. 그리고 전통 대학과 AI시대의 새로운 모습의 대학은 어떻게 다른가하는 질문을 하게 된다. 대학은 오랫동안 지식의 보존자이자 전달자, 이성적 사유의 훈련기관, 인류 문명의 수호자로 기능해왔다. 이 점에서 전통적으로 대학은 다음과 같은 철학을 기반으로 발전했다. 우선 기

존 대학의 철학과 가치를 요약해보면 다음과 같이 그 특성을 정리할 수 있다.

- 진리 탐구(Veritas) : 지식은 그 자체로 추구할 가치가 있다.
- 중립성 : 정치, 산업, 종교의 외부 간섭으로부터 독립된 지성의 공간
- 엘리트주의 : 뛰어난 소수를 위한 고등 학문 공간
- 시간의 깊이 : 빠르기보다는 '깊은 이해'와 '성찰'을 중시
- 자격의 상징 : 졸업장은 사회적 지위이자 지적 신뢰의 보증

그러나 2020년대 이후의 사회는 전혀 다른 질서를 요구하고 있다.

기후위기, AI의 부상, 직업의 불확실성, 세계화, 지식의 범람, 정체성의 다중화 속에서 대학은 단순한 진리 탐구기관이 아니라, 인간성과 기술, 사회 문제 해결을 함께 고민하고 실천하는 '문제 중심의 공론장'이 되어야 한다.

다시 말해, 이제 대학은 '사유하는 곳'에 머물지 않고, '행동하는 공간'으로 진화해야 한다. 2040년의 대학은 더더구나 이러한 특성을 지닐 것이다.

표 18 전통적 대학과 2040년형 대학 가치의 비교

가치 항목	전통 대학	2040년형 대학
지식의 정의	축적된 진리를 보존하고 전수	문제를 해결하고 실천하는 도구
교수와 학생의 관계	지식 제공자 vs 수용자	파트너, 공동 설계자
교과과정의 성격	정적이고 표준화	유동적이고 개인화·문제화
공간 개념	특정 캠퍼스 중심	메타버스, 지역사회, 온라인 연계
학습의 목적	학위 취득, 진출	자아 실현, 사회 기여, 연대
인증 체계	졸업장, 학점 중심	포트폴리오, 디지털 역량 증명, 평판 기반 평가 고려

2040년형 대학 설계가 불가피한 이유

앞서도 언급하고 설명했듯이 2040년에는 현재와 같은 대학의 모습이 급격히 쇠퇴할 것이고 2040년에 걸맞은 새로운 대학 설계가 이루어질 것이다. 이러한 대학 설계가 불가피한 이유를 정리하여 도표화 하면 다음과 같다.

표 19 대학의 재설계가 필요한 이유

이유	설명
기존 대학의 산업 적합성 하락	졸업생의 40% 이상이 전공 외 직업 종사
진로 다변화·생애 전환 확산	3~5회 이상 경력 전환이 보편화 → 계속 학습 필요
AI와의 협업 필수화	단순 지식보다 AI를 이해하고 함께 일할 수 있는 인재 요구
교육에 대한 접근성 요구 증가	지역·국가 간 교육 격차 해소 → 온라인 기반 필요
지식의 민주화	누구나 교수, 누구나 학습자가 되는 개방형 구조 필요

우리는 또다시 대학 교육에서 왜 이런 가치 전환이 필요한가? 라는 질문을 되묻게 된다. 다시 말해 왜 이러한 가치 전환이 필요한가라는 질문을 다시 던지지 않을 수가 없다. AI 친화적 환경은 결국 교육에서도 AI와 어떻게 협업하고 협력하느가에 달려 있고 이러한 과정에서 가치 전환이 필요하다. 특히 AI 역할과 인간의 역할이 구분되어야 하고 필요한 기능에 한해서 협력하고 협업해야 한다는 의미이다.

AI는 '기억과 계산'의 역할을 맡고, 인간은 '의미와 책임'을 맡아야 하기 때문이다. 교육은 자격증이 아닌 생존 전략이 되어야 하기 때문에 교육은 사념적이고 철학적이고 현실과 괴리된 이상주의에만 치우칠 수 없으며 인간이 살아가는 현실과 환경 그리고 인류가 안고 있는 문제들을 어떻게 해결해 나가야 할 것인지와 연관되어야 한다. 이러한 관점에서 오늘날 같이 인류가 안고 있는 과제들인 기후 변화·윤리·기술·다문화가 충돌하는 시대에는 다학제적·공감 기반 지식이 필요하기 때문에 학습자는 이제 단순히 배우는 사람이 아니라, 지식의 '공동 제작자'가 되어야 하기 때문이다. 결론적으로 대학의 이상과 기본 철학은 끝나지 않았다. 다만 시대에 맞게 다시 써야 한다. 2040년의 대학은 단지 변화에 의한 물리적 기술만 바뀌는 공간이 아니다. 그 본질은 철학의 전환, 가치의 재구성, 그리고 인간의 삶을 중심으로 한 사유와 실천의 설계가 완전히 달라진다는 데에 있다. 진리는 여전히 중요하지만, 그 진리는 책 안에 있는 것이 아니라, 사람들 사이에 있고, 사회 안에 있으며, 문제 해결의 현장 속에서 살아 숨 쉬어야 한다. 2040년형 대학은 우리에게 이렇게 물을 것이다.

"너는 무엇을 아는가?"가 아니라 "너는 배운 것을 어떻게 삶과 접목 시키고 있는가?" 우리의 공통된 질문이다.

디지털 지성 공동체 : 학습의 사회적 복원력

20세기까지의 교육 시스템은 '대학 졸업장'을 중심으로 작동했다. 졸업장은 지식의 증명이자, 채용의 필수 조건이며, 사회적 신뢰의 상징이었다. 하지만 21세기 중반을 향해 가는 지금, 우리는 거대한 전환을 목격하고 있다. 그것은 바로, '학위 없는 자격'이 실제 사회적 가치를 갖고 인정받는 시대가 도래한다. 학위는 더 이상 유일한 증명이 아니다. 학위는 더 이상 신분의 표상(Status Symbol)이 아니다. 이는 학습의 기회가 확장됨과 동시에, 지식의 증명이 분산되고 다원화되는 흐름과 관련되어 있다. 한마디로 생애 지식 사회의 도래와 학위 없는 사회의 도래를 의미하고 이러한 특성은 생애지식사회로 전환된다는 의미이다.

생애 지식 사회란 무엇인가?

'생애 지식 사회(Lifelong Knowledge Society)'란 개인의 삶 전체에 걸쳐 지속적으로 지식을 생성하고, 활용하고, 갱신하는 것이 사회적 전제가 되는 구조를 말한다. 즉, 학습이 특정 시기(예: 10~20대 학령기)에만 집중되는 것이 아니라, 유년기부터 노년기까지, 직업과 상황 변화에 따라 끊임없이 재구성되는 '지식의 순환 시스템'이 작동하는 사회이다. 이는 단순히 '평생교육'의 개념을 넘어서, 사회적·경제적 가치 창출이 지식 기반으로 이루어지고, 모든 시민이 학습자이자 생산자로 기능하는 시대 구조를 말한다. 얼핏 학습 사회와 혼동된 개념으로 이해하기 쉬우나 생애 지식 사회란 지식 기반으로 이루어지는 시민학습이라는 의미가 더 강하고 학습 사회란 초·중·고등학교 대학은 물론 대학원 교육과 성인학습을 총 망라하는 정규 교육과 비정규교육을 통합한 개념이라고 본다면 생애 지식 사회는 지식을 생성하고 창조하고 지식으로 혁신하는 사회 전체의 구조적 특징을 의미한다.

생애 지식 사회 등장은 4차 산업 혁명 이후 급격한 기술 변화에 따른 초격차, 초고속, 초지능 사회로의 전환 때문이다. 이러한 급격한 변화는 직업 생태계의 빠른 재편은 물론 이러한 변화된 직업 생태계의 부응하기 위한 교육 생태계의 적응을 위한 변화 때문이다. 많은 직업이 사라지고 새로운 직업이 생성되면 국적을 초월한 세계적 직업 생태계의 형성은 국적과 언어와 교육 수준을 초월한 적응 중심, 능력 중심 교육 패러다임의 변화 때문이라고 볼 수 있다. 이러한 과정에서 자연스럽게 생애 지식 사회가 등장하였으며 이러한 변화는 직업 생태계의 붕괴와 새로운 형성 과정에서 필요한 사회적 요구 때문이기도 하다. 다음은 왜 생애 지식 사회가 등장했는지 변화 요인과 설명을 도시화한 것이다.

표 20 지식 사회 등장 요인

변화 요인	설명
고정된 직업 모델의 해체	평균 3~5개 직업 전환이 일반화됨에 따라, '직무 전환형 학습'이 필수가 됨
기술 변화 속도의 가속화	AI, 로봇, 자동화에 따라 현재 직무의 절반이 10년 내 소멸 또는 변화
고령화와 100세 시대	60세 이후 은퇴 불가능. '2~3차 커리어'를 준비해야 하는 시대
정보 과잉과 리터러시 위기	정보는 넘치나, 의미 해석과 비판적 사고 능력의 격차가 사회 불평등을 심화
창의·감성 중심 경제로 전환	암기형 학습은 무의미해지고, 창의·융합·문제해결 중심 역량이 요구됨

생애 지식 사회의 6가지 특징

생애 지식 사회는 기본적으로 크게 3가지 특성을 가지고 있다. 개별화된 개인 학습의 특성, 생애 과정에서 학습한 모든 학습 기록을 중요한 신분 표상으로 인식하는 특성, 학습 이력이 취업과 능력 그리고 학위를 대체하는 중요한 기록물이 된다는 것이 주요 특성이라 볼 수 있다. 이러한 특성을 한마디로 생애 지식 사회라 볼 수 있고 이를 보다 자세히 분류해서 학습 경로에서부터 활용까지 특징을 정리하면 다음과 같다.

① 개인화된 학습 경로 설계

AI 기반 분석을 통해 각 개인의 목표·성향·경력·취향에 맞는 '지식 맞춤 커리큘럼'이 실시간 설계되고 갱신된다.

예: 35세 직장인 김○○은 AI 상담을 통해 "UX 리디자인 역량 향상 + 윤리적 기술 리터러시 과정"을 추천받아 수강한다.

② '학습이력'이 곧 자산이 되는 사회

학교 성적표 대신, 생애 전반의 지식 활동 이력(수강 강좌, 프로젝트, 자격, 기여도 등)을 저장하고 인증하는 블록체인 기반 학습 포트폴리오가 사회적 신뢰 수단이 된다.

예: 디지털 배지(Digital Badge), NFT 기반 교육 이력, My Data 학습증명 시스템

③ 지식 소비자에서 지식 생산자로

생애 지식 사회에서는 모든 사람이 '지식 노동자'로서 기능한다. 누구든 자신의 전문 지식, 경험, 해석, 통찰을 콘텐츠로 재생산하고 공유함으로써 교육 플랫폼의 콘텐츠 생산자가 된다.

예: 은퇴한 간호사가 '노인 돌봄 기술' 강의를 온라인 플랫폼에 등록해 수익 창출한다.

④ 시민 주도의 마이크로 커뮤니티 학습

전통적인 학교·학원 중심이 아니라, 온라인 기반의 소규모 학습 커뮤니티가 지식의 핵심 생산지로 자리 잡는다.

예: 40대 직장인 중심의 '퇴사 후 인생설계 커뮤니티', 환경교육을 위한 비영리 DAO 학습조직, 메타버스 기반 지역 공동체 인문학 토론회

⑤ 실행형·문제기반 학습 중심

지식 축적보다는 '지식을 활용해 문제를 해결하는 능력'이 중심이다. 실생활, 직무, 사회적 문제 해결을 위한 프로젝트형 학습이 보편화된다.

예: '지역 쓰레기 감축 해법 설계', '부모 교육 콘텐츠 기획', '1인 창업 마케팅 전략 실행' 등

⑥ 학습이 곧 복지이고, 노동이다

2040년에는 지식활동 자체가 복지이며 소득 수단이 된다. 정부는 시민의 학습을 보조하고, 기업은 학습 데이터를 활용해 역량 기반 채용을 한다.

생애 지식 사회의 현실적 적용 사례는 이제 시작이지만 향후 2040년까지는 여러 영역에서 확대될 가능성이 높고 학습과 현실 사회와 직업 간의 연계 형태로 생애 지식 사회의 현실 적용의 확대될

것이다. 우리나라를 비롯해 몇 나라의 생애 지식 사회의 현실적 적용 사례를 예시하면 다음과 같다.

표 21　생애 지식 사회 적용 사례

사례	설명	시사점
핀란드 – MyData 학습 여권 시스템	시민의 학습 이력(온·오프 수업, 자격, 성과)을 개인 주도형 디지털 여권으로 관리	'학교 밖 학습'도 정식 인정, 전 생애 학습 통합화
한국 – K-MOOC, 평생교육바우처	대학/공공기관 강의를 고졸 이상 누구나 무료 수강, 바우처로 학습 자금 지원	학벌과 무관한 지식 접근권 보장
에스토니아 – 블록체인 기반 학습 인증	교육 이력을 탈중앙 블록체인에 기록, 기업과 공공기관에서 공식 조회 가능	투명하고 위·변조 불가능한 평생 포트폴리오
일본 – 세컨드 라이프 프로그램	60세 이상 시니어를 위한 '은퇴 후 기술교육 → 지역사회 재배치' 시스템	고령 인구를 지식 자산화하여 복지비 절감 + 삶의 질 향상
캐나다 – 지역 기반 시민 커리큘럼 플랫폼	주민 스스로 커리큘럼 개설, 자율적 강사 운영, 지역 문제 중심 주제 선정	시민이 교수이자 학습자가 되는 '쌍방향 교육 생태계' 실현

전통 교육과의 비교

지식 사회는 교육의 측면에서 전생애 주기동안 이루어지는 생애 평생교육 형태를 취하지만 학습 과정과 학습 시기 그리고 평가방법 등 모든 과정에서 전통적 학교 교육이나 캠퍼스 중심의 평생교육과는 많은 차이가 있다. 가장 큰 특징 중의 하나는 학위가 아니라 학점 단위이고 현장 중심이며 산업체와의 연계를 기반으로 하는 프로젝트나 실천 혹은 경험 중심이라는 특징을 지니고 있다. 한마디로 학습자가 학습 주체이며 지역사회나 기업 연계 중심의 경험 학습이며 자기 주도적 설계에 의한 생애과정을 학습 여정이라고 볼 수 있다. 전통 교육 사회와 생애 지식 사회의 차이점을 구분 해보면 다음과 같이 정리될 수 있다.

표 22 전통 교육과 생애 지식 교육의 비교

구분	전통 교육 사회	생애 지식 사회
학습 시기	10~20대 집중	전 생애 주기 동안
학습 주체	학교, 교수 중심	개인, 커뮤니티 중심
평가 방식	시험, 학위 중심	프로젝트, 경험, 실천 기반
인증 방식	졸업장, 자격증	디지털 배지, 블록체인 인증
목표	지식 획득	지식 활용과 기여
동기	진학, 취업 중심	자기 설계, 자아 실현 중심

향후 2040년의 생애 지식 사회는 단지 오래 배우는 사회가 아니라, '배움이 삶의 방식'이 되는 사회다. 그러므로 학습자는 문제를 만나면 배우고 배운 것을 기반으로 새로운 지식을 생산하고 그 지식은 다시 사회적 기여와 경제적 가치를 만든다. 이것은 '국가가 교육을 제공하는 구조'에서 '시민이 지식을 조직하고 설계하는 구조'로의 대전환이며, 지식은 더 이상 상품이 아닌 삶의 DNA가 된다. 특히 생애 지식 사회와 디지털 지성 공동체의 등장은 그 특징에 있어서 학위보다 자격이 중요한 사회로의 전환을 의미한다. 왜 학위보다 자격이 중요한 사회가 되었는지와 관련된 이유는 다음 몇 가지로 요약될 수 있다.

- 산업은 속도를 요구하고, 기업 생태계는 급격히 변화되는데 학위는 시간과 비용이 너무 많이 든다.
- 실무는 결과를 요구하지만 학위는 이론 중심이다.
- AI 시대엔 창의성과 문제해결능력이 더 중요하며, 이는 단기 역량으로 증명될 수 있다.
- 디지털 시대의 평생학습은 단절된 학위보다 연속적인 자격 중심 구조에 적합하다.

이와 함께 학위 없는 자격 시대의 중요 사례는 실제로 전통 학위를 거치지 않고도 사회적·경제적으로 인정받는 핵심 사례 5가지를 보면 학위 없는 시대의 특성과 이유 그리고 변화에 대해 인식할 수 있다. 아래에서 제시한 각 사례는 변화의 방향성과 함의를 담고 있다.

사례 1 : 구글 인증 자격증(Google Career Certificates)

- 분야 : IT지원, UX디자인, 데이터애널리틱스, 사이버보안 등
- 핵심 내용 : 6개월 과정, 학사학위 불필요, 전 세계 온라인 제공
- 사례 : 2024년 기준, 구글은 미국 내 채용 시 이 자격증을 대졸 학위와 동등하게 인정하고 있음.
- 이유 : 기업이 원하는 것은 '코드 한 줄 짜는 능력'이며, 학위보다 실전 능력을 더 신뢰함.
- 사회적 함의 : 글로벌 빅테크가 교육기관의 권위를 대체하고 있으며, 자격 자체가 곧 채용이다.

사례 2 : AWS 공인 자격증(AWS Certified Solutions Architect 등)

- 분야: 클라우드 인프라, 데이터 아키텍처, DevOps
- 핵심 내용: 자체 시험 기반, 학위 불필요, 실무 중심 문제 해결 능력 측정
- 사례: AWS 인증 보유자는 국내외 연봉이 평균 30% 이상 상승하며, 학위 유무와 무관하게 실력 평가 가능
- 이유: 클라우드 인프라는 빠르게 변화하며, 전통대학은 이 속도를 따라가지 못한다.
- 사회적 함의: 민간 자격증이 곧 경력이 되고 있으며, 이는 기업 내부 교육 체계와도 연결된다.

사례 3 : LinkedIn Skill Certifications & Nano–Degree(Udacity)

- 분야: 마케팅, AI, 비즈니스 분석, 제품관리 등
- 핵심 내용: 2~4개월의 마이크로코스, 실무 과제 기반 포트폴리오 제출
- 사례: 미국 실리콘밸리 다수 기업에서 이력을 검토할 때 학위보다 포트폴리오 중심으로 전환
- 이유: 빠르게 필요한 사람을 채용해야 하며, 자격과 결과 중심의 수시 업데이트가 필요함.
- 사회적 함의: 전통 이력서 기반 채용 시스템이 해체되고, 능력 중심 신뢰 시스템이 구축되고 있음.

사례 4 : 한국의 K-Digital Training(고용노동부 + IT 기업 공동 운영)

- 분야: AI, 빅데이터, 앱 개발, 자율주행 알고리즘 등
- 핵심 내용: 고졸 이상 누구나 참여 가능, 훈련 수료 시 민간 연계 취업 기회 제공
- 사례: 고졸 청년이 'AI 개발 입문 과정' 수료 후 스타트업 취업 성공 사례 다수
- 이유: 정부는 더 이상 대졸 청년 실업을 해결할 수 없고, 실전 중심 자격 기반으로 방향 전환
- 사회적 함의: 국가도 학위 제도에서 실무 자격 시스템으로 전환 중이며, 공공영역까지 확장 중

사례 5 : 블록체인 기반 NFT 학습 증명서(Learning NFTs)

- 분야: 글로벌 자유학습자, 크리에이터, DAO 교육 공동체
- 핵심 내용: 온라인 학습 이력을 NFT 형태로 발행, 학습 경로 투명하게 검증 가능
- 사례: 미네르바스쿨 출신 프리랜서들이 자신의 프로젝트 이력을 NFT로 제시하여 계약 수주
- 이유: 학위는 고정된 결과지만, NFT는 학습 과정 전체를 열람 가능하게 만들어 신뢰성을 높임
- 사회적 함의: 미래 교육은 결과보다 '과정의 신뢰성'을 보여줄 수 있어야 함.

'학위 없는 자격'이 교육 시스템에 주는 변화

학위 없는 사회에서 자격이 중요시되는 교육 시스템의 주요 변화들은 학습 목표에서부터 학습과정, 평가방법, 이수 후 취업 그리고 산업체에서의 신뢰 이러한 자격과정의 운영 주체 등과 관련되어 있다. 이러한 변화들을 요약 정리하면 다음과 같다.

표 23 학위 없는 자격 시대 변화 특징

변화 영역	전통 학위 기반 시대	자격 기반 시대
학습 목표	졸업장 취득	능력 인증 획득
교육 기간	4년 단위	2~6개월 단위 반복
평가 방식	시험 위주	프로젝트·실무과제 중심
채용 기준	학력 필터	기술·포트폴리오 중심
신뢰 기반	대학 브랜드	실무 결과 + 디지털 인증
교육 제공자	국가 중심 대학	기업, 플랫폼, 커뮤니티

이제 '학위'는 더 이상 유일한 길이 아니다. 지식의 진짜 가치는 "어디서 배웠는가"가 아니라, "무엇을 할 수 있는가"에 있다. 2040년의 교육은 경험 중심, 프로젝트 중심, 능력 중심이며 개인의 학습 이력은 점처럼 찍힌 '스펙'이 아니라, 선처럼 이어진 '경로'로 평가된다. '학위 없는 자격'은 사회를 더 유연하게 만들고, 다양한 배경의 사람에게 진입 기회를 확장하는 강력한 도구로 작용할 것이다.

2040 오메가 캠퍼스 : 대학은 다시 인간을 위한 공간이 될 수 있는가

'오메가 캠퍼스(Omega Campus)'는 기존 대학의 완성형이자, 새로운 지식 생태계의 궁극적 형태를 뜻한다. 이 캠퍼스는 더 이상 특정 장소에 존재하지 않으며, AI, 메타버스, 블록체인, 뇌신경 인터페이스 등의 기술을 융합하여, 모든 학습자에게 열린 형태로 지식의 순환, 창조, 실천이 이루어지는 다차원 공간이다. '오메가(Omega)'는 그리스어 알파벳의 마지막 글자이자, 최종적 진화의 상징이며, 시간, 공간, 신체의 제약을 모두 초월한 새로운 교육 실현 모델을 의미한다. 오메가 캠퍼스가 등장하는 것은 앞서 언급한 대로 AI와 자동화의 확산 그리고 학위의 중요성의 감소, 자격증 중심의 사회로의 전환, 가상현실과 증강현실의 교육의 보편화 그리고 대학 학위 취득에 필요한 비용의 급격한 증가, 누구나 어디에서든 세계 일류 대학 학위과정을 수강할 수 있다고 하는 변화때문이기도 하다. 오메가 캠퍼스는 향후 더욱 확대되고 일반화될 것이고 기존에 혁신 프로그램과 산업체 프로그램과의 연결을 통해 더욱 확대될 가능성이 높다.

오메가 캠퍼스의 5대 특징

오메가 캠퍼스는 한마디로 생성형 AI의 급격한 기술 진화에서 비롯된 것이라 할 수 있다. 오메가 캠퍼스의 등장은 기존 전통 대학을 붕괴하는데 결정적인 기여를 하고 있다. AI 튜터, Chat봇, 가상교수(virtual professor)의 등장에 따라 개별화된 학습이 확대되고 아주 저렴한 학비로 개인이 필요한 학습 내용을 시간과 장소와 공간을 초월하여 스스로 학습할 수 있는 개별화된 자기제단레슨(self-tailored-lesson)이 확대되어 오메가 캠퍼스의 확산을 이루게 된다(이현청, 2002;2015). 특히 구글, 테슬러와 같은 큰 기업들이 학위보다는 자격증 중심으로 채용 문화를 바꾸고 있고 마이크로 자격증이나 디지털 포토폴리오, AI인증평가가 전통적인 4년제 대학 학위 시스템을 바꿀 것으로 보인다. 이와 함께 학습은 생애 과정으로 변화될 것이고 학습자들은 가상현실과 증강현실 경험을 중심으로 하는 학습에 익숙해지고 전통적 대학에서의 낡은 교과과정보다는 산업체에서 일어나고 있는 변화를 즉시 받아들이는 적시성 교육으로 전환될 것으로 보인다. 이러한 변화는 전통 대학 대신 오메가 캠퍼스의 등장을 촉진하는 결정적 동인이 될 것이다. 오메가 캠퍼스의 5대 특징을 정리해보면 다음과 같다.

표 24 오메가 캠퍼스의 5대 특징

핵심 요소	설명
비물리적 무경계 캠퍼스	실체 건물이 아닌, VR/AR과 BCI 기반의 몰입형 학습 공간
뇌-기계 인터페이스 학습	시청각 입력을 넘어서 직접적인 두뇌 인터페이스로 학습 전송

핵심 요소	설명
생성형 AI 교수 파트너	각 학습자에게 최적화된 AI 파트너가 실시간 피드백과 콘텐츠 제공
맞춤형 커리큘럼 자동 생성	학습자의 감정, 뇌파, 관심, 성향에 따라 교과과정 실시간 조정
블록체인 기반 학습 인증 경제	학습 활동이 NFT나 토큰으로 기록되고, 실제 사회적 가치와 교환 가능

오메가 캠퍼스 체제 구성

입학·소속 개념의 종말

- 누구나, 언제든지, 어디서든 접속 가능
- '대학'은 플랫폼이며, 소속보다는 참여의 빈도와 기여도가 중심
- 학생, 교수, 시민, 기업가, 예술가 모두 학습자이자 교육자가 될 수 있음

학습 시스템 : 감응형 AI 학습

- AI가 뇌파, 맥박, 안구 움직임 등을 분석해 학습자의 집중도와 감정 상태를 파악
- 이에 따라 콘텐츠 난이도, 방식(시각·청각·촉각), 학습 시간 등을 실시간으로 조절

- AI 튜터는 GPT 등 언어모델 + 뇌신호 해석 알고리즘 + 감정 공감 시스템으로 구성됨

예: 지루해하는 상태일 때, 수업을 스토리텔링이나 게임 형식으로 전환
집중이 높아지면 고차원 개념으로 확장해주며, 필요한 경우 실시간 피드백 제공

교수 체계 : 인간과 AI의 통합 교수진

역할	AI 교수 파트너	인간 교수의 역할
콘텐츠 제공	맞춤 콘텐츠 생성	전문성 있는 방향성 제시
평가 및 진단	실시간 학습 분석	사회적·윤리적 맥락 해석
피드백	개별 맞춤 코멘트, 연습문제 생성	토론 지도, 문화적 통찰 제공
멘토링	하루 24시간 지속 가능	정서적 공감 및 경험 공유

교수는 콘텐츠 전달자가 아니라 지식 안내자, 비판적 해석자, 정서적 리더로 전환된다.

교과과정 구조 – 문제 기반·경험 중심·실시간 생성형 커리큘럼

완전 모듈화 학습 시스템

- 커리큘럼은 2~5일 단위의 '마이크로 모듈'로 구성됨
- 학습자의 목표에 따라 모듈이 자동으로 조합
- 프로젝트 기반 학습 중심: "문제 해결 중심 학습"

하이브리드 콘텐츠 형식

- 텍스트 + 영상 + VR 시뮬레이션 + BCI 직접 학습(뇌파 자극)까지 연계
- 하나의 개념을 다양한 감각을 통해 반복적 경험으로 익힘

예: '중세 역사' 수업 → 아바타로 중세 도시를 직접 탐험하며 NPC와 대화 → 실시간 AI 브리핑 → 뇌파 학습 강화 모드로 전환

즉시 반영 학습(Just-in-Case → Just-in-Time → Just-in-Mind)

- 미래를 대비한 교육이 아닌, 지금 해결해야 할 문제 중심의 실전형 학습
- 상황과 맥락에 따라 필요한 지식을 즉시 제공받아 적용 → 성찰 → 확장

평가 방식 – 점수가 아닌 성취 여정 중심의 블록 인증

방식	설명
역량 블록 인증 시스템	학습자가 수행한 프로젝트, 콘텐츠 제작, 피어 피드백 등을 블록 단위로 저장
성장 알고리즘 분석	반복 실수, 회복 패턴, 시도 횟수 등 '학습의 질과 태도'를 정량적으로 시각화
학습 경제화(Learn-to-Earn)	프로젝트 참여 → 토큰 획득 → 사회 기여로 교환 가능 (DAO 운영과 연계)
공개 포트폴리오 기반 평가	이수 모듈 + 결과물 + 실시간 리뷰가 하나의 NFT 포트폴리오로 저장·공유됨

오메가 캠퍼스가 가능해지는 이유

요인	설명
생성형 AI의 고도화	학습 콘텐츠, 평가, 대화형 피드백을 실시간 생성 가능
BCI(뇌-컴퓨터 인터페이스)의 상용화	신체적 입력 없이 뇌파 기반의 직접 학습 환경 도달
글로벌 네트워크 기반 확장	국경 없는 협업 캠퍼스 실현, 시간차 없는 공동 수업 가능
블록체인 기술의 안정화	인증, 평가, 수익 배분이 투명하게 관리됨
탈학위·자기설계 학습 확산	학위 중심 구조 붕괴, '문제 해결력 중심' 패러다임 대두

오메가 캠퍼스는 단순히 진보된 교육 시스템이 아니다. 그것은 인간과 기술, 감정과 지식, 사회와 개인이 통합된 새로운 지식 생태계

이다. 여기서 학습은 시간표가 있는 활동이 아니라, 언제나 학습자가 선택할 수 있는 존재 방식이다. 교수는 지식 전달자가 아니라 관계의 큐레이터이고, 학생은 수용자가 아니라 지식의 창조자이며, 대학은 울타리가 아니라 열린 네트워크 플랫폼이다. 2040년 오메가 캠퍼스는 가능하며, 이미 그 토대는 지금 우리 곁에 와 있다. 오메가 캠퍼스는 대학의 종착지가 아니라, 대학 교육을 재설계하는 과정이며 지식 생태계와 연구 생태계를 변화시키는 지식의 새로운 패러다임 변화의 시작점이다.

평가 구조 : 실천 기반 평가 시스템

평가 요소	기준
프로젝트 기여도	실제 문제 해결 과정에서의 기여 점수
사회적 피드백	시민·기업·기관의 실제 사용자 평가
학습 확장력	이전 학습을 얼마나 창의적으로 재활용했는가
AI 코멘트 리포트	AI가 수집한 학습 패턴, 성실도, 문제 해결 전략
피어 리뷰	동료 간 평가 + 협업 점수 반영

- 졸업장 대신 지능형 학습 패스포트(디지털 역량 증명서) 발급
- 학위 대신 성취한 프로젝트의 질과 맥락이 평생 기록됨

캠퍼스 구조 : 물리 + 가상 하이브리드 공간

요소	설명
물리 공간	실험, 협업, 감성 경험용 소형 캠퍼스 유지 (각 지역에 분산 형태)
가상 공간	메타버스 기반 글로벌 학습 공간 운영, 수천 명과 동시에 협업 가능
이동성	한 프로젝트를 위해 여러 도시 캠퍼스를 유동적으로 이동 가능
커뮤니티 공간	디지털 카페, 창작소, 포럼룸 등 아바타 교류 중심 공간 다수 확보

실제 운영 시나리오(하루 사례)

실제 오메가캠퍼스에서 일어나는 일상을 시나리오로 정리해보면 다음과 같은 사례가 가능하다.

2040년, "김OO(38세)"의 하루

- 오전 9시 – '기후정의 랩' 접속. 전 세계 학습자들과 아바타 회의
- 오전 11시 – AI 튜터로부터 "탄소세 정책 시뮬레이션 결과" 피드백 수령
- 오후 1시 – VR 환경에서 대체에너지 기업 CEO와 실시간 토론
- 오후 3시 – 오프라인 캠퍼스에서 실험(폐열 재활용 모델 제작)
- 오후 5시 – 학습 패스포트에 하루 학습 리포트 자동 저장 + 다음 주제 추천

2040년형 대학이 갖는 사회적 기능(대학의 해체)

오메가 캠퍼스의 등장 가능성(이미 등장 중이다)은 기존 대학을 해체하고 재설계해야 한다는 의미를 가진다. 기존 대학의 모습은 급격히 변화할 것이며 하드웨어적 캠퍼스는 남을지 모르나 대학 교육이 의미는 기능, 과정, 내용은 획기적으로 재설계되고 바꾸어질 것이다. 이 점에서 2040년형 대학이 갖는 사회적 기능을 요약하여 도표로 만들면 다음과 같다.

기능	설명
교육 기관	시민이나 학습자 누구나 지식에 접근할 수 있는 열린 공간
혁신 실험실	문제 해결의 실전 아이디어가 나오는 창작 기관
커뮤니티 플랫폼	지역 사회, 시민 조직, 기업과 지속 연결되는 지식 생태계
역량 인증소	기존의 학위 시스템을 대신할 평생 포트폴리오 생성지
창직(創職) 공간	대학에서 배운 것을 기반으로 새로운 직업을 창출하는 곳

2040년형 대학은 우리가 알고 있는 '대학교'의 모습과 완전히 다르다.

그러나 그 본질 - 지식을 통해 인간과 사회를 성장시키는 공간이라는 점은 동일하다.

다만 고정된 커리큘럼이 아니라 개인화된 학습 여정, 일방향 강의가 아니라 문제 중심 협업, 교수의 권위가 아니라 AI와 인간의 파트너십, 졸업장이 아니라 실전 문제 해결 포트폴리오가 중심이 된다. 대학은 이제 더 이상 하나의 건물이 아니다. 그것은 연결된 지식, 살아 있는 문제, 그리고 성장의 흐름 전체를 담는 하나의 생태계 이다.

제6장

하버드 이후 새로운 대학

- 학습 플랫폼
- 학점 패스포트
- 블록체인 학습 패러다임
- 경험 중심 넷-버스티

21세기는 기술 혁명의 새로운 장을 열고 있으며, 인공지능(AI)은 그 중심에 자리 잡고 있다. 교육 분야는 이 기술적 변혁의 최전선에 위치하고 있으며, 근본적인 패러다임 전환을 경험하고 있다. AI 기술의 급속한 발전은 교육 생태계를 근본적으로 재구성하고 있다. 전통적인 일방향적 지식 전달 모델은 점차 개인화되고 지능적인 학습 시스템으로 대체되고 있다. 머신러닝과 데이터 분석 기술의 발전으로, 교육은 이제 학습자 개개인의 고유한 인지 패턴과 학습 스타일에 정밀하게 대응할 수 있게 되었다.

현재 교육 현장에서 AI는 단순한 보조 도구를 넘어 혁신적인 학습 파트너로 자리 잡고 있다. 적응형 학습 플랫폼, 지능형 튜터링 시스템, 실시간 성과 분석 등은 이미 교육의 새로운 표준이 되어가고 있다. 이러한 기술들은 학생들에게 맞춤형 학습 경험을 제공하는 동시에, 교수들에게는 보다 전략적이고 창의적인 교육 접근법에 집중할 수 있는 기회를 제공한다. 그러나 AI의 교육적 통합은 단순한 기술 도입을 의미하지 않는다. 이는 학생과 교수의 근본적인 역할 재정립을 요구한다. 학생들은 이제 수동적 지식 수용자가 아니라, 능동적인 학습 설계자이자 AI 도구와 협업할 수 있는 혁신가로 성장해야 한다. 교수들 역시 전통적인 강의자에서 학습 생태계의 전략적 설계자이자 멘토로 진화해야 한다. AI 시대의 교육은 기술과 인간성의 섬세한 균형을 요구한다. 단순히 기술을 도입하는 것이 아니라, 인간 고유의 창의성, 감성 지능, 비판적 사고력을 AI 기술과 어떻게 융합할 것인가가 핵심적인 과제가 될 것이다.

2040년에는 많은 변화가 올 것이며 특히 대학 교육은 우리가 예견하는 것보다 훨씬 큰 변화를 경험하게 될 것이다. 그 큰 변화들의 경우에는 AI에 의한 학습 혁명으로 현재의 학습 형태나 과정 그리고 평가 절차 등에 있어서 획기적인 변화가 예견될 것이다. 2040년을 전후로 기술 혁신, 사회 구조 변화, 학습 방식이 급격히 이루어져 대학의 모습이 온전히 달라질 수 있다. 대학 캠퍼스는 생성형 AI와 양자 컴퓨터를 주축으로 하는 기술 변화의 견인에 따라 이 기술은 톱 대학들의 새로운 심장이 될 것이다. 한마디로 대학은 지능화된 대학의 특성으로 변화할 것이고 그 특성은 소위 '3S 대학'의 모습으로 전환할 것이다. 3S 대학은 지능형 대학(Smart college), 초메가대학(Super mega college), 초고속지능 대학(Super Intelligent college)의 특성을 지니게 될 것이다(이현청, 2018).

이러한 점에서 학생과 교수들의 역할과 자세가 완전히 바뀌져야 한다. 이러한 변화들은 학습 플랫폼의 필요성과 개방성, 유연성, 개별 학습의 혁신적 확산 등이다. 이 점에서 21세기 고등교육은 근본적인 변화의 시기를 맞이하고 있다. 전통적인 대학 교육 모델은 급변하는 글로벌 환경과 기술 혁신에 점점 더 적응하기 어려워지고 있다. 특히 하버드 대학과 같은 명문 대학들조차도 기존의 교육 패러다임을 근본적으로 재검토해야 하는 상황에 직면해 있다. 전통적인 대학 교육의 주요 한계는 다음과 같다. 첫째, 경직된 커리큘럼과 시간과 공간에 의해 제한된 학습 방식은 현대 학습자들의 다양한 요구를 충족시키지 못하고 있다. 둘째, 급격히 변화하는 노동시장에 대응하는 유연성이 부족하며, 실무 중심의 실질적인 역량 개발에 한계가 있다.

하버드 대학은 오랫동안 고등교육의 표준을 제시해왔지만, 최근에는 스스로도 교육 혁신의 필요성을 인식하고 있다. 온라인 플랫폼 edX를 공동 설립하는 등 디지털 학습 환경으로의 전환을 적극적으로 모색하고 있다. 이는 전통적인 대학의 역할과 기능이 근본적으로 재정의되고 있음을 보여주는 중요한 신호이다.

글로벌 교육 생태계는 이제 개방성, 유연성, 접근성을 핵심 가치로 삼고 있다. 지리적 제약을 뛰어넘는 온라인 학습 플랫폼, 개인의 학습 속도와 스타일에 맞춘 맞춤형 교육 등이 새로운 고등교육의 방향을 제시하고 있다. 이러한 변화는 단순한 기술적 혁신을 넘어 교육의 본질적인 가치와 접근 방식을 근본적으로 변화시키고 있다.

학습 플랫폼

현대 사회에서 학습 플랫폼은 단순한 기술적 도구를 넘어 교육 혁신의 핵심 매개체로 자리 잡고 있다. 급변하는 기술 환경과 글로벌 노동시장에서 전통적인 교육 모델은 점점 더 한계를 드러내고 있으며, 이를 극복하기 위해 혁신적인 학습 플랫폼의 역할이 그 어느 때보다 중요해지고 있다. 새로운 학습 플랫폼의 핵심 가치는 접근성, 유연성, 그리고 개인화된 학습 경험이다. 이러한 플랫폼은 지리적, 시간적 제약을 뛰어넘어 전 세계 학습자들에게 고품질 교육 자원을 제공한다. 특히 인공지능과 빅데이터 기술의 발전은 학습자 개개인의 학습 패턴과 능력에 최적화된 맞춤형 교육 경로를 설계할 수 있게 해준다.

특히 디지털 네이티브 세대의 등장은 이러한 플랫폼의 중요성을 더욱 부각시킨다. 이들은 전통적인 수동적 학습 방식보다는 상호작용적이고 유연한 학습 환경을 선호한다. 따라서 현대의 학습 플랫폼은 단순한 지식 전달을 넘어 협업, 문제 해결, 창의적 사고를 촉진하는 종합적인 학습 생태계로 진화하고 있다. 더불어, 급격히 변화하는 기술 환경에서 평생 학습의 중요성이 커지면서, 학습 플랫폼은 지속적인 역량 개발을 지원하는 중요한 인프라로 자리 잡고 있다. 이는 단기 직업 훈련부터 심화 전문 지식 습득까지 다양한 학습 요구를 충족시키는 통합적인 접근을 가능하게 한다. 결론적으로, 현대의 학습 플랫폼은 교육의 민주화와 개인화를 실현하는 혁신적인 도구로 자리 잡고 있으며, 미래 교육 패러다임을 근본적으로 재정의하고 있다.

온라인 학습 플랫폼의 부상 – MOOC의 영향력

MOOC(Massive Open Online Courses)의 등장은 21세기 고등교육의 패러다임을 근본적으로 변화시킨 혁명적인 현상이다. 이 온라인 학습 플랫폼은 지리적, 경제적 장벽을 허물고 전 세계 누구나 고품질 교육에 접근할 수 있는 기회를 제공한다.

Coursera, edX, Udacity와 같은 주요 MOOC 플랫폼들은 세계 최고의 대학들의 강좌를 무료 또는 저렴한 비용으로 제공함으로써 대학 교육의 보편화를 실현하고 있다. 예를 들어, 스탠퍼드 대학의 머신러닝 강좌나 MIT의 컴퓨터 공학 과목 등 전통적으로 접근하기 어려웠던 고급 강좌들을 전 세계 학습자들이 쉽게 수강할 수 있게 되었다. MOOC의 주요 장점은 다음과 같다.

- 학습의 유연성 : 시간과 장소에 구애받지 않고 개인의 학습 속도에 맞춰 교육을 받을 수 있다.

- 글로벌 접근성: 개발도상국의 학습자들도 세계적 수준의 교육 자원에 접근할 수 있다.
- 다양한 학습 형태: AI 친화적 강의, 비디오 강의, 퀴즈, 토론 포럼 참여 기법 등 다양한 학습 방식을 제공한다.

특히 개발도상국에서 MOOC는 교육 불평등을 해소하는 중요한 수단으로 자리 잡고 있다. 인터넷만 있다면 세계 최고의 대학 강좌를 무료로 수강할 수 있어, 교육의 기회를 획기적으로 확대하고 있다. 그러나 MOOC는 완벽한 해결책은 아니다. 낮은 수료율, 개인화된 학습 지원의 한계, 실제 학점 인정 문제 등 여전히 극복해야 할 과제들이 존재한다. 이러한 한계에도 불구하고, MOOC는 전통적인 교육 모델에 근본적인 도전을 제기하고 있으며 미래 교육의 새로운 가능성을 보여주고 있다.

온라인 학습 플랫폼의 부상 – 주요 플랫폼의 비교

온라인 학습 플랫폼의 대표주자인 Coursera, edX, Udacity는 각각 독특한 접근 방식으로 고등교육의 디지털 혁신을 주도하고 있다.

Coursera는 가장 광범위한 과정을 제공하는 플랫폼으로, 170개 이상의 대학 및 기관과 협력하여 4,300개 이상의 강좌를 운영하고 있다. 특히 비즈니스, 컴퓨터 과학, 데이터 사이언스 분야에서 강점을 보이며, 개인 학습자뿐 아니라 기업 직원 교육 프로그램도 활발히 제공한다.

edX는 하버드와 MIT가 공동 설립한 플랫폼으로, 학문적 엄격성에 중점을 둔다. 비영리 목적으로 운영되며, 연구 기반의 심도 있는 강좌를 제공한다. 특히 컴퓨터 과학, 공학, 인문학 분야에서 높은 평가를 받고 있으며, 학위 과정과 마이크로 학위(Micro-Degree) 프로그램을 적극적으로 개발하고 있다.

Udacity는 실무 중심의 기술 교육에 특화된 플랫폼이다. 구글, 페이스북 등 기술 기업들과 긴밀히 협력하여 실제 산업 현장에서 요구되는 실무 역량을 중심으로 나노 디그리(Nano Degree) 프로그램을 개발했다. 특히 인공지능, 자율주행, 클라우드 컴퓨팅 등 첨단 기술 분야의 실무 교육에 강점을 보인다.

세 플랫폼의 공통점은 유연한 학습 방식과 글로벌 접근성이다. 시간과 장소의 제약 없이 전 세계 학습자들이 고품질 교육을 받을 수 있으며, 개인의 학습 속도와 스타일에 맞춘 맞춤형 학습 경험을 제공한다. 그러나 여전히 낮은 수료율(평균 10% 미만)과 상호작용의 한계, 실제 학점 인정 문제 등은 해결해야 할 과제로 남아 있다. 이러한 한계에도 불구하고, 이들 플랫폼은 교육의 민주화와 개인화를 실현하는 혁신적인 도구로 자리 잡고 있다.

혼합형 학습 모델의 발전 – 블렌디드 러닝의 효과

혼합형 학습 모델(블렌디드 러닝)은 21세기 교육의 가장 혁신적인 접근 방식 중 하나로 떠오르고 있다. 이 모델은 전통적인 오프라인 수업과 디지털 온라인 학습을 전략적으로 결합하여 학습의 효과성과 유연성을 극대화하는 교육 패러다임이다. 블렌디드 러닝의 핵심은 학습자 개인의 욕구와 학습 스타일에 맞춘 유연한 교육 환경을 제공하는 것이다. 예를 들어, 이론적 내용은 온라인 강의를 통해 사전에 학습하고, 실제 대면 수업에서는 심층 토론, 문제 해결, 실습 등에 집중하는 방식으로 운영된다. 이 학습 모델의 주요 장점은 다음과 같다.

- 개인화된 학습 속도: 학습자가 자신의 페이스에 맞춰 기본 내용을 온라인으로 학습할 수 있다.
- 상호작용 증대: 오프라인 세션에서 더 심도 있는 토론과 협업이 가능하다.
- 시간과 공간의 유연성: 온라인 콘텐츠를 통해 시간과 장소의 제약을 줄일 수 있다.
- 다양한 학습 자원 활용: 디지털 도구와 전통적인 교육 방법을 동시에 활용할 수 있다.

특히 플립드 러닝(Flipped Learning)은 블렌디드 러닝의 대표적인 형태로 주목받고 있다. 이 방식에서는 강의 내용을 사전에 온라인으로 학습하고, 대면 수업 시간에는 적용, 토론, 문제 해결에 집중한다. 이를 통해 학습자의 능동적 참여와 깊이 있는 이해를 촉진한다. 그러나 블렌디드 러닝의 성공적인 구현을 위해서는 몇 가지 도전 과제도 있다. 교수자의 디지털 역량, 적절한 기술 인프라, 학습 콘텐츠의 질 관리 등이 중요한 고려사항이다. 또한 모든 학습자가 동일한 수준의 디지털 문해(리터러시)를 가진 것은 아니므로, 이에 대한 세심한 접근이 필요하다. 결론적으로, 블렌디드 러닝은 단순한 기술적 트렌드를 넘어 교육의 본질적인 변화를 대변하는 중요한 접근 방식이다. 개인화, 유연성, 효과성을 동시에 추구하는 이 모델은 미래 교육의 핵심 패러다임으로 자리 잡을 것으로 전망된다.

플립드 러닝의 주요 장점은 학습자 중심의 개인화된 교육 경험이다. 학생들은 자신의 학습 속도에 맞춰 기본 내용을 반복 학습할 수 있으며, 교실에서는 더욱 심층적이고 상호작용적인 학습에 참여할 수 있다. 이는 단순한 지식 암기를 넘어 비판적 사고와 문제 해결 능력을 배양하는 데 효과적이다. 그러나 플립드 러닝의 성공적인 구현을 위해서는 교수자의 적극적인 설계와 지원, 양질의 온라인 콘텐츠, 그리고 학생들의 자기 주도적 학습 능력이 필수적이다. 또한 모든 학습자가 동일한 디지털 접근성과 학습 능력을 가진 것은 아니므로, 개별 학습자의 특성을 고려한 세심한 접근이 중요하다.

인공지능과 개인화 학습 – AI 기반 플랫폼

인공지능(AI) 기술은 현대 교육 시스템에 혁명적인 변화를 가져오고 있으며, 특히 개인화된 학습 경험 제공에 있어 사례가 없는 가능성을 열어가고 있다. AI 기반 학습 플랫폼의 핵심 특징은 학습자 개개인의 학습 패턴, 강점, 약점을 실시간으로 분석하고 이에 맞춘 맞춤형 학습 경로를 설계할 수 있다는 점이다.

적응형 학습(Adaptive Learning) 시스템은 이러한 AI 기술의 대표적인 예이다. 이 시스템은 학습자의 성과, 응답 속도, 오답 유형 등을 지속적으로 분석하여 실시간으로 학습 콘텐츠의 난이도와 유형을 조정한다. 예를 들어, 수학 학습 플랫폼에서 학생이 특정 유형의 문제에서 어려움을 겪으면, AI는 즉시 해당 개념에 대한 추가 설명과 유사한 난이도의 연습문제를 제공한다. 주요 AI 교육 플랫폼들은 다음과 같은 혁신적인 접근을 보여준다.

- 개인화된 학습 경로 설계 : 학습자의 개인적 능력과 학습 스타일에 맞춘 맞춤형 커리큘럼 제공
- 실시간 피드백 : 학습 과정에서 즉각적이고 상세한 개인 맞춤 피드백 제공
- 예측적 분석 : 학습자의 잠재적 학습 어려움을 사전에 예측하고 대응

특히 인공지능은 언어 학습, 수학, 프로그래밍 등 다양한 분야에서 혁신적인 개인화 학습 솔루션을 제공하고 있다. 듀오링고(Duolingo)와 같은 언어 학습 플랫폼은 AI를 활용해 사용자의 개인별 학습 속도와 효과를 최적화하고 있으며, Khan Academy는 수학 학습에서 학생 개개인의 학습 수준에 맞는 맞춤형 연습문제를 제공한다. 그러나 AI 기반 학습의 완전한 잠재력을 실현하기 위해서는 기술적 한계와 윤리적 고려사항도 중요하다 . 개인정보 보호, 데이터 보안, 알고리즘의 공정성 등은 지속적으로 해결해야 할 과제이다. 결론적으로, AI는 교육의 개인화와 접근성을 획기적으로 향상시키는 핵심 기술로 자리 잡고 있으며, 미래 교육의 패러다임을 근본적으로

재정의하고 있다.

인공지능과 개인화 학습 – 학습 경로 설계

개인화된 학습 경로는 현대 교육의 가장 혁신적인 접근 방식 중 하나로, 학습자 개개인의 독특한 능력과 학습 스타일을 최대한 고려하는 맞춤형 교육 접근법이다. 전통적인 일률적 교육 모델과 달리, 개인화된 학습 경로는 각 학습자의 강점, 약점, 관심사, 학습 속도를 종합적으로 분석하여 최적화된 교육 환경을 제공한다.

이러한 접근의 핵심은 학습자 중심의 유연한 교육 설계이다. 예를 들어, 프로그래밍을 배우는 학생들에게 완전히 동일한 커리큘럼을 적용하는 대신, 개인의 사전 지식, 학습 속도, 관심 분야에 따라 차별화된 학습 경로를 제공한다. 초보 학습자에게는 기초부터 천천히 접근하고, 이미 일부 지식을 가진 학습자에게는 더 심화된 내용을 제공할 수 있다.

AI 기술은 이러한 개인화된 학습 경로 설계의 핵심 엔진 역할을 한다. 머신러닝 알고리즘은 학습자의 학습 데이터를 실시간으로 분석하여 가장 효과적인 학습 콘텐츠와 방법을 동적으로 추천한다. 예를 들어, 수학 학습 플랫폼에서 특정 학생이 대수 문제에서 어려움을 겪으면, AI는 즉시 해당 개념에 대한 추가 설명, 맞춤형 연습문제, 보충 학습 자료를 제공할 수 있다. 개인화된 학습 경로의 주요 장점은 다음과 같다.

- 학습 동기 증대: 개인의 관심사와 능력에 맞춘 학습은 참여도와 성취감을 높인다
- 효율적인 학습: 불필요한 반복을 줄이고 개인에게 필요한 영역에 집중할 수 있다
- 학습 격차 해소: 개별 학습자의 약점을 정확히 파악하고 집중적으로 지원한다

실제로 많은 교육 기관과 기업들이 이러한 개인화된 학습 경로 모델을 적극적으로 도입하고 있다. 예를 들어, 린다(Lynda.com)와 같은 온라인 학습 플랫폼은 사용자의 기술 수준과 학습 목표에 따라 완전히 맞춤화된 학습 트랙을 제공한다. 그러나 개인화된 학습 경로의 성공을 위해서는 고품질 콘텐츠, 정교한 AI 알고리즘, 그리고 학습자의 자기 주도적 학습 능력이 동시에 갖춰져야 한다. 단순한 기술적 접근을 넘어 인간 중심의 따뜻한 교육 철학이 동반되어야 진정한 개인화 학습의 혁신을 이룰 수 있다.

글로벌 협력과 네트워크 기반 학습

글로벌 대학 간 협력은 21세기 고등교육의 핵심 트렌드로 부상하고 있다. 이러한 국제 협력 프로그램은 단순한 학술 교류를 넘어 학생들의 글로벌 역량과 문화 간 이해를 증진시키는 중요한 메커니즘으로 자리 잡고 있다.

대표적인 성공 사례로 에라스무스 플러스(Erasmus+) 프로그램

을 들 수 있다. 유럽 연합에서 운영하는 이 프로그램은 유럽 전역의 대학들 간 학생 및 교수 교환을 지원하며, 매년 수만 명의 학생들에게 국제적인 학습 기회를 제공한다. 아시아 지역에서도 유사한 협력 모델이 확산되고 있다. 예를 들어, 동남아시아 국가연합(ASEAN) 대학 네트워크는 회원국 간 학술 교류와 공동 연구를 촉진하고 있다. 이러한 프로그램들은 학생들에게 글로벌 경험을 제공하는 동시에 지역 간 상호 이해를 증진시킨다. 디지털 기술의 발전은 이러한 국제 협력에 새로운 차원을 더하고 있습니다. 화상 회의, 온라인 공동 프로젝트, 가상 교환 프로그램 등을 통해 지리적 제약을 넘어선 협력이 가능해졌다. 특히 COVID-19 팬데믹 이후 이러한 디지털 협력 모델의 중요성이 더욱 부각되고 있다. 결론적으로, 글로벌 대학 간 협력은 미래 고등교육의 필수적인 요소로 자리 잡고 있다. 이는 단순한 학술 교류를 넘어 글로벌 시민으로서의 역량을 개발하고, 국제적 네트워크를 구축하는 핵심적인 메커니즘이다.

글로벌 네트워크 기반 프로젝트 학습

글로벌 프로젝트 기반 학습은 21세기 교육의 가장 혁신적인 접근 방식 중 하나로, 국경을 넘어 학생들이 협력하고 글로벌 문제를 함께 해결하는 학습 모델이다. 이 접근법은 단순한 지식 전달을 넘어 실제 세계의 복잡한 문제를 다루는 협력적이고 맥락 중심적인 학습 경험을 제공한다.

대표적인 성공 사례로 MIT의 글로벌 STEM 협력 프로젝트를 들 수 있다. 이 프로젝트에서는 전 세계 5개국의 대학생들이 기후변화 대응을 위한 혁신적인 기술 솔루션을 공동 개발했다. 학생들은 화상 회의와 온라인 협업 도구를 활용해 지속 가능한 에너지 솔루션을 설계하고, 최종적으로 실제 프로토타입까지 개발하는 성과를 거두었다. 또 다른 주목할 만한 사례는 유엔(UN)의 지속 가능발전목표(SDGs) 기반 글로벌 학습 프로젝트이다. 전 세계 30개국의 대학생들이 빈곤, 불평등, 기후변화 등의 글로벌 이슈에 대해 공동 연구하고 혁신적인 해결책을 모색했다. 이 프로젝트를 통해 학생들은 단순한 학술적 지식을 넘어 실질적인 사회 문제 해결 능력을 배양했다. 글로벌 프로젝트 기반 학습의 주요 장점은 다음과 같다.

- 다문화적 역량 개발: 다양한 문화적 배경의 학생들과 협업하며 글로벌 이해력 증진
- 실무 중심 학습: 실제 세계의 복잡한 문제를 직접 해결하는 경험 제공
- 디지털 협업 능력 향상: 온라인 협업 도구와 커뮤니케이션 기술 개발
- 네트워크 구축: 국제적 학술 및 전문 네트워크 형성

디지털 기술은 이러한 글로벌 프로젝트 학습의 핵심 기반이 되고 있다. 화상 회의 플랫폼, 클라우드 협업 도구, 실시간 번역 기술 등을 통해 지리적 제약을 넘어선 협력이 가능해졌다. 결론적으로, 글로벌 프로젝트 기반 학습은 미래 교육의 핵심 패러다임으로 자리 잡고 있다. 이는 단순한 학술적 교류를 넘어 글로벌 시민으로서의 역

량을 개발하고, 복잡한 세계 문제에 대한 혁신적 해결책을 모색하는 중요한 학습 접근법이다.

실무 중심의 대안적 고등교육 모델 – 부트캠프(Boot Camp)[18]

코딩 부트캠프는 21세기 급변하는 기술 환경에 대응하는 혁신적인 교육 모델로 부상하고 있다. 전통적인 4년제 컴퓨터 공학 프로그램과 달리, 부트캠프는 단기간에 집중적이고 실무 중심적인 기술 교육을 제공한다. 일반적인 부트캠프는 3-6개월의 집중 과정으로, 웹 개발, 데이터 사이언스, 사이버 보안 등 실제 산업 현장에서 직접 필요로 하는 실무 기술을 빠르게 습득할 수 있도록 설계되어 있다. 이러한 프로그램의 핵심 특징은 실제 프로젝트 중심의 학습, 산업 전문가들의 직접 멘토링, 그리고 취업 지원까지 포함하는 종합적인 접근이다. 부트캠프의 주요 장점은 다음과 같다.

- 빠른 기술 습득: 짧은 기간에 집중적인 실무 기술 학습
- 취업 연계성: 기업의 실제 요구에 부합하는 실무 중심 교육
- 유연한 학습 모델: 전일제, 시간제, 온라인 등 다양한 학습 방식 제공

18 부트캠프는 코딩 캠프의 줄인 말로서 단기간에 집중적으로 코딩 지식을 가르치는 방식으로 소프트웨어 개발자를 양성하는 교육 프로그램을 말한다.

- 낮은 진입 장벽 : 전통적인 대학 교육에 비해 상대적으로 저렴한 학습 비용

대표적인 성공 사례로 Fullstack Academy와 같은 부트캠프는 90% 이상의 취업률을 달성하며, 졸업생들의 초기 연봉이 평균 75,000달러에 달하는 등 괄목할만한 성과를 보여주고 있다. 그러나 부트캠프가 완벽한 해결책은 아니다. 깊이 있는 이론적 배경 부족, 장기적인 기술 발전의 한계, 일부 기업의 편견 등은 여전히 극복해야 할 과제이다. 따라서 부트캠프는 전통적인 대학 교육을 완전히 대체하기보다는 보완적인 교육 모델로 자리 잡고 있다. 결론적으로, 코딩 부트캠프는 급변하는 기술 산업에서 실무 중심의 빠르고 효과적인 학습을 가능하게 하는 혁신적인 대안적 교육 모델로 평가받고 있다. 평생 학습의 시대에 개인의 기술 역량을 신속하게 업그레이드할 수 있는 중요한 교육 플랫폼으로 자리 잡고 있는 것이다.

학점 패스포트

21세기 고등교육은 근본적이고 혁명적인 변화의 시기를 겪고 있다. MOOC, 블렌디드 러닝, AI 기반 개인화 학습, 글로벌 협력 프로그램 등 새로운 학습 플랫폼은 전통적인 대학 교육의 패러다임을 근본적으로 재정의하고 있다. 이러한 변화의 핵심은 교육의 접근성, 유연성, 개인화에 있다. 더 이상 대학 교육은 제한된 시간과 공간에 묶여 있지 않으며, 학습자 개개인의 필요와 잠재력에 맞춘 맞춤형 교육 경험을 제공한다. AI 기술과 디지털 플랫폼은 학습자의 학습 패턴을 실시간으로 분석하고, 개인에게 최적화된 학습 경로를 제시할 수 있게 되었다. 전통적인 대학의 역할도 근본적으로 변화할 것으로 예상된다. 단순한 지식 전달자에서 학습 경험의 설계자, 멘토, 그리고 글로벌 네트워크의 허브로 진화할 것이다. 물리적 캠퍼스는 여전히 중요하겠지만, 온라인 및 하이브리드 학습 모델과 긴밀하게 통합될 것이다.

한마디로 미래 대학 교육의 성공은 지속적인 혁신과 적응 능력에 달려 있다. 급변하는 기술 환경, 진화하는 노동시장, 글로벌화되는 사회에 능동적으로 대응할 수 있는 유연한 교육 생태계가 필요하다. 이는 단순한 기술 도입을 넘어 교육의 본질적 목적인 개인의 성장과 사회 발전에 대한 깊은 성찰을 동반해야 한다. 코딩 부트캠프, 기업-대학 협력 모델, 글로벌 프로젝트 기반 학습 등 대안적 교육 모델의 부상은 이러한 변화의 중요한 신호이다. 이러한 모델들은 실무 중심, 협업, 문제 해결 능력을 강조하며 미래 인재 양성의 새로운 패러다임을 제시한다.

지능형 학습 패스포트(Intelligent Learning Passport)

한 개인이 생애 전반에 걸쳐 어떤 지식을 배우고, 어떤 기술을 익히고, 어떤 방식으로 성장했는지를 디지털 형태로 기록하고 인증하는 '개인 맞춤형 학습 이력 시스템'이다. 기존의 성적표나 졸업장은 '한 시점의 결과'를 보여주는 정적 문서였다면, 지능형 학습 패스포트는 AI 기술을 바탕으로 개인의 역량 성장 경로, 학습 습관, 취약점, 성취도, 협업 이력까지 모두 담아낸 동적 포트폴리오이다. 이 패스포트는 학습자 본인의 소유이며, 언제든지 업데이트되고, 다양한 플랫폼과 연동되며, 기업, 교육기관, 정부, 커뮤니티 등에서 신뢰 가능한 인증 수단으로 활용될 수 있다. 왜 지능형 학습 패스포트가 등장하게 되었으며 핵심 구성요소는 무엇인지에 관해서는 다음 도표에서 요약 정리되어 있다.

왜 지능형 학습 패스포트가 등장하게 되었는가?

변화 요인	설명
학위와 자격증의 한계	동일한 학위를 가진 사람의 역량이 실제로는 매우 상이함 → '개인화된 역량 증명' 필요
AI 기반 맞춤학습 확산	학습자가 어떤 방식으로 성장했는지를 실시간 추적·해석할 수 있는 시스템 필요
경력·직무의 다변화	평생 직업이 사라지고, 다중 직무·다중 소속이 일반화됨 → '종합적 학습 이력' 필요
신뢰 가능한 학습 인증 수단 필요	온라인 수업, 프로젝트 기반 학습의 증가 → 정식 인증 없이도 역량을 증명해야 함
기술 기반 채용 확산	채용과 학습이 연결되는 구조에서 '지식 이력서'가 중심이 됨

지능형 학습 패스포트의 핵심 구성요소

구성 항목	기능 및 예시
1. 학습 활동 기록	수강 강좌, 도서, 실습, 수료증 등 자동 저장 (예: MOOC 강의 이력, 책 요약 기록 등)
2. 역량 매핑	학습 내용을 기반으로 실시간 역량 평가 (예: 창의력, 논리력, 협업능력 점수화)
3. 실전 과제·포트폴리오	프로젝트 결과물, 팀 활동, 발표 영상, 토론 내용 등 저장
4. AI 튜터 피드백 이력	학습 중 받은 AI 피드백, 개선 기록, 오류 유형 분석
5. 학습 경로 시각화	시간에 따른 관심사 변화, 반복 학습 주기, 역량 성장 그래프 등 시각화 제공
6. 인증 및 공유 기능	블록체인 기반 검증 시스템과 연동하여, 기업·기관에 투명하게 공유 가능

이처럼 학생의 자기주도 학습 설계 도구의 하나인 지능형 패스포트는 AI가 추천하는 학습 경로를 기반으로, 학생 스스로 자신의 취약점과 강점을 확인하며 개인화된 커리큘럼을 구성할 수 있다. 예를 들어 논리적 사고는 우수, 수학적 추론은 부족 → 기초 수학 모델링 + 비판적 사고 수업 추천 등이 경로로 분석되어 학습 패스포트에서 학습 설계가 가능하다.

기업의 채용 및 재교육 플랫폼

학위를 보는 대신, 지원자의 패스포트를 분석하여 실제 수행 가능한 업무를 판단한다. 또한 입사 후에도 사내 학습 경로와 연동해 재교육과 승진 전략에 활용한다. 예를 들어 프로젝트 관리 경험 5건 + 협업 강점 그리고 중간관리자 후보 우선 선정 등과 같은 내용을 패스포트로 정리하여 기록을 활용한다.

정부·학교의 공공 인증 시스템

정부는 학습 포트폴리오를 디지털 사회보장 시스템에 통합시켜, 교육 바우처 제공, 공정한 기회 제공, 성인 재교육 프로그램 제공 시 신뢰 가능한 기준으로 삼는다. 예를 들어 구직자 A의 최근 2년간 AI, ESG 관련 수업을 수료하면 전환 직종 훈련비 우선 배정 등을 정부·학교에서 공적으로 인증하여줌으로써 학점 패스포트를 통해 개별 학습자의 학습 이력을 인정받게 된다. 또한 학습형 커뮤니티와 DAO의 신뢰 도구로서 메타버스나 블록체인 기반 커뮤니티에서는 구성원이 지식 기여를 증명할 때 패스포트 인증을 통해 역할 부여와 보상을 받을 수 있다. 예를 들어 Web3 교육 플랫폼에서 기여도가 높은 사용자는 '튜터 역할 + 보상 NFT' 수령 등과 같은 사례이다.

실제 적용 사례 3가지

① UNESCO의 Learning Passport 프로젝트

- 코로나19 이후 오프라인 교육이 중단된 국가들을 위해 만들어진 프로젝트이다
- 학생들의 학습 이력을 디지털화하고 글로벌 인증 체계로 연결한다
- 그리고 마이크로소프트와 협업하여 디지털 학습 이력 시스템을 구축한다

② 핀란드 MyData 패스포트

- 학습·경력·건강 데이터까지 모두 개인이 소유한다
- AI 추천 기반으로 평생 커리어 설계와 함께 정부 인증 연동 가능한 패스포트이다

③ 에스토니아 블록체인 기반 학습 인증 시스템

- 초·중·고부터 평생교육 이력까지 블록체인에 기록한다

- 기업, 기관이 인증 요청 시 자동 검증 가능하다
- 민간 플랫폼과도 연동되어 개인의 자율 학습 설계 지원을 한다

2040년 지식 사회에서의 전망

앞장들에서 설명한 바대로 2040년 지식 사회와 생애 지식 사회의 도래에 따라 학위 없는 사회, 경력초월 사회, 학습 패스포트 사회는 몇 가지 관점에서 변화와 활용 방식 등이 혁신적으로 바뀌워질 가능성이 높다. 이러한 지식 사회에서의 전망을 더 요약해보면 다음과 같다.

변화 영역	전통 방식	지능형 패스포트 도입 후
학습 인증	졸업장, 시험 성적	지속형 AI 기반 역량 분석
교육 선택	학교 중심 커리큘럼	개인 중심 맞춤 경로
채용 방식	학력 필터 기반	실력 기반 역량 분석
경력 관리	이력서 작성 위주	자동 생성되는 학습 여정 기록
교육 복지	선발 기준 중심	학습 기반 우선 기회 제공

과거의 학습 증명은 정적이고 일회적이었다. 그러나 2040년의 지식 사회에서는 끊임없이 배우고 갱신하고, 나누는 사람이 중심이 된다. 지능형 학습 패스포트는 단지 자격을 증명하는 도구가 아니다. 이것은 자기 자신이 누구인지, 어떻게 성장하고 싶은지를 설계하

고 추적하는 개인의 지식 나침반이다. 누구나 배우는 시대, 배움의 신뢰를 만드는 기술이 곧 패스포트이다.

블록체인 학습 패러다임

블록체인 기술은 디지털 세계의 새로운 혁명으로, 중앙화된 시스템 대신 분산된 네트워크를 통해 정보를 안전하고 투명하게 관리하는 혁신적인 접근법이다. 마치 여러 사람이 동시에 같은 장부를 공유하고 검증하는 것과 같이, 블록체인은 데이터의 신뢰성과 보안성을 획기적으로 높인다.

교육 분야에서 블록체인 기술은 전통적인 학습 시스템을 근본적으로 변화시킬 잠재력을 가지고 있다. 학위 검증, 개인 학습 이력 관리, 지적 재산권 보호 등 다양한 영역에서 혁신적인 솔루션을 제공할 수 있다. 블록체인 학습 패러다임은 학습자 중심의 개인화된 교육 생태계를 만들어가는 새로운 접근 방식이다. 이는 단순한 기술적 도구를 넘어, 교육의 투명성, 접근성, 그리고 개인의 학습 주권을 강화하는 근본적인 변화를 의미한다.

블록체인 기술의 핵심 특성

블록체인 기술의 핵심 특성은 전통적인 중앙집중식 시스템과 근본적으로 다른 혁신적인 접근 방식을 제공한다. 이 기술의 가장 중요한 특징은 분산화된 데이터 저장 방식이다. 중앙 서버가 아닌 네트워크에 참여하는 모든 노드가 동일한 데이터베이스의 복사본을 보유하고 검증하는 방식으로, 단일 실패 지점(single point of failure)을 근본적으로 제거한다.

분산화는 투명성과 신뢰성의 기반이 된다. 모든 거래와 변경 사항이 네트워크의 모든 참여자에게 공개되며, 이는 완전한 투명성을 보장한다. 어느 한 참여자가 데이터를 조작하려 해도 다른 노드들의 검증을 통과할 수 없기 때문에, 데이터의 무결성이 보장된다.

스마트 계약은 블록체인 기술의 또 다른 혁신적 요소로, 자동화된 실행 가능한 계약 프로토콜을 의미한다. 미리 정의된 조건이 충족되면 자동으로 계약 조건이 실행되는 방식으로, 중개자 없이 신뢰할 수 있는 거래를 가능하게 한다. 예를 들어, 교육 분야에서는 학습 목표 달성 시 자동으로 자격증을 발급하거나 인센티브를 지급하는 등의 활용이 가능하다.

보안성은 블록체인 기술의 핵심 강점이다. 암호화 기술과 분산합의 메커니즘을 통해 데이터의 변조와 해킹을 사실상 불가능하게 만든다. 각 블록은 이전 블록의 해시 값을 포함하고 있어, 한 블록을 변경하려면 이후의 모든 블록을 동시에 변경해야 하는데, 이는 현실적으로 불가능하다. 이러한 특성들이 결합되어 블록체인은 교육을 포함한 다양한 영역에서 혁신적인 솔루션을 제공할 수 있는 잠재력을 가진다. 투명하고, 안전하며, 신뢰할 수 있는 시스템을 구축할 수 있는 것이다.

교육 분야에서의 블록체인 적용 사례

블록체인 기술은 교육 분야의 오래된 문제들의 혁신적인 해결책을 제시하고 있다. 특히 학위 및 자격증 검증 시스템과 학습 이력 관리 영역에서 그 잠재력이 두드러진다.

학위 및 자격증 검증은 전통적으로 시간이 많이 소요되고 비용이 높은 과정이었다. 기관들은 발급된 자격증의 진위를 확인하기 위해 수동적이고 비효율적인 방식에 의존해왔다. 블록체인 기술은 이 과정을 근본적으로 변화시킬 수 있다. 각 자격증이 블록체인에 불변의 디지털 기록으로 저장되어 즉각적이고 신뢰할 수 있는 검증이 가능해진다. 예를 들어, 졸업생이 취업을 위해 학위를 제출할 때, 고용주는 블록체인 네트워크를 통해 몇 초 만에 해당 학위의 진위를 확인할 수 있다. 이는 학력 사기를 방지하고, 검증 과정을 획기적으로 간소화한다. 학습 이력 관리 측면에서도 블록체인은 혁신적인 접근법을 제공한다. 전통적인 학습 기록은 학습기관별로 분산되고, 이동이 어려워, 종종 통합적 관리 측면에서 불완전했다. 블록체인 기반 학습 포트폴리오는 학습자가 자신의 모든 교육 경험을 안전하고 영구적으로 기록하고 관리할 수 있게 한다.

온라인 강좌, 워크숍, 비형식 교육 경험 등 다양한 학습 활동이 디지털 자격증으로 블록체인에 저장될 수 있다. 학습자는 이러한 기록을 완전히 소유하고, 필요할 때 즉시 공유할 수 있다. 이는 평생 학습 시대에 개인의 학습 여정을 보다 포괄적으로 문서화할 수 있게 해준다. 더불어, 블록체인 기반 시스템은 교육 콘텐츠 공유와 지적 재산권 보호에도 중요한 역할을 할 수 있다. 연구자와 교육자들은 자신의 콘텐츠에 대한 명확한 소유권을 가질 수 있으며, 그 사용과 인용을 투명하게 추적할 수 있다. 이러한 응용 사례들은 블록체인 기술이 단순한 기술적 혁신을 넘어, 교육 생태계 전반을 변화시킬 수 있는 잠재력을 가지고 있음을 보여준다. 투명하고, 안전하며, 학습자 중심적인 새로운 교육 인프라를 만들어가고 있는 것이다.

블록체인 기반 학습 모델

블록체인 기술은 교육 패러다임에 근본적인 변화를 가져올 수 있는 혁신적인 학습 모델을 제시한다. 특히 개인화된 학습 경로와 학습자 간 학습 네트워크는 기존 교육 시스템의 한계를 극복할 수 있는 새로운 접근 방식을 제공한다. 개인화된 학습 경로는 블록체인 기술의 분산화된 특성을 활용하여 학습자 중심의 맞춤형 교육 환경을 구현한다. 각 학습자의 개별적인 학습 이력, 성과, 관심사가 블록체인에 안전하게 저장되어 실시간으로 분석될 수 있다. 이를 통해 학습자의 강점과 개선이 필요한 영역을 정확히 파악하고, 개인에게 최적화된 학습 콘텐츠와 경로를 제안할 수 있다.

학습자와 학습자 간 학습 네트워크는 중앙화된 교육 기관의 역할을 재정의한다. 학습자들은 직접 지식을 공유하고 서로 학습할 수 있는 개방적이고 협력적인 생태계를 형성한다. 블록체인의 투명성과 신뢰성은 이러한 네트워크에서 참여자들 간의 상호작용을 안전하고 공정하게 관리할 수 있게 해준다.

토큰 기반 인센티브 시스템은 이 학습 모델의 핵심 혁신 요소이다. 학습자들은 지식 공유, 멘토링, 피어 리뷰(peer review) 등의 교육적 활동에 참여함으로써 디지털 토큰을 획득할 수 있다. 이러한 토큰은 추가 학습 자원 접근, 특정 강좌 등록, 또는 실제 경제적 가치로 교환될 수 있어 학습 동기를 극대화한다.

스마트 계약 기술을 통해 이러한 인센티브 메커니즘은 자동화되고 투명하게 운영된다. 예를 들어, 특정 학습 목표 달성 시 즉시 토큰이 지급되거나, 동료 평가의 신뢰성에 따라 보상이 결정되는 방식이 가능하다. 이러한 블록체인 기반 학습 모델은 단순한 기술적 혁신을 넘어 교육의 민주화와 개인화를 실현할 수 있는 잠재력을 보여준다. 학습자 개개인의 주권을 강화하고, 평생 학습의 새로운 패러다임을 제시하는 것이다.

블록체인 학습 패러다임의 장점

블록체인 학습 패러다임은 교육 시스템에 근본적인 변화를 가져오며, 학습자 중심의 혁신적인 환경을 조성한다. 이 패러다임의 가장 중요한 장점은 학습자에게 예측하지 못한 수준의 자율성과 통제권을 제공한다는 점이다. 전통적인 교육 시스템에서 학습자는 종종 수동적인 수용자였지만, 블록체인 기반 학습 환경에서는 능동적인 주체로 변모한다. 학습자는 자신의 교육 데이터를 완전히 소유하고 관리할 수 있으며, 개인 학습 이력을 투명하고 신뢰할 수 있는 방식으로 축적하고 공유할 수 있다. 데이터 신뢰성 측면에서 블록체인 학습 패러다임은 교육의 근본적인 문제들을 해결할 수 있는 잠재력을 가진다. 위조가 불가능한 디지털 자격증, 투명한 학습 기록, 그리고 즉각적인 검증 메커니즘은 교육의 신뢰성을 획기적으로 향상시킨다. 특히 글로벌 교육 격차 해소에 있어 블록체인 기술은 혁명적인 접근을 제공한다. 지리적, 경제적 장벽을 넘어 전 세계 학습자들에게 동등한 교육 기회를 제공할 수 있다. 개발도상국의 학생들도 글로벌 온라인 플랫폼을 통해 고품질 교육 자원에 접근할 수 있으며, 자신의 학습 성과를 국제적으로 인정받을 수 있다. 블록체인 학습 패러다임은 또한 교육의 효율성을 크게 향상시킨다. 중개자 없는 직접적인 학습 생태계 구축, 스마트 계약을 통한 자동화된 인증 절차, 그리고 투명한 성과 추적 시스템은 교육 행정의 복잡성을 크게 줄일 수 있다. 이러한 장점들은 단순한 기술적 혁신을 넘어, 교육의 민주화와 개인의 학습 주권을 강화하는 근본적인 변화를 의미한다. 블록체인 학습 패러다임은 학습자 개개인을 교육 생태계의 중심에 위치시키며, 보다 공정하고 접근성 높은 미래 교육 시스템의 청사진을 제시하고 있다.

블록체인 학습 패러다임의 과제와 한계

블록체인 학습 패러다임은 혁신적인 잠재력에도 불구하고 실제 구현과정에서 상당한 도전 과제들에 직면해 있다. 이러한 한계들은 기술적, 법적, 사회적 차원에서 복합적으로 나타난다.

첫째, 기술적 인프라 구축은 블록체인 도입의 가장 큰 장애물 중 하나이다. 대규모 교육 시스템에 블록체인 기술을 적용하기 위해서는 막대한 초기 투자와 복잡한 기술 인프라 재설계가 필요하다. 기존의 중앙집중식 시스템에서 분산형 시스템으로의 전환은 기술적으로 매우 도전적인 과제다. 개인정보 보호 문제 또한 중요한 고려사항이다. 블록체인의 투명성과 개인정보 보호 사이의 미묘한 균형을 유지해야 한다. 학습자의 민감한 개인 데이터를 안전하게 관리하면서 동시에 기술의 장점을 살리는 것은 쉽지 않은 과제다. 특히 글로벌 규모의 교육 플랫폼에서는 다양한 국가의 개인정보 보호 규정을 준수해야 하는 복잡성이 존재한다.

법적, 제도적 장벽 또한 블록체인 학습 패러다임 확산을 저해하는 중요한 요인이다. 대부분의 교육 시스템은 오랜 시간 동안 발전해 온 기존 제도와 규제에 깊이 뿌리박혀 있어, 새로운 기술 도입에 대한 제도적 저항이 크다. 학위 인증, 성적 관리, 자격증 발급 등과 관련된 기존의 법적 프레임워크는 블록체인 기술과 쉽게 조화를 이루지 못한다. 더불어 교육 관계자들의 기술 수용성 문제도 간과할 수 없다. 교수, 행정요원, 교육 정책 입안자들은 종종 새로운 기술 도입에 대해 보수적인 태도를 보인다. 블록체인의 복잡성과 근본적인 시스템 변화에 대한 두려움은 기술 도입의 주요 장애물로 작용한다.

이러한 도전 과제들이 블록체인 학습 패러다임의 잠재력을 완전히 무력화하는 것은 아니다. 오히려 이러한 한계들은 기술의 점진적이고 신중한 도입의 필요성을 강조한다. 기술적 혁신과 기존 시스템 간의 조화로운 통합, 그리고 지속적인 연구와 실험을 통해 이러한 도전 과제들을 점진적으로 해결해 나갈 수 있을 것이다.

블록체인 학습 패러다임의 미래 전망

블록체인과 인공지능의 융합은 교육 분야에 혁명적인 변화를 예고하고 있다. 이 두 기술의 결합은 개인화된 학습 경험을 넘어 지능형 적응 학습 시스템을 구현할 수 있는 잠재력을 가진다. AI 알고리즘은 블록체인에 저장된 방대한 학습 데이터를 분석하여 학습자 개개인에게 최적화된 맞춤형 학습 경로를 실시간으로 제안할 수 있다. 예를 들어, 학습자의 개인 학습 이력, 성과, 학습 스타일에 대한 블록체인 기반 데이터를 AI가 심층 분석하여 가장 효과적인 교육 콘텐츠와 학습 방법을 동적으로 추천할 수 있다. 글로벌 교육 생태계 측면에서 블록체인 기술은 국경을 초월하는 혁신적인 플랫폼을 만들어낼 것이다. 전 세계 학습자들이 상호 연결된 분산형 교육 네트워크를 통해 지식을 공유하고 협력할 수 있는 환경이 조성될 것이다. 개발도상국의 학생들도 글로벌 고품질 교육 자원에 동등하게 접근할 수 있게 되며, 개인의 학습 성과는 국제적으로 즉시 검증되고 인정받을 수 있다.

새로운 교육 비즈니스 모델도 등장할 전망이다. 지식 경제에서 개인의 학습 성과와 전문성은 하나의 가치 있는 자산이 될 수 있다.

2040년의 예측이지만 블록체인 기반 토큰 경제는 학습자들이 자신의 지적 자본을 직접 거래하고 가치화할 수 있는 플랫폼을 제공할 것이다. 교육의 민주화와 접근성 향상도 블록체인 기술의 중요한 미래 전망이다. 기존의 중앙집중식 교육 시스템의 제약을 벗어나, 학습자 개개인이 자신의 교육 여정을 주도적으로 설계하고 관리할 수 있는 환경이 조성될 것이다. 이러한 변화는 단순한 기술적 혁신을 넘어 교육의 근본적인 패러다임 전환을 의미한다. 블록체인과 AI의 융합은 개인화된, 접근성 높은, 그리고 평생에 걸친 학습 생태계를 만들어갈 것이다.

결론적으로 블록체인 학습 패러다임은 교육 시스템의 근본적인 혁신을 예고하고 있다. 분산화, 투명성, 개인화된 학습 경로, 그리고 신뢰할 수 있는 데이터 관리는 이 패러다임의 핵심 특징이다. 전통적인 중앙집중식 교육 모델에서 벗어나, 학습자 중심의 개방적이고 유연한 교육 생태계를 구현하는 것이 블록체인 기술의 궁극적인 목표이다. 교육 시스템의 변화는 더 이상 선택이 아닌 필수가 되었다. 급변하는 디지털 시대에 적응하기 위해서는 혁신적인 기술 기반의 학습 접근법이 필요하다. 블록체인은 개인의 학습 주권을 강화하고, 글로벌 교육 격차를 해소하며, 평생 학습의 새로운 가능성을 열어가고 있다. 이 점에서 미래의 교육은 기술과 인간의 창의성이 조화롭게 융합된 생태계가 될 것이다. 블록체인, 인공지능, 그리고 다른 첨단 기술들이 결합되어 보다 개인화되고, 접근성 높으며, 역동적인 학습 환경을 만들어갈 것이다. 지속적인 연구와 실험, 그리고 개방적인 마인드야말로 이러한 교육 혁신의 핵심 동력이 될 것이다.

경험 중심 넷-버스티(Net-versity)

4차 산업혁명 시대의 급격한 변화 속에서 교육 패러다임의 혁신적 전환이 요구되고 있다. 이러한 맥락에서 '넷-버스티(Net-versity)'는 디지털 네트워크를 기반으로 한 혁신적인 교육 모델로 주목받고 있다. 넷-버스티는 전통적인 대학 교육의 한계를 뛰어넘어, 온라인 플랫폼을 통해 실시간 상호작용과 경험 중심의 학습을 제공하는 새로운 교육 형태를 의미한다(이현청, 2000).

경험 중심 학습은 단순한 지식 전달을 넘어 학습자의 능동적 참여와 실제적 문제 해결 능력을 강조한다. 기존의 수동적이고 획일화된 교육 방식과 달리, 넷-버스티는 개인의 학습 스타일과 속도에 맞춘 맞춤형 학습 경로를 제공한다. 이를 통해 학습자의 내재적 동기를 촉진하고, 실제 세계의 복잡한 문제를 해결할 수 있는 실천적 역량을 개발한다.

디지털 기술의 급속한 발전은 교육 패러다임을 근본적으로 변화시키고 있다. 인터넷과 모바일 기술의 확산으로 학습은 더 이상 물리적 교실에 국한되지 않고, 시간과 공간을 초월하는 유연한 형태로 진화하고 있다. AI 시대에 스마트폰, 태블릿, 클라우드 컴퓨팅 등의 기술은 학습자에게 언제 어디서나 접근 가능한 풍부한 교육 콘텐츠를 제공한다. 온라인 학습 플랫폼의 급격한 성장은 이러한 변화를 가속화하고 있다. 대규모 온라인 공개 강좌(MOOC)와 같은 혁신적인 학습 모델은 전 세계 학습자들에게 고품질 교육 자원에 대한 접근성을 획기적으로 개선했다. 이는 전통적인 고등교육 기관의 독점적 위치에 근본적인 도전을 제기한다.

넷-버스티는 바로 이러한 디지털 교육 혁신의 맥락에서 등장했다. 기술과 교육의 융합을 통해 개인화된, 상호작용적인 학습 경험을 제공하는 새로운 교육 모델로 부상하고 있다. 인공지능, 빅데이터 분석 기술은 학습자 개개인의 학습 패턴과 필요를 정밀하게 분석하고, 맞춤형 학습 경로를 설계할 수 있게 해준다. 한편 경험 중심 학습은 현대 교육에서 핵심적인 패러다임으로 자리 잡고 있으며, 특히 넷-버스티와 같은 혁신적인 학습 모델에서 중요한 이론적 기반을 제공한다. 콜브의 경험학습모형[19]은 학습을 4단계 순환적 과정으로 설명한다. 첫째, 구체적 경험 단계에서 학습자는 직접적인 체험을 통해 새로운 상황에 노출된다. 둘째, 성찰적 관찰 단계에서는 경험을 다각도로 분석하고 의미를 탐색한다. 셋째, 추상적 개념화 단계에서 학습자는 경험으로부터 일반화된 원리와 개념을 도출한다. 마지막으로, 적극적 실험 단계에서는 새롭게 형성된 개념을 실제 상황

---

19 김진한. (2020). '콜브(D. Kolb)의 경험 학습 이론에 대한 해석학적 연구: 가다머의 철학적 해석학 입장에서'. 서울대 대학원 석사 논문.

에 적용하며 학습을 검증한다. 실천 공동체(Communities of Practice) 개념은 학습의 사회문화적 측면을 강조한다. 공동체 내 구성원들은 공유된 실천과 상호작용을 통해 암묵적 지식을 교환하고, 전문성을 공동으로 발전시킨다. 넷-버스티 환경에서 이러한 실천 공동체는 온라인 플랫폼을 통해 글로벌하고 다학제적인 학습 네트워크를 형성할 수 있다. 디지털 시대의 경험 중심 학습 모델에 풍부한 이론적 토대를 제공한다. 특히 넷-버스티는 이러한 이론적 관점을 기술적으로 구현함으로써, 개인화되고 상호작용적인 학습 경험을 가능케 한다.

넷-버스티의 주요 특징과 구성 요소

넷-버스티는 혁신적인 디지털 학습 플랫폼으로, 전통적인 교육 방식을 근본적으로 변화시키는 핵심 특징들을 갖추고 있다.

첫째, 온라인 플랫폼은 학습자에게 무한한 교육 경험을 제공한다. 지리적, 시간적 제약을 넘어 전 세계 학습자들이 다양한 학습 자원에 접근할 수 있으며, 클라우드 기반 시스템을 통해 언제 어디서나 학습이 가능하다.

둘째, 실시간 상호작용은 넷-버스티의 핵심 강점이다. 화상 토론, 협업 도구, 실시간 피드백 시스템을 통해 학습자와 교수자, 학습자 간 즉각적이고 깊이 있는 소통이 이루어진다. 이는 전통적인 일방향 강의를 넘어 능동적이고 협력적인 학습 환경을 조성한다.

셋째, 개인화된 학습 경로는 인공지능 기술을 통해 구현된다. 빅데이터 분석을 기반으로 각 학습자의 학습 스타일, 진도, 강점과 약점을 정밀하게 분석하여 맞춤형 학습 콘텐츠와 학습 전략을 제공한다. 마지막으로, 다양한 멀티미디어 자료의 활용은 학습의 몰입도와 이해도를 크게 향상시킨다. 인포그래픽, 애니메이션, 인터랙티브 비디오, 시뮬레이션 등 풍부하고 다채로운 학습 자료를 통해 복잡한 개념도 직관적이고 흥미롭게 학습할 수 있다.

이러한 특징들은 넷-버스티를 단순한 온라인 교육 플랫폼이 아닌, 혁신적인 경험 중심 학습 생태계로 차별화시킨다.

경험 중심 넷-버스티의 교육적 효과

경험 중심 넷-버스티는 학습자의 교육 경험을 근본적으로 변화시키는 혁신적인 접근법을 제공한다.

첫째, 개인화된 학습 환경은 학습 동기를 획기적으로 높인다. 학습자 개개인의 관심사, 학습 스타일, 진도에 맞춘 맞춤형 콘텐츠는 내재적 동기를 촉발하며, 학습에 대한 능동적 참여를 이끌어낸다.

둘째, 실제 문제 중심의 학습 모델은 실천적 문제 해결 능력을 탁월하게 개발한다. 시뮬레이션, 프로젝트 기반 학습, 실시간 협업 과제 등을 통해 학습자들은 이론적 지식을 실제 상황에 적용하는 능력을 키울 수 있다. 이는 단순한 지식 암기를 넘어 창의적이고 비판적인 사고력을 함양한다.

자기 주도적 학습 역량 강화도 넷-버스티의 중요한 교육적 효과이다. 학습 진행 상황에 대한 실시간 분석, 개인별 학습 경로 제공, 유연한 학습 시간과 공간은 학습자가 스스로 학습을 설계하고 관리할 수 있는 능력을 극대화한다.

마지막으로, 넷-버스티는 글로벌 차원의 사회적 학습과 네트워킹 기회를 확대한다. 지리적 경계를 초월한 다양한 배경의 학습자들과의 상호작용은 다문화적 이해와 협업 능력을 향상시키며, 전문성 네트워크 구축의 새로운 가능성을 열어준다.

넷-버스티 구현을 위한 기술적 요소

넷-버스티의 성공적인 구현을 위해서는 첨단 디지털 기술의 통합적 활용이 필수적이다. 가상현실(VR)과 증강현실(AR) 기술은 학습 경험의 몰입도와 상호작용성을 획기적으로 높인다. 예를 들어, 의학 교육에서는 VR 시뮬레이션을 통해 학생들이 위험 없이 복잡한 수술 절차를 실습할 수 있으며, 역사 학습에서는 AR을 통해 과거의 역사적 현장을 생생하게 재현할 수 있다. 인공지능 기반 학습 분석 기술은 넷-버스티의 핵심 차별화 요소이다. 빅데이터 분석을 통해 각 학습자의 학습 패턴, 강점, 약점을 정밀하게 진단하고, 개인화된 학습 경로를 실시간으로 설계할 수 있다. AI 알고리즘은 학습자의 진도와 이해도에 따라 동적으로 콘텐츠의 난이도와 유형을 조정함으로써, 최적의 학습 효과를 보장한다.

클라우드 기반 학습 관리 시스템은 넷-버스티의 유연성과 접근성을 극대화한다. 학습 자료, 과제, 평가 결과 등 모든 교육 데이터를 안전하고 통합적으로 관리할 수 있으며, 언제 어디서나 학습 자원에 접근할 수 있는 환경을 제공한다. 이는 지리적, 시간적 제약을 넘어선 평생학습의 실현을 가능케 한다.

모바일 학습 플랫폼 개발은 현대 학습자들의 라이프스타일에 최적화된 접근법이다. 스마트폰과 태블릿을 통해 짧은 학습 세션, 마이크로 러닝, 즉각적인 피드백 등 유연하고 즉각적인 학습 경험을 제공할 수 있다. 이러한 기술적 혁신은 학습의 연속성과 접근성을 획기적으로 개선한다.

경험 중심 넷-버스티의 과제와 한계

넷-버스티의 혁신적 잠재력에도 불구하고, 실제 구현 과정에서 여러 중요한 과제와 한계가 존재한다.

첫째, 디지털 격차 문제는 가장 근본적인 도전 과제이다. 경제적, 지역적 불평등으로 인해 첨단 기술 기반 학습 플랫폼에 대한 접근성이 제한될 수 있으며, 이는 교육의 불평등을 심화시킬 위험이 있다.

둘째, 학습 경험의 질 관리와 표준화는 중요한 과제이다. 다양한 온라인 플랫폼과 콘텐츠의 일관성 및 신뢰성을 보장하기 위해서는 엄격한 품질 관리 메커니즘이 필요하다. 단순히 기술적 접근성만으로는 충분하지 않으며, 실질적인 학습 성과를 보장할 수 있는 체계적인 접근이 요구된다.

셋째, 교수자의 역할은 근본적으로 변화해야 한다. 전통적인 지식 전달자에서 학습 촉매자(facilitator)로의 전환이 필요하며, 이를 위한 교수자들의 디지털 리터러시와 교육학적 역량 개발이 시급하다. 마지막으로, 평가 방식의 혁신적 접근이 필요하다. 경험 중심 학습에서는 기존의 표준화된 시험 방식으로는 학습자의 실제 역량을 측정하기 어렵기 때문에, 프로젝트 기반 평가, 포트폴리오 평가 등 새로운 평가 패러다임이 요구된다.

미래 교육에서의 넷-버스티의 역할

넷-버스티는 미래 교육의 패러다임을 근본적으로 변화시킬 혁신적인 플랫폼으로 부상하고 있다.

첫째, 평생학습 사회 실현에 결정적인 역할을 할 것으로 기대된다. 시간과 공간의 제약을 뛰어넘는 유연한 학습 환경은 개인이 언제 어디서나 지속적으로 자기 계발을 추구할 수 있게 해준다.

둘째, 글로벌 교육 격차 해소에 중요한 기여를 할 수 있다. 인터넷과 첨단 기술을 활용한 넷-버스티는 지리적, 경제적 장벽을 극복하고 전 세계 학습자들에게 고품질 교육 자원에 대한 접근성을 제공한다. 특히 개발도상국 학습자들에게 혁신적인 교육 기회를 열어줄 수 있다.

셋째, 산업계와 교육계의 긴밀한 연계를 촉진한다. 실시간 산업 트렌드 반영, 기업 연계 프로젝트, 실무 중심 학습 모듈 등을 통해 교육과 산업 간 격차를 줄이고 실제적인 역량 개발을 지원한다. 마지막으로, 급변하는 미래 직업 환경에 대응하는 핵심 플랫폼으로 자리 잡을 것이다. AI, 빅데이터 분석 기술을 통해 개인의 잠재력을 진단하고, 미래 직업에 필요한 유연하고 혁신적인 역량을 지속적으로 개발할 수 있는 맞춤형 학습 생태계를 제공한다.

경험 중심 넷-버스티의 발전 방향과 전망

디지털 혁명의 시대, 넷-버스티는 교육의 새로운 패러다임을 제시하고 있다. 넷-버스티가 단순한 기술적 혁신을 넘어, 학습자 중심의 근본적인 교육 혁신을 대변할 수 있다는 것을 예견하고 있다. 개인화된 학습 경로, 실시간 상호작용, AI 기반 맞춤형 교육은 전통적 교육의 한계를 극복하고 학습자의 잠재력을 최대한 발현시키는 혁신적 접근법이기 때문이다.

넷-버스티의 진정한 가치는 기술과 교육의 융합을 통해 학습자의 능동적 참여와 실천적 역량을 강화한다는 점이다. 가상현실, 증강현실, 인공지능 등 첨단 기술은 단순한 도구가 아니라 학습 경험을 근본적으로 변화시키는 혁신적 매개체로 기능한다.

넷-버스티의 기술적 고도화, 학습 효과의 심층적 분석, 윤리적 고려사항 등을 더욱 심도 있게 탐구해야 한다. 동시에 사회적 합의와 제도적 지원을 통해 포용적이고 혁신적인 교육 생태계를 구축해야 할 것이다. 넷-버스티는 더 나은 미래 교육을 향한 우리의 집단적 상상력과 혁신의 잠재력을 보여주는 중요한 이정표 중의 하나이기 때문이다.

제7장

2040년과 지능 생태계

- 2040년 직업 생태계와 AI 중심 직업
- 다중 직업 시대와 평생 학습
- AI 시대의 직업 환경 변화

AI는 이미 인간을 넘어선 도구다. 그러나 이 도구를 어떻게 사용할 것인가는 오직 인간의 교육에 달려 있다.

미래 대학은 단순한 정보 전달 기관이 아니라, AI와 협력하는 지적 존재를 훈련하는 '지능 생태계'여야 한다. 이제 대학은 기술을 가르치는 것이 아니라, 기술과 함께 살아가는 법, 기술을 통해 인간성을 재정의하는 법을 가르쳐야 한다. 이러한 철학 위에서 교육이 이루어질 때 AI 친화적 교육 재설계가 가능할 것이고 학습 형태, 학습 과정, 학습 평가 그리고 학습과 교수 역할이 2040 대학 교육 혁명에 걸맞게 재자리를 잡게 될 것이다.

이처럼 미래 대학 교육의 변화 필요성은 지나치게 강조를 해도 부족함이 없다. 21세기 들어 인류 사회는 그 어느 때보다 빠르고 근본적인 변화를 경험하고 있다. 기술의 지속적 성장, 글로벌화, 그리고 혁신적 디지털 혁명은 우리의 일하고 배우는 방식을 근본적으로 재구성하고 있다. 이러한 급변하는 환경에서 전통적인 대학 교육 모델은 심각한 도전에 직면해 있다.

현재의 대학 교육은 안타깝게도 여전히 20세기 산업사회 모델에 기반하고 있어, 빠르게 변화하는 미래 사회의 요구를 충분히 반영하지 못하고 있다. 고정된 커리큘럼, 일방적 지식 전달 방식, 그리고 학문 영역 간 경직된 경계는 급변하는 현대 사회에서 학생들의 적응력과 혁신 능력을 제한하고 있다.

2040년의 대학 교육은 단순한 지식 전수를 넘어 복합적 문제 해결, 창의적 사고, 그리고 지속적 학습 능력을 중심으로 설계될 것으로 예견된다. 특히 미래 사회는 융합적 사고와 기술적 역량, 그리고 빠르게 변화하는 환경에 적응할 수 있는 유연성을 갖춘 인재를 요구할 것이다.

따라서 대학은 더 이상 정적인 지식의 보고가 아니라, 끊임없이 진화하고 혁신하는 동적인 학습 생태계로 전환되어야 한다. 이는 단순한 교육 개혁을 넘어 사회 변화를 선도하는 근본적인 패러다임의 전환을 의미한다. 특히 지식 생태계의 변화 중심에는 AI가 있고 AI와 연관된 직업 생태계와 연계되어 있다. 따라서 지식 생태계의 변화는 초지능, 초고속, 초연결, 초공간, 초시간 등의 특성과 연관되어 있고 이러한 변화의 중심에서는 AI 중심 직업에 대한 준비는 매우 중요한 생존 전략 중에 하나가 된다.

2040년 직업 생태계와 AI 중심 직업

AI 중심 직업을 위한 준비는 무엇인가?

AI 중심 직업을 위한 준비 : 기술을 넘어서 인간 역량의 확장으로 인공지능은 단순한 자동화 기술이 아니다. 그것은 산업 구조와 인간의 역할을 동시에 재편하는 근본적 혁신이다. 과거의 기계가 육체노동을 대체했다면, 오늘날의 AI는 지식노동을 재구성하고 있다. 이 장에서는 미래 직업 세계에서 생존하고 성장하기 위해 반드시 갖추어야 할 구체적인 덕목들을 논의하고자 한다. 단순히 '프로그래밍을 배우라'는 피상적 접근이 아닌, AI 중심 사회에서 진정한 가치를 갖는 사람으로 거듭나기 위한 준비 방법을 다룬다.

기술 습득이 아닌 'AI 리터러시'의 내면화

많은 이들이 AI 시대를 준비하며 코딩, 데이터 분석, 파이썬(솔루션) 등을 배우기 시작한다. 물론 이러한 기술은 중요하지만, 그것이 전부는 아니다. AI 중심 직업에 필요한 것은 도구의 사용법을 아는 것이 아니라, 그 도구의 '작동 원리와 맥락'을 꿰뚫어보는 능력이다. 이를 우리는 AI 리터러시라고 부른다.

AI 리터러시의 핵심 구성 요소

모델의 구조와 작동 메커니즘에 대한 이해가 중요하다. 예를 들어, 대형 언어모델(LLM)은 사전 학습(pretraining)과 미세조정(fine-tuning)의 과정을 거쳐 훈련된다. 이 과정에서 모델은 사실을 이해하는 것이 아니라, 방대한 통계 패턴을 학습한다. 이로 인해 사실처럼 보이지만 틀린 정보, 즉 '환각(hallucination)'을 생성할 수 있다. 이런 구조를 이해한 사람만이 AI가 만든 결과물을 맹목적으로 신뢰하지 않고, 평가하고 교정할 수 있다.

데이터 중심 사고와 분석적 문해력

AI는 데이터를 기반으로 작동한다. 따라서 데이터가 어떻게 수집되고 정제되었는지를 이해하지 못하면, AI의 판단이나 추천 결과를 무비판적으로 받아들이기 쉽다. 데이터가 가진 대표성, 편향, 측정치 등을 분석할 수 있는 역량이 반드시 필요하다.

AI 윤리와 기술적 책임에 대한 인식

딥페이크, 차별적 알고리즘, 프라이버시 침해 문제는 단순한 기술 이슈가 아니다. 이는 사회적 책임의 영역이며, 법적·윤리적 관점에서 기술을 해석하고 적용할 수 있어야 한다. AI를 다루는 사람은 기술 습득자 이전에 시민이며, 철학자여야 한다.

경계 없는 복합형 인간이 되어야 한다

AI 시대에는 단일한 전문성만으로는 살아남기 어렵다. 사회과학이나 인문과학 전공자도 이제는 기술을 이해하는 문과생, 인문학을 공부한 개발자, 경영 마인드를 갖춘 디자이너 같은 '복합형 인재'가 더욱 필요하다. 이들은 여러 분야의 언어를 이해하고 통합할 수 있는 존재여야 한다.

그러므로 향후, 직업 생태계의 변화와 기술 생태계의 변화를 감안할 때 몇 가지 중요한 질문이 대두될 수밖에 없다. 이 질문은 직업이 융합될 것인가? 인문사회과학은 어떤 역할을 할 것인가? 그리고 직업과 디자인은 어떤 상호작용이 있는가? 감성적 지능은 왜 필요한가? 그리고 직업의 수행에 있어서 가장 중요한 것은 무엇이며 향후 AI의 기술변화의 속도와 직업 생태계의 변화는 어떨 것인가? 라는 질문 등이 대두될 수밖에 없다. 이러한 질문이 기반이 되어 대학 교육이 이루어질 때 2040년 대학의 모습은 지금과는 확연히 달라질 것이다.

직능 융합이 왜 중요한가?

인공지능은 기술과 인문, 사회, 예술 등이 만나는 지점이라 볼 수 있다. 그러나 인공지능은 윤리적 판단 없이 계산만을 수행한다. 예를 들어 자율주행차의 충돌 상황에서 누구를 보호할 것인가 하는 문제는 기술이 아니라 철학의 영역이다. 이 점에서 기술자는 윤리적 사고를 가져야 하며, 인문학자는 기술의 원리를 이해해야 한다. 이러한 원리는 기술과 비즈니스 간의 언어적 통합이고 기술과 디자인의 상호 작용과 연관되어 있다. 한마디로 직업 영역간에 연계와 이러한 연계의 직능적 융합이라고 볼 수 있다. 이러한 추세에 비춰보았을 때 다음 역할이 중요하다.

① 기술과 비즈니스 간의 언어 번역자

개발자는 종종 비즈니스 요구를 이해하지 못하고, 기획자는 기술의 한계를 모른다. 이 둘을 잇는 연결 고리 역할을 할 수 있는 사람, 즉 기술과 경영 양쪽 언어를 구사할 수 있는 인재가 조직 내에서 중추적 역할을 한다.

② 기술과 디자인의 상호작용

AI가 아무리 정교하더라도 사용자가 그것을 쉽게 활용할 수 없으면 무용지물이다. 인간-기계 상호작용(HCI) 디자인, 사용자 경험(UX) 설계는 AI 기술을 현실 세계에 정착시키는 데 필수적이다. 디자이너는 이제 알고리즘을 이해하고, 엔지니어는 사용자 감성을 고려해야 한다.

③ 답을 찾는 사람보다, 문제를 만드는 사람이 되어야 한다

AI는 답을 빠르게 찾아낸다. 그러나 어떤 질문을 해야 할지, 어떤 방향으로 문제를 설정해야 할지는 여전히 인간의 몫이다. 미래의 경쟁력은 지식의 양이 아니라 문제를 구조화하고 정의할 수 있는 능력에서 나온다.

AI 시대의 '질문력'은 무엇인가?

프롬프트 엔지니어링의 본질은 질문의 설계다. 예를 들어 단순히 "연구 요약해줘"라는 지시는 좋은 결과를 얻기 어렵다. 반면 "최근 3년간의 ESG 트렌드를 기반으로 제조업 중심의 대응 전략을 요약해줘"라고 하면 결과의 질이 크게 향상된다. 이는 AI의 능력이 아니라 사용자의 사고력이 반영된 결과다.

① 문제 정의 능력은 데이터보다 앞선다

데이터 분석 이전에 '무엇을 알아내야 하는가'가 정의되어야 한다. 이는 가설 기반 사고력, 시스템 사고력, 맥락 판단력을 통해 길러진다. 좋은 질문은 AI의 효율성을 10배 이상 끌어올린다.

② 복잡한 문제를 단순화하는 구조화 능력

'삼겹살 가게 매출이 감소했다'는 문제를 보았을 때, AI는 데이터를 분석한다. 하지만 인간은 이 문제의 본질이 트렌드 변

화인지, 외부 환경 요인인지, 내부 운영의 비효율인지 판단하고, 이를 세부 문제로 나누어 접근할 수 있어야 한다.

③ 인간 고유의 감성과 정서 지능은 여전히 핵심이다

AI는 감정을 이해하지 못한다. 공감, 직관, 윤리적 판단, 스토리텔링 등은 여전히 인간만이 수행할 수 있는 능력이다. 특히 리더십, 교육, 고객관리, 창의 산업에서는 정서 지능(EQ)이 곧 생산성과 연결된다.

④ 감정 기반 능력은 경쟁력이다

공감 능력은 설득력으로 전환된다. 예를 들어, AI는 소비자 리뷰의 감정을 분석할 수 있지만, 고객의 분노나 기대를 진심으로 받아들이고 반응하는 것은 인간만이 할 수 있다. 이러한 공감 능력이 브랜드 신뢰를 형성한다.

⑤ 스토리텔링은 정보를 감정으로 번역하는 기술이다

데이터를 스토리로 바꾸는 능력은 단순 정보 전달을 넘어 청중의 감정과 행동을 움직인다. AI가 통계를 보여줄 수는 있어도, 사람의 마음을 움직이게 만드는 이야기를 짓지는 못한다.

⑥ 윤리적 판단력은 리더의 자질이다

예를 들어 AI가 채용 프로세스를 자동화하더라도, 그 결과가 공정했는지, 차별 요소는 없었는지를 판단하는 것은 결국 인간이다. 리더는 기술이 만든 결과에 책임질 줄 아는 존재여야 한다.

⑦ AI와 함께 일하는 방법: 협업 역량이 경쟁력이다

AI는 단순 도구가 아니다. 그것은 점점 더 적극적인 '팀원'으로 진화하고 있다. 미래의 일은 AI와의 협업 모델을 설계하고 운영할 수 있는 능력에서 결정된다.

AI와의 공존 전략

자기 자동화(Self-Automation)의 실천을 통해 반복 학습을 하여야 하고 이를 통해 업무를 수행하게 되면 반복 업무는 스스로 자동화되어진다, 이를 위해 RPA(로보틱 프로세스 자동화), Zapier, ChatGPT API, AutoGPT 등을 학습하고 적용하는 실천력이 필요하다. 자동화를 통한 시간 절약은 전략 기획이나 창의적 기획으로 전환될 수 있다.

① AI 에이전트 시스템 설계자 되기

앞으로는 여러 개의 AI 도구를 조합하여 하나의 복합 시스템으로 만드는 능력이 중요하다. 마치 AI들을 팀원처럼 배치하고 역할을 부여하는 '에이전트 설계자(Agent Orchestrator)'가 새로운 직업군으로 부상하고 있다.

② AI 협업 툴의 활용 역량

노션 AI, 슬랙 GPT, 미드저니, FigJam AI, MS Copilot 등 AI 기술들과 다양한 협업 툴을 실무에 녹여내는 사람이 '업무 속도'와 '창의력' 모두를 획득하게 된다.

결론적으로 AI 시대의 직업은 인간을 확장하는 사람에게 열린다. AI는 인간의 자리를 빼앗는 것이 아니라, 새로운 역할을 요구한다. 이 시대의 직업적 성공은 도구를 잘 다루는 사람이 아니라, 도구와 함께 새로운 가치를 창출하는 사람에게 돌아간다. 중요한 것은 기술이 아니라, 기술과 함께 인간다움을 지키고 확장하는 방식이다. 결국, AI 시대에 가장 인간다운 사람이 가장 앞서나갈 것이다. 2040년에도 가장 인간다운 인재를 기르는 것이 가장 앞선 AI 협업 인재를 양성하는 지름길이 될 것이다.

다중 직업 시대와 평생 학습

현대 사회는 더 이상 '평생 한 직업, 한 회사' 체계가 아니다. 오히려 여러 직업을 경험하며, 복수의 일자리를 동시에 가질 수도 있는 '다중 직업(multi job) 시대'가 도래했다. 여기서 '직업'은 전통적인 풀타임 업무뿐 아니라, 파트타임, 프리랜서, 프로젝트 기반, 플랫폼 노동 등 다양한 형태를 포괄한다. 이러한 변화는 개인의 경력 관리와 역량 개발 패러다임을 완전히 바꿔놓았다.

따라서 대학생 시절부터 평생학습을 체계적으로 준비하는 일은 단순한 자기계발이 아니라, 미래의 불확실성과 변화에 능동적으로 대응하는 생존 전략이자, 다중 직업을 안정적으로 소화해 내는 필수 역량이다. 이 장에서는 '다중 직업 시대'와 '평생학습 주기'의 관계를 심층 분석하고, 대학생이 갖추어야 할 구체적 자세와 전략을 제시한다.

다중 직업 시대, 평생학습의 존재 이유

2040년의 지식 생태계의 변화는 직업 생태계의 변화를 가져다 주고 이러한 변화는 사라지는 직업과 새로 생성되는 직업의 변화가 심화 확대될 것이다. 따라서 직업과 일의 경계가 흐려지는 시대가 될 것이고 한 사람이 한 전공, 한 직업을 가지고 일생을 사는 시대는 더 이상 허용되지 않는다. 이 점에서 직업의 생태계에 변화에 적응하기 위한 평생 학습이 활성화되고 일생동안 지속적인 직업 생태계 변화에 적응하기 위해 평생 학습이 이루어지게 된다. 직업도 다중 직업이 되고 학습도 평생 학습이 되는 시대가 되는 것이다. 따라서 전통적으로 직업은 안정적인 월급과 명확한 역할, 승진 체계를 갖춘 풀타임 고용을 의미했다. 그러나 평생 한 직장의 개념은 축소되고 향후 다음과 같은 변화가 확대될 것이다.

① 여러 직업을 병행하는 멀티커리어

한 사람이 주업 외에도 파트타임, 프리랜서, 창업 등 복수의 일자리를 가진다. 예를 들어, 낮에는 회사원, 저녁에는 온라인 강사, 주말에는 크리에이터 활동을 하는 식이다.

② 직업 간 전이와 빠른 전환

평생 한 분야에 머무르지 않고, 5~10년 단위로 아예 다른 직업군으로 전환하는 일이 빈번하다. AI, 자동화 등 기술 변화로 기존 직업이 소멸하거나 재구성되는 경우가 많기 때문이다.

③ 프로젝트 중심, 플랫폼 노동의 확산

특정 기간 단위로 계약하며 일하는 프로젝트형 업무가 늘고, 우버 드라이버, 배달 라이더, 프리랜서 디자이너 등 플랫폼 노동자가 증가한다.

다중 직업을 소화하려면 '지속적 역량 재개발'이 필수다. 이러한 변화 속에서 성공하려면 직업마다 필요한 기술과 지식을 반복해서 새롭게 배워야 한다. 따라서 '한 번 대학 졸업 후 끝'인 교육 체계로는 더 이상 적응할 수 없다. '배움'은 선택이 아닌 필수 조건이 된다. 수시로 자신을 재교육하고 업스킬(기술 향상), 리스킬(재교육)을 해야만 여러 직업에서 경쟁력을 유지할 수 있다. 또한, 직업 간 시너지와 전이 역량이 중요해진다. 한 직업에서 얻은 역량을 다른 직업에 연결하고 적용하는 능력이 요구된다. 이는 평생학습을 통해 다방면의 지식과 경험을 쌓아야 가능하다. 대학생들이 갖춰야 할 평생학습 자세 또한 변화 대응형 다중 직업인으로서의 태도를 형성하는 일이다.

다중 직업 시대에 적합한 평생학습 자세는 '기술 습득' 그 이상을 요구한다. 다음은 대학생이 지금부터 몸에 익혀야 할 자세다.

① 주체적 자기 혁신자로서의 자각

'학습의 주체'가 되어야 한다. 대학에서 주어진 교육만으로는 부족하다. 자신이 필요로 하는 역량과 기술을 스스로 탐색하고, 배우고, 평가하며 발전시켜야 한다. 즉, 학습 주도권을 스스로 쥐어야 한다.

② 불확실성을 긍정하는 태도

변화가 너무 빠르기에 '계획된 미래'가 없다. 예기치 않은 일에 열린 마음을 갖고, 실패와 재도전을 두려워하지 않는 유연함이 필요하다.

③ 복수 직업에 대한 시나리오 계획

자신의 커리어를 다양한 '포트폴리오'로 설계한다. 어느 한 분야가 어려워져도 다른 분야에서 생존할 수 있는 능력을 기른다.

④ 교차 학습과 융합 역량 강조

전공에 얽매이지 않는 지식 융합이 중요한 자세로 자리잡게 된다. AI·데이터 사이언스, 인문학, 경영, 디자인 등 여러 영역의 기본 지식을 폭넓게 쌓아둬야 한다. 이것이 다중 직업 전환 시 빠른 적응력으로 이어진다.

⑤ 실습과 경험 중심 학습

단순한 이론보다는 프로젝트, 인턴십, 동아리 활동 등을 통해 직접 경험하며 배운다. 경험은 새로운 직업을 시작할 때 즉각적인 자산이 된다.

⑥ 네트워킹과 협업 마인드

다양한 사람과의 협업 경험 축적이 중요하다. 다중 직업 환경은 혼자 일하기보다는 여러 팀, 고객, 파트너와 함께하는 일이 많다. 이에 적응하기 위해 다양한 협업 방식과 커뮤니케이션 스킬을 개발한다.

⑦ 멘토링과 피드백 문화 수용
성장에 필요한 피드백을 주도적으로 요청하고, 멘토와의 관계를 통해 지속적으로 자기 발전을 도모한다.

평생학습 주기(Lifelong Learning Cycle) : 다중 직업 시대의 핵심 설계도

다중 직업 시대의 평생학습은 단순 반복 학습이 아니라 '주기적 자기 혁신'이다. 그 핵심 주기는 다음과 같이 구체화될 수 있다.

1단계 : 진단(Diagnosis)

- 현재 자신의 역량, 경험, 시장 요구를 객관적으로 분석한다
- 자신이 어떤 역량을 갖고 있고, 어떤 직업군에 적합한지 명확히 한다
- 직업 환경과 미래 트렌드를 연구해 어떤 역량이 필요한지 파악한다
- 예를 들어, AI 도구 활용 능력, 원격 협업 툴 숙련도 등이 진단의 요소가 된다

2단계 : 목표 설정 및 계획(Goal Setting & Planning)

- 단기, 중기, 장기 다중 직업 목표를 세운다
- 예를 들어, 올해는 '데이터 분석 보조업무', 내년은 '프리랜서 콘텐츠 제작', 3년 후 '스타트업 창업' 같은 다중 경로를 구상한다
- 각 목표에 필요한 구체 역량과 학습 계획을 수립한다
- 강의 수강, 자격증 취득, 실무 프로젝트 참여 등을 포함한다

3단계 : 실행(Implementation)

- 구체 계획을 일상 속 일과로 전환해 학습한다
- 매일 일정 시간을 투자해 학습하고, 현장 경험을 병행한다
- 새로운 직업 경험을 시도하며 역량을 검증한다
- 파트타임, 인턴십, 프리랜서 일감 등을 통해 현실 감각을 익힌다

4단계 : 평가 및 재조정(Evaluation & Adjustment)

- 학습과 경험의 효과를 객관적으로 점검한다
- 결과물, 피드백, 자기 점검 등을 활용해 무엇이 효과적이었는지 분석한다
- 환경 변화와 자기 변화에 따라 계획을 재수립한다
- 시장 상황이나 개인 관심사가 바뀌면 빠르게 전략을 수정한다

다중 직업 시대 평생학습 성공을 돕는 구체적 전략과 도구

다중 직업 사회의 도래에 따라 직업 역량을 키우기 위한 평생 학습은 매우 중요한데 이를 성공적으로 수행하기 위해서는 개별 차원의 학습 목표 설정과 계획 수립, 전략과 활용 도구에 대한 인식이 필요하다. 이와 관련된 내용은 다음과 같이 정리될 수 있다.

- 역량 포트폴리오 관리
  자기 역량과 성취를 기록하는 디지털 포트폴리오 구축 LinkedIn, 개인 블로그, GitHub 등에서 성과와 프로젝트를 정리한다.

- 자기PR과 브랜딩 역량 개발
  다중 직업인이 갖춰야 할 자기 브랜딩과 네트워킹 방법을 익힌다.

- 학습과 업무 자동화 도구 활용
  AI 기반 학습 추천 플랫폼, 자동화 툴, 협업 솔루션을 적극 활용해 시간과 노력을 최적화한다.

- 학습 커뮤니티와 협업 네트워크
  온·오프라인 학습 모임, 멘토링 프로그램, 직업별 커뮤니티에 참여해 정보와 지원을 얻는다.

앞서 다중 직업 시대와 평생학습 시대에 관한 실천적 대안들을 제시한 바대로 다중 직업 시대는 앞으로 더욱 가속화될 전망이다. 대학생이 지금부터 준비한 평생학습 자세와 주기 체계는, 기술 변화, 경제 환경, 사회 구조의 급격한 변동 속에서도 끊임없이 자기 혁신을 가능하게 한다. 이를 통해 다중 직업인의 성공적 전환과 안정적 생존이 가능해진다.

다중 직업 시대는 더 이상 먼 미래가 아니다. 대학생은 이제 '한 가지 직업에 매몰되지 않고, 다채로운 역할과 일자리를 소화할 수 있는 유연한 존재'가 되어야 한다. 이를 위해서는 평생학습이 삶의 중심이 되어야 하며, 평생학습 주기를 체계적으로 이해하고 실천하는 태도가 반드시 필요하다. 평생학습은 '단기 학습'이 아닌, '지속 가능한 자기 혁신의 반복'이다. 지금부터 그 준비를 시작하는 자만이 변화의 파도 위에서 주도권을 쥘 수 있다.

AI 시대의 직업 환경 변화

4차 산업혁명의 핵심 동력인 인공지능(AI)은 오늘날 노동시장의 근본적인 변혁을 이끌고 있다. 더 이상 AI는 미래의 기술이 아니라 현재 우리의 일상을 재구성하는 혁신적인 힘이다. 전통적인 직업 패러다임은 급격히 무너지고 있으며, 많은 일자리가 자동화되거나 근본적으로 재정의되고 있다.

AI 시대의 직업 환경은 단순한 기술 대체를 넘어 인간의 창의성, 비판적 사고, 복잡한 문제 해결 능력을 요구한다. 이는 단순 반복적 업무뿐만 아니라 전문직까지 광범위하게 영향을 미치고 있어, 개인의 지속적인 학습과 적응이 그 어느 때보다 중요해졌다.

결국 AI 시대의 성공은 기술에 대항하는 것이 아니라, 기술과 조화롭게 공존하고 협력하는 능력에 달려 있다. 우리는 이제 기술의 수동적 소비자가 아니라, 적극적인 혁신의 주체로 거듭나야 한다.

기술적 역량 : AI 리터러시와 데이터 과학

AI 시대의 전문가에게 기술적 역량은 더 이상 선택이 아닌 필수이다. AI 리터러시는 단순한 기술 이해를 넘어 복잡한 시스템을 해석하고 활용할 수 있는 능력을 의미한다.

먼저, AI의 기본 개념과 작동 원리에 대한 깊이 있는 이해가 중요하다 . 신경망, 알고리즘, 데이터 학습 메커니즘 등 기술적 토대를 탄탄히 구축해야 한다. 이는 단순히 도구를 사용하는 것이 아니라, 그 메커니즘을 근본적으로 이해하는 것을 의미한다.

데이터 분석 능력은 AI 전문가의 핵심 역량이다. 방대한 데이터를 효과적으로 수집, 정제, 해석하는 능력은 의사결정의 질을 결정짓는 핵심 요소이다. 통계적 기법, 데이터 시각화, 예측 모델링 등의 스킬은 실무에서 즉각적인 경쟁력을 제공한다.

프로그래밍 언어 숙달, 특히 Python과 R은 필수적이다. 이들 언어는 단순한 코딩 도구가 아니라 복잡한 AI 솔루션을 구현하는 핵심 플랫폼이다. 라이브러리 활용, 효율적인 코드 작성, 알고리즘 최적화 능력이 요구된다.

머신러닝과 딥러닝 알고리즘에 대한 깊이 있는 이해는 AI 전문성의 꽃이다. 회귀 분석, 클러스터링, 신경망 구조, 강화학습 등 다양한 알고리즘의 작동 원리와 적용 맥락을 꿰뚫어야 한다.

중요한 것은 이러한 기술적 역량이 고립된 지식이 아니라 실제 문제 해결을 위한 통합적 도구라는 점이다. 기술은 끊임없이 진화하므로, 학습에 대한 열정과 유연성이 무엇보다 중요하다.

융합적 사고: 학제간 지식 통합

AI 시대의 진정한 혁신은 더 이상 단일 학문 영역 내에서 발생하지 않는다. 오히려 다양한 학문 분야의 지식을 창의적으로 융합하고 AI 기술과 결합할 때 가장 혁신적인 솔루션이 탄생한다.

융합적 사고란 단순히 여러 분야의 지식을 나열하는 것이 아니라, 각 영역의 전문성을 유기적으로 연결하고 새로운 가치를 창출하는 능력이다. 예를 들어, 의료 분야에서 AI는 생물학, 의학, 데이터 사이언스, 윤리학 등 다양한 학문의 통합을 통해 혁신적인 진단 및 치료 솔루션을 개발하고 있다.

환경 과학에서도 AI의 융합적 접근은 놀라운 성과를 보여준다. 기후 모델링, 생태계 예측, 지속가능한 에너지 솔루션 개발에 있어 지구과학, 통계학, 컴퓨터 공학, 사회과학의 지식이 복합적으로 활용된다. 이는 단일 학문 접근으로는 불가능했던 복잡한 문제 해결을 가능하게 한다.

창의적 문제 해결을 위해서는 고정된 사고방식을 벗어나야 한다. AI 전문가에게 요구되는 것은 기술적 역량뿐만 아니라, 다양한 관점을 종합하고 혁신적인 접근법을 개발할 수 있는 능력이다. 이를 위해서는 지속적인 학습과 지식 확장이 필수적이다.

학제간 지식 통합의 핵심은 끊임없는 호기심과 학습에 대한 열정이다. 기술은 빠르게 변화하므로, 특정 지식에 안주하지 않고 새로운 영역을 탐구하는 자세가 중요하다 . 온라인 강좌, 워크샵, 학회 참여 등을 통해 지속적으로 시야를 넓히고 다양한 관점을 학습해야 한다.

결론적으로, AI 시대의 전문가는 깊이 있는 전문성과 폭넓은 통합적 사고를 동시에 갖춘 인재이다. 기술, 창의성, 다학제적 접근을 결합할 때 진정한 혁신이 가능하며, 미래 산업을 선도할 수 있다.

윤리적 판단력 : AI 윤리와 책임

AI 시대의 전문가에게 윤리적 판단력은 더 이상 선택적 역량이 아니라 핵심적 전문성이다. 단순히 기술을 개발하고 적용하는 것을 넘어, 그 기술이 인간 사회에 미치는 광범위한 영향을 깊이 있게 이해하고 평가할 수 있는 능력이 요구된다.

AI 윤리의 근본은 기술이 인간의 존엄성과 사회정의를 훼손하지 않도록 보장하는 것이다. 이는 알고리즘의 공정성, 데이터 프라이버시 보호, 의사결정의 투명성 등 다차원적인 관점에서 접근해야 한다. AI 시스템은 잠재적으로 차별과 편향을 재생산할 수 있으므로, 전문가들은 이러한 위험을 사전에 인지하고 예방해야 한다.

데이터 프라이버시와 보안은 AI 윤리의 핵심 영역이다. 개인정보 보호는 법적 의무를 넘어 근본적인 인권 문제이다. AI 전문가들은 데이터 수집, 저장, 활용 과정에서 개인의 동의와 정보주권을 철저히 존중해야 하며, 암호화, 익명화 기술 등을 통해 데이터의 안전성을 보장해야 한다.

AI 의사결정의 공정성과 투명성 확보는 또 다른 핵심 과제이다. 알고리즘의 결정 과정을 설명 가능하고 감사 가능한 방식으로 설계해야 하며, 잠재적 편향을 지속적으로 모니터링하고 교정해야 한다. 이는 채용, 대출, 의료 진단 등 중요한 사회적 의사결정에서 특히 중요하다.

사회적 영향을 고려한 AI 개발은 단순한 기술적 접근을 넘어 포괄적이고 성찰적인 관점을 요구한다. AI 전문가들은 기술이 초래할 수 있는 잠재적 부정적 결과를 사전에 예측하고, 취약 계층에 미칠 영향을 신중히 평가해야 한다. 기술 발전과 사회적 형평성 사이의 섬세한 균형을 유지하는 것이 중요하다.

궁극적으로 AI 윤리는 기술적 역량과 인간적 가치의 조화를 추구한다. 우리는 AI를 단순한 도구가 아니라, 인간 사회의 긍정적 변화를 위한 협력적 기술로 인식해야 한다. 윤리적 판단력은 AI 전문가의 가장 중요한 경쟁력이 될 것이다.

적응력과 유연성 : 빠르게 변화하는 기술 환경 대응

AI 기술의 폭발적 성장은 전례 없는 속도로 진행되고 있어, 전문가들에게 끊임없는 적응과 학습을 요구한다. 오늘날의 기술 환경은 안정성이 아니라 지속적인 변화와 혁신을 특징으로 한다. 이러한 환경에서 생존하고 성장하기 위해서는 단순한 기술 습득을 넘어 근본적인 마인드셋의 전환이 필요하다.

새로운 AI 기술과 도구에 대한 신속한 학습 능력은 미래 전문가의 핵심 역량이다. 이는 단순히 최신 기술을 따라가는 것이 아니라, 학습 자체를 하나의 지속적인 과정으로 인식하는 것을 의미한다. 온라인 플랫폼, 전문 워크샵, 컨퍼런스 참여, 오픈소스 프로젝트 등 다양한 학습 채널을 적극적으로 활용해야 한다.

변화하는 직무 요구사항에 대한 적응력은 더욱 중요해지고 있다. AI 기술은 기존 직무를 근본적으로 재정의하고 있으며, 전문가들은 끊임없이 자신의 역량을 재평가하고 업그레이드해야 한다. 이는 단순히 기술적 스킬뿐만 아니라 문제 해결 능력, 창의적 사고, 협업 능력 등 포괄적인 역량의 지속적인 개발을 의미한다.

또한 불확실성을 두려워하지 않고 오히려 기회로 인식하는 태도가 중요하다. 기술 변화의 불확실성은 새로운 가능성의 원천이다. 실패를 학습의 기회로 받아들이고, 유연하게 대응하는 능력이 미래 전문가의 핵심 경쟁력이 될 것이다. 이를 위해서는 자기 성찰, 지속적인 피드백 수용, 그리고 끊임없는 실험 정신이 필요하다.

자기 개발은 더 이상 선택이 아닌 필수이다. 매일 최소 1시간의 학습, 새로운 기술에 대한 지속적인 탐구, 멘토링 프로그램 참여, 다양한 프로젝트 경험 등을 통해 끊임없이 성장해야 한다. 개인의 학습 생태계를 스스로 설계하고 관리하는 능력이 미래 경쟁력의 핵심이다.

결론적으로, AI 시대의 전문가는 변화를 두려워하지 않고 오히려 환영하는 혁신가여야 한다. 지속적인 학습, 유연한 사고, 적응력은 단순한 생존 전략을 넘어 개인의 잠재력을 최대화하는 핵심 요소이다.

협업과 의사소통 : 다학제적 팀 환경에서의 역량

AI 시대의 성공은 더 이상 개인의 탁월한 능력만으로는 달성할 수 없다. 오히려 다양한 배경과 전문성을 가진 팀원들이 효과적으로 협력할 때 진정한 혁신이 가능하다. 기술 전문가와 비기술 전문가 간의 의사소통은 AI 프로젝트의 성패를 좌우하는 핵심 요소이다.

복잡한 AI 개념을 쉽고 명확하게 전달하는 능력은 매우 중요하다 . 기술적 전문용어의 늪에 빠지지 않고, 비전문가도 쉽게 이해할 수 있는 언어로 AI의 작동 원리와 잠재적 영향을 설명할 수 있어야 한다. 이는 단순한 의사소통 기술을 넘어, AI 기술의 사회적 수용성을 높이는 핵심 역량이다.

특히 AI 프로젝트 관리는 전통적인 프로젝트 관리와는 근본적으로 다른 접근을 요구한다. 알고리즘의 복잡성, 데이터 의존성, 지속적인 학습과 개선 과정을 고려해야 하며, 기술적 깊이와 전략적 통찰력을 동시에 갖추어야 한다. 효과적인 AI 프로젝트 리더는 기술적 정확성과 비즈니스 목표 사이의 섬세한 균형를 유지할 수 있어야 한다.

이와 함께 다양한 배경을 가진 팀원들과의 협업 능력은 AI 시대 전문가의 핵심 경쟁력이다. 데이터 과학자, 도메인 전문가, 윤리학자, 비즈니스 전문가 등 다양한 관점을 통합하고 시너지를 창출할 수 있어야 한다. 이는 단순한 의사소통을 넘어 상호 존중, 개방적 사고, 협력적 문제 해결 능력을 요구한다.

이 점에서 팀 리더십은 더 이상 수직적 명령 체계가 아니라 수평적이고 협력적인 접근을 의미한다. AI 프로젝트에서 리더는 각 팀원의 강점을 최대화하고, 다양한 전문성을 유기적으로 연결하는 코디네이터 역할을 수행해야 한다. 창의적 아이디어를 장려하고, 실패를 학습의 기회로 전환하는 문화를 만들어야 한다.

궁극적으로 AI 시대의 협업은 기술적 역량과 인간적 감성의 완벽한 조화를 추구한다. 한마디로 단순한 기술적 성과를 넘어 사회적 가치를 창출하는 협력적 혁신이 미래 AI 전문가들에게 요구되는 핵심 역량이다.

비판적 사고와 문제 해결 : AI의 한계 인식과 극복

AI 시스템은 강력한 분석 도구이지만, 결코 완벽하지 않다. 진정한 AI 전문가는 기술의 잠재력뿐만 아니라 그 한계를 깊이 있게 이해하고 비판적으로 접근할 수 있어야 한다.

AI 시스템의 근본적인 한계는 데이터의 품질과 알고리즘의 설계에 깊이 뿌리박혀 있다. 머신러닝 모델은 학습 데이터에 내재된 편향성을 그대로 재생산할 수 있어, 사회적 차별이나 고정관념을 강화할 위험이 있다. 예를 들어, 채용 알고리즘이 과거 채용 데이터의 편향성으로 인해 특정 집단을 차별할 수 있다.

AI 솔루션의 실현 가능성을 평가하기 위해서는 다차원적인 접근이 필요하다 . 단순히 기술적 성능만을 고려할 것이 아니라, 해당 솔루션의 윤리적 함축, 사회적 영향, 실제 현장 적용 가능성 등을 종합적으로 분석해야 한다. 모든 문제가 AI로 해결될 수 있는 것은 아니며, 때로는 인간의 판단이 더 적절할 수 있다.

복잡한 문제 해결을 위해서는 AI를 만능 해결책이 아닌 전략적 도구로 인식해야 한다. 다양한 데이터 소스, 도메인 지식, 인간의 직관을 종합적으로 활용하는 접근이 필요하다 . 예를 들어, 의료 진단에서 AI는 방대한 의료 데이터를 분석할 수 있지만, 최종 진단과 치료 결정은 여전히 의사의 임상적 판단에 의존한다.

인간의 직관과 AI 분석의 통합은 미래 의사결정의 핵심 패러다임이 될 것이다. AI는 패턴 인식과 대규모 데이터 처리에 탁월하지만, 인간은 맥락 이해, 윤리적 판단, 창의적 문제 해결에서 우위를 점한다. 따라서 최적의 의사결정은 AI의 분석적 통찰력과 인간의 직관적 판단의 균형에서 나온다.

특히 비판적 사고는 AI 시스템을 맹목적으로 신뢰하지 않고, 지속적으로 그 한계를 인식하고 개선해 나가는 태도를 의미한다. AI 전문가는 기술의 잠재력을 믿으면서도 동시에 그 한계를 겸손하게 인정할 수 있어야 한다.

창의성과 혁신 : AI 시대의 새로운 가치 창출

AI 시대의 창의성은 더 이상 인간과 기술의 대립이 아니라 협력을 통한 혁신적 가치 창출을 의미한다. 진정한 혁신은 AI 기술을 단순히 도구로 사용하는 것이 아니라, 인간의 창의적 사고와 AI의 분석적 능력을 유기적으로 결합할 때 발생한다.

AI를 활용한 혁신적 제품 및 서비스 개발은 다양한 산업 분야에서 혁명적 변화를 만들어내고 있다. 예를 들어, 의료 분야에서는 AI

기반 개인 맞춤형 치료 시스템이 등장하고 있다. 유전체 분석, 의료 영상 진단, 질병 예측 알고리즘 등을 통해 보다 정밀하고 효과적인 의료 서비스를 제공할 수 있게 되었다.

또한 기존 비즈니스 모델의 AI 기반 혁신은 전통 산업의 근본적인 재구조화를 가능하게 한다. 금융 서비스에서는 AI 기반 '로보어드바이저'가 개인 투자 자문을 혁신하고 있으며, 제조업에서는 예측 유지보수 시스템이 생산성과 효율성을 획기적으로 향상시키고 있다.

새로운 AI 응용 분야 발굴은 창의성의 또 다른 핵심이다. 환경 보호, 기후 변화 대응, 도시 계획 등 사회적 도전 과제 해결에 AI 기술을 혁신적으로 적용하는 사례가 증가하고 있다. 예를 들어, 위성 이미지 분석을 통한 산림 보호, 에너지 소비 최적화 등은 AI 기술의 창의적 활용을 보여준다.

따라서 인간 중심의 AI 솔루션 디자인은 기술 혁신의 궁극적 목표이다. 단순히 기술적 성능을 높이는 것이 아니라, 사용자의 실제 니즈와 경험을 최우선으로 고려해야 한다. 디자인 사고 방법론을 통해 AI 솔루션을 개발함으로써, 기술의 사회적 수용성과 실효성을 높일 수 있다.

이를 위해서는 공감, 문제 정의, 아이디어 발상, 프로토타이핑, 테스트 등 디자인 사고의 전 과정에서 사용자 중심의 접근이 필요하다 . AI 기술은 단순한 도구가 아니라 인간의 삶을 개선하고 확장하는 혁신적 수단이 되어야 한다.

AI 시대의 전문가로 성장하기 위한 여정은 단순한 기술 습득을 넘어서는 포괄적이고 복합적인 과정이다. 우리가 지금까지 탐구한 기술적 역량, 융합적 사고, 윤리적 판단력, 적응력, 협업 능력은 미래 전문가의 필수 DNA로 자리 잡고 있다.

핵심은 이러한 역량들이 고립된 기술이 아니라 서로 긴밀하게 연결된 통합적 역량이라는 점이다.

이 점에서 미래 직업 환경은 AI와 인간의 협력을 통해 끊임없이 진화할 것이다. 기술은 더 이상 인간을 대체하는 도구가 아니라, 인간의 잠재력을 확장하고 새로운 가능성을 열어주는 협력자로 자리 잡을 것이다. 이 과정에서 가장 중요한 것은 끊임없는 학습과 자기 혁신에 대한 열정이다.

성공적인 AI 시대 전문가가 되기 위해서는 다음과 같은 접근이 필요하다(앞서 다른 장과 절에서도 강조).

- 지속적인 학습: 매일 새로운 기술과 지식을 탐구하고 흡수하는 자세
- 유연한 사고: 변화를 두려워하지 않고 오히려 기회로 인식하는 마인드
- 융합적 접근: 다양한 학문과 기술을 창의적으로 연결하는 능력
- 윤리적 성찰: 기술의 사회적 영향을 깊이 있게 고려하는 책임감

궁극적으로 AI 시대의 전문가는 기술과 인간성의 조화로운 통합을 추구하는 혁신가이다. 우리는 이제 기술의 수동적 소비자가 아니라, 미래를 적극적으로 형성하는 주체로 거듭나야 한다. AI는

우리의 잠재력을 확장하고, 인류가 직면한 복잡한 도전을 해결할 수 있는 강력한 도구가 될 것이다.

제8장

대학 해체 설명서 :
2040년 대학 미래 모델

- 대학의 해체와 재구조화
- 2040년 변화 대응 전략 : 해체와 재설계
- 2040년, 대학의 미래 변화 보고서

2040년 교육은 단순한 지식 전달을 넘어, 개인 맞춤형 성장, 사회적 문제 해결, 그리고 지속적 혁신을 이끄는 '지능형 학습 생태계'로 진화할 것이다. 이 장에서는 미래 교육 시스템의 핵심 개념을 정립하고, 왜 그것이 가장 효율적이고 지능적인 모델인지 상세히 분석한다.

2040년 교육 시스템의 개념은 '초개인화 AI 학습 생태계(Intelligent Hyper-Personalized Learning Ecosystem)'가 될 것이고 한마디로 초개인화(Hyper-Personalization)의 의미를 지닌다. 따라서 2040년 교육 시스템은 학습자의 개별 특성, 목표, 학습 스타일, 심리 상태, 사회적 환경 등 수십 가지 요소를 AI가 실시간으로 분석하여, 최적의 학습 경로와 내용을 맞춤 제공하는 것을 뜻한다. 이는 전통적인 일괄적 강의 방식이나 표준화된 교육에서 벗어나, 학습자 한 명 한 명의 '학습 경험'을 극대화하는 것을 목표로 한다.

또한 AI 기반 지속적인 적응형 학습(Adaptive Learning)을 특성으로 하고 AI가 학습자의 이해도, 집중력, 피드백 반응 등을 실시간 모니터링하며, 학습 콘텐츠, 난이도, 속도, 형식을 자동 조정한다.

이를 통해 학습자는 자신만의 페이스에 맞춰 부담 없이 학습하며, 이해도가 낮은 부분은 심층 보강하고, 이미 숙지한 부분은 효율적으로 넘어갈 수 있다.

특히 협업과 사회적 학습 통합이 중요시되는데 교육은 개인 맞춤형을 넘어, 동료 학습자, 멘토, AI와의 상호작용을 통해 사회적·협업적 학습을 촉진한다.

앞서 오메가 캠퍼스의 등장에서 세부적으로 다루었듯이 가상현실(VR), 증강 현실(AR), 메타버스 환경에서 다양한 배경의 학습자가 실시간으로 교류하며, 문제 해결 중심 프로젝트를 수행한다. 학습의 주기에 있어서도 생애 전주기 통합 학습 플랫폼이 될 것이고 초개인화 AI 학습 생태계는 유아기부터 노년기까지, 학습자의 전 생애주기를 아우르는 통합 시스템이 이루어질 것이다. 그러므로 학습은 단발성이 아니라 지속적이고 유연한 과정으로 설계되어, 사회 변화와 개인 진로 변화에 능동적으로 대응하는 지속적, 적응적 학습 형태가 될 것이다.

대학의 해체와 재구조화

2040년까지의 대학은 존재할 것이지만 구조화, 체제면에서는 해체와 쇠락, 소멸, 그리고 심한 경우 종말을 맞이할 수 있는 가능성이 있다. 이러한 환경과 진화 속에서 대학은 해체와 재구조화를 반복할 수밖에 없는데 지속가능한 성장을 위해서는 재구조화의 전략이 절실한 실정이다. 이러한 재구조화의 흐름과 관련하여 다음 몇 가지의 요인들을 감안할 필요가 있다.

2040년 효율적이고 지적인 대학 교육 시스템

2040년의 효율적이고 지적인 대학 교육 시스템 특성은 개인이나 사회나 직업에서 필요로 하는 내용만의 선별하여 정교한 학습 형태를 취하게 되는데 한 마디로 불필요한 학습은 최소화하고 당장 필요한 학습은 적극적으로 집중화하여 학습하는 형태가 이루어질 것이다. 이러한 내용은 한마디로 적응적, 적시적 학습 플랫폼이 될 것이다. 이러한 교육 시스템의 특성을 정리하면 다음과 같다.

① 학습 효율성 극대화: 불필요한 학습 최소화

AI가 개별 학습자의 현재 수준과 목표를 정확히 파악해, 이미 알고 있는 내용은 반복하지 않고 꼭 필요한 부분에 집중하게 한다. 학습 시간과 노력을 최소화하면서도 최대 학습 성과를 달성하는 '맞춤형 경로'를 제공한다.

② 학습 동기와 몰입도 극대화

학습자의 심리 상태와 선호도를 반영한 콘텐츠와 학습 방식 제공으로, 지루함과 스트레스를 줄이고 흥미와 몰입도를 높인다.

개별화 학습 모듈, 인터랙티브 콘텐츠, 실시간 피드백을 통해 학습자가 스스로 동기부여하고 성장하는 환경을 조성한다.

③ 사회적·협업적 학습 강화로 문제 해결 능력 제고

현대 사회 문제는 복잡하고 다차원적이므로, 개인 역량만으로는 한계가 있다. 협업 학습을 통해 다양한 관점과 역량을 융합하는 경험을 쌓는다.

AI가 팀원 간 역할 분담과 협력 과정을 지원, 갈등 조정 및 효율적 의사소통을 촉진한다.

④ 지속적 업데이트와 미래 대응력 확보

지식과 기술 변화 속도가 빨라져 전통적 교과서 중심 교육은 한계가 있다. AI가 최신 연구, 산업 동향, 사회 변화 등을 신속히 반영해 학습 콘텐츠를 지속적으로 갱신한다.

학습자는 항상 최신 정보와 기술을 습득하며 미래 변화에 능동적으로 대처할 수 있다.

⑤ 평생 학습 및 융합 능력 강화

교육 시스템은 학습자의 생애 전주기 변화에 따라 맞춤형 지원을 제공하므로, 학습 중단 없이 지속적인 자기계발이 가능하다.

다양한 분야 융합 교육이 자연스럽게 이루어져, 복합 문제 해결과 혁신 역량을 강화한다.

2040년 대학 시스템의 핵심 구성 요소

2040년 대학 시스템의 핵심 구성 요소는 AI와 개별 학습자 그리고 교수자의 삼각형 학습 모형(Triangle learning model)이 핵심 구성 요소가 될 것이다(이현청, 2025).

① AI 학습 튜터 혹은 조교와 지능형 멘토

AI 기반 개인 학습 과외자 혹은 조교가 학습 목표 설정, 진도 관리, 동기부여, 심리 상태 체크 등 전반적인 학습 과정을 지원한다.

필요시 인간 전문가 멘토와 AI가 협력해 맞춤형 상담과 피드백을 제공한다.

② 맞춤형 콘텐츠 생성 및 분배 플랫폼

AI가 학습자의 프로필과 요구를 바탕으로 텍스트, 영상, 인터랙티브 퀴즈, VR 체험 등 다양한 형식의 콘텐츠를 생성 및 제공한다.

학습 난이도와 분야별 맞춤형 학습 자료가 자동으로 조정되어 최적화된 교육이 이루어진다.

③ 협업·소셜 학습 공간(디지털 + 물리)

메타버스 기반 가상 캠퍼스와 실제 공간이 결합되어 언제 어디서나 협업, 토론, 프로젝트 수행이 가능하다.

AI가 협업 그룹을 구성하고, 역할 분배, 진척 상황 모니터링, 갈등 중재 등을 돕는다.

④ 지속적 학습 경로 관리 시스템

학습 이력과 성과를 블록체인 등 안전한 시스템으로 관리하여, 언제든지 자신의 역량과 자격을 확인하고 새로운 학습 계획을 수립할 수 있다.

기업, 교육기관, 정부와 연계한 인증 시스템이 통합되어 평생학습의 신뢰성을 보장한다.

⑤ 개인 맞춤형 학습

2040년 AI 기반 개인 맞춤형 학습 시스템은 학습자의 인지적 특성, 학습 스타일, 관심사를 실시간으로 분석하여 완전히 개인화된 교육 경험을 제공한다. 고급 머신러닝 알고리즘은 학습자의 강점과 약점을 정밀하게 진단하고, 이를 바탕으로 최적화된 학습 경로를 동적으로 설계한다. 학습자의 진도, 이해도, 학습 속도에 따라 즉각적으로 콘텐츠의 난이도와 접근 방식을 조정함으로써, 개인의 최대 잠재력을 끌어올리는 맞춤형 교육을 실현한다.

⑥ 가상 현실과 증강 현실을 활용한 실감형 교육

2040년 교육에서 가상현실(VR)과 증강현실(AR) 기술은 학습의 패러다임을 근본적으로 변화시킨다. 역사 수업에서 학생들은 실제 역사적 현장을 360도 각도로 탐험하며, 고대 문명의 도시를 생생하게 체험할 수 있다. 과학 교육에서는 복잡한 분자 구조를 입체적으로 조작하거나 우주의 먼 곳을 탐험하는 몰입형 시뮬레이션을 통해 추상적 개념을 직접적으로 이해할 수 있다. 예술 분야에서는 세계 유명 미술관을 가상으로 방문하거나, 예술가의 창작 과정을 실시간으로 관찰할 수 있어 학습의 깊이와 현장성을 획기적으로 높인다. 이러한 기술은 이론과 실제 경험을 통합하여, 학습자에게 깊이 있고 감동적인 교육 경험을 제공한다.

⑦ 인공지능 튜터와 협력 학습

2040년 AI 튜터는 단순한 교육 보조 도구를 넘어 개인 맞춤형 학습 파트너로 진화한다. 이들은 학습자의 심리적, 인지적 상태를 실시간으로 분석하여 정서적 지원과 학습 동기 부여를 동시에 제공한다. 24시간 즉각적인 피드백과 맞춤형 학습 가이던스를 제공하며, 학습자의 개인적 학습 리듬과 스타일에 완벽하게 적응한다.

동시에, 혁신적인 협력 학습 플랫폼은 전 세계 학생들 간의 실시간 상호작용을 가능하게 한다. AI 알고리즘은 유사한 학습 목표와 관심사를 가진 학생들을 연결하고, 글로벌 프로젝트 기반 학습을 촉진한다. 인간 교수는 이러한 시스템에서 학습 코디네이터와 멘토의 역할로 전환되어, AI의 데이터 기반 분석과 인간의 창의적 통찰력을 결합한 혁신적인 교육 생태계를 만들어간다.

2040년 대학 교육의 모습은 AI와 인간이 공존하는 지능형 학습 생태계로 혁신될 것이다. 2040년 교육 시스템은 AI의 첨단 기술력과 인간 고유의 창의성, 협업 능력을 조화롭게 결합한 '초개인화 AI 학습 생태계'이다. 이는 학습자 개개인의 능력과 필요에 최적화된 학습 경험을 제공해, 학습 효율과 몰입도를 극대화한다. 동시에 사회적 상호작용과 협업을 통해 다차원적 문제 해결 능력을 키우며, 생애 전주기 학습을 통합 지원한다.

이러한 시스템만이 급변하는 미래 환경에서 개인과 사회 모두가 지속가능하게 성장할 수 있도록 하는 가장 효율적이고 인텔리전트한 교육 시스템이다.

따라서 현재와 같은 획일화된 교육 방식, 개인의 학습 속도와 스타일을 고려하지 않는 접근법, 그리고 실제 세계의 역동적인 요구와 괴리된 교육 내용은 심각한 문제점으로 지적되고 있다. 2040년 도래할 초연결, 초지능 사회에서는 유연성, 창의성, 지속적 학습 능력이 핵심 경쟁력이 될 것이다. 따라서 개인의 잠재력을 최대한 발현하고, 빠르게 변화하는 사회적 요구에 즉각 대응할 수 있는 혁신적이고 지능적인 교육 시스템의 구축이 절실히 요구된다.

2040년의 혁신적 교육 시스템은 개인화, 몰입형 학습, AI 기반 지원, 그리고 평생 학습의 핵심 원칙을 통해 교육의 패러다임을 근본적으로 변화시킨다. AI와 첨단 기술을 활용한 맞춤형 학습 접근법은 개인의 잠재력을 최대화하고, 창의성과 적응력을 극대화한다. 이 시스템은 단순한 지식 전달을 넘어 학습자 개개인의 고유한 학습 방식과 잠재력을 존중하는 총체적 교육 경험을 제공하게 될 것이다.

2040년 미래 대학 모델

앞서 논의한 바대로 2040년에 대학들은 해체되고 다음과 같은 5가지 모델로 특성화가 이루어질 가능성이 높다.

미래 대학 모델 1 : 온라인 중심 글로벌 대학(Global Online University)

구분	내용
이유	디지털 전환과 팬데믹 이후 원격 학습의 대중화
특징	전 세계 누구나 온라인으로 강의 수강, MOOC 기반, AI 튜터 활용
단점	직접적 인간관계 부족, 실습과정 한계, 자기주도 학습 역량 필요
가능성	가능성이 높음 – 인프라와 플랫폼 확장에 따라 성장 지속 예상

미래 대학 모델 2 : 맞춤형 AI 튜터 대학(AI-Personalized University)

구분	내용
이유	AI 기술 발달로 개별 맞춤형 학습 가능
특징	AI가 학습 진도/스타일 분석 → 개인별 커리큘럼 제공, 평가 자동화
단점	인간 교수자의 정서적 상호작용 부족, 데이터 편향 우려
가능성	가능성이 높음 – AI 보조 교수법 확산, 학습효율 증가 기대

미래 대학 모델 3 : 산업-대학 융합형 대학(Industry-Integrated University)

구분	내용
이유	실무 중심 교육 수요 증가, 기업 요구에 부합하는 인재 육성
특징	기업과 공동 커리큘럼 운영, 프로젝트 기반 학습, 인턴십 필수
단점	학문적 자유 위축 가능성, 특정 산업 중심 편향 우려
가능성	가능성이 있음 – 특정 산업에선 효과적이지만 보편화는 어려움

미래 대학 모델 4 : 모듈형·마이크로 디그리 대학(Modular & Micro-degree University)

구분	내용
이유	평생학습 시대, 경력 전환·직무 변화에 대응하는 유연한 교육 요구
특징	단기 코스 → 모듈 조합으로 학위 인정, 자기주도형 경력 설계 가능
단점	깊이 있는 학문 축적 어려움, 학위의 공신력 논란
가능성	가능성이 높음 – 직무 변화 빠른 산업에서 실용성 인정 확대 중

미래 대학 모델 5 : 탈중앙화 지식 공유 플랫폼(Decentralized Knowledge Network)

구분	내용
이유	블록체인·Web3 기술 등장, 전통 기관의 권위 약화
특징	누구나 교육자/학습자 될 수 있는 플랫폼, 인증도 블록체인 기반
단점	품질 보증 어려움, 공신력 낮음, 정부 인정 제도 부재
가능성	가능성이 낮음 – 기술은 가능하지만 제도적, 사회적 수용도 낮음

이를 다시 정리하면 5가지 미래 대학 모형이 가능하며 그 가능성과 대학으로서의 기능과 역할 그리고 학습 플랫폼으로서의 장단점은 다소 다르다고 볼 수 있다. 이 모형은 15년 뒤의 대학 환경 변화와 기술 변화 과정에서 충분히 변화될 가능성이 있고 이러한 가능성 위에 미래에 대한 추정을 한 것이다.

모델	핵심 키워드	가능성	주요 장점	주요 단점
1. 글로벌 온라인 대학	비대면, MOOC	높음	접근성, 비용 효율	관계 부족, 실습 한계
2. 맞춤형 AI 대학	개인화, AI	높음	학습 효율, 자동화	인간적 상호작용 부족
3. 산업 연계형 대학	실무, 기업 협력	보통 (가능성 있음)	취업 연계, 실용성	학문 위축 우려
4. 모듈형 디그리	유연성, 평생학습	높음	재교육 쉬움	전문성 부족 우려
5. 탈중앙화 지식 네트워크	Web3, P2P 학습	낮음	자유로운 지식 공유	공신력 및 제도 미비

4차 산업혁명 시대에 접어들면서 대학 교육의 패러다임은 근본적인 변화를 요구받고 있다. 전통적인 대학 모델은 급변하는 기술 환경과 노동 시장의 요구를 더 이상 효과적으로 충족시키지 못하고 있다. 현재의 대학 교육은 여전히 경직된 커리큘럼, 높은 학업 비용, 실무 능력 개발의 부족 등 심각한 한계를 노출하고 있다.

기술의 급속한 발전, 글로벌화, 그리고 평생 학습의 필요성은 대학 교육의 근본적인 재설계를 요구하고 있다. 전통적인 4년제 학위 모델은 더 이상 미래 인재 양성에 충분하지 않으며, 학생들의 다양한 학습 요구와 사회의 복잡한 도전 과제를 반영하지 못하고 있다.

이러한 맥락에서 앞서 제시한 5개의 모델에 더하여 추가로 다섯 가지 미래 대학 교육의 혁신적인 모델들을 탐색하고 제시해 보면 온라인 중심 대학, 프로젝트 기반 학습 대학, 평생 학습 구독 모델, AI 기반 개인화 학습 대학, 그리고 글로벌 네트워크 대학 등이다. 따라서 총 10개의 2040 미래 대학 모델이 가능하다. 추가된 다섯 가지 모델을 심층적으로 분석하여 미래 고등교육의 새로운 가능성을 모색해 보면 다음과 같다.

온라인 중심 대학 모델

온라인 중심 대학 모델은 4차 산업혁명 시대의 교육 패러다임을 근본적으로 재정의하는 혁신적인 접근법이다. 이 모델은 물리적 캠퍼스를 최소화하고 디지털 플랫폼을 통한 온라인 강의에 중점을 둔다.

주요 추진 배경은 크게 두 가지로 볼 수 있다. 첫째, 교육의 접근성을 획기적으로 향상시킬 수 있다. 지리적 제약, 경제적 한계, 시간적 제약에 얽매이지 않고 누구나 양질의 교육을 받을 수 있게 된다. 둘째, 대학 운영 비용을 획기적으로 절감할 수 있다. 물리적 인프라 유지에 필요한 막대한 비용을 대폭 줄일 수 있어 교육의 경제적 효율성을 높일 수 있다.

이 모델의 핵심 특징은 학습의 유연성이다. 학생들은 자신의 일정과 학습 리듬에 맞춰 강의를 수강할 수 있으며, 글로벌 수준의 다양한 교육 프로그램에 접근할 수 있다. 세계 유수 대학의 강의를 시간과 장소에 구애받지 않고 수강할 수 있는 기회를 제공한다.

그러나 이 모델은 몇 가지 중요한 한계점도 지니고 있다. 대면 상호작용의 부족은 학생들의 사회적 네트워킹과 협업 능력 개발에 부정적 영향을 미칠 수 있다. 또한 실험실, 현장 실습 등 물리적 접촉이 필요한 학문 분야에서는 교육의 깊이와 질을 담보하기 어려울 수 있다.

온라인 중심 대학 모델의 실현 가능성은 점점 높아지고 있다. 코로나19 팬데믹 이후 전 세계적으로 온라인 교육 인프라가 급속도로 발전했으며, 기술적 한계들이 지속적으로 극복되고 있기 때문이다. 그러나 완전한 대체보다는 기존 교육 모델과의 하이브리드 방식으로 점진적으로 발전할 가능성이 높다. 2040년에도 이러한 추세는 확대될 것으로 예견된다.

프로젝트 기반 학습 대학

프로젝트 기반 학습 대학 모델은 전통적인 강의실 중심 교육에서 벗어나 실제 세계의 복잡한 문제를 해결하는 과정을 중심으로 하는 혁신적인 교육 접근법이다. 이 모델의 핵심은 학생들이 단순히 이론을 학습하는 것을 넘어 실제 산업 및 사회적 도전 과제에 직접 참여하고 해결책을 모색하는 것이다.

주요 목적은 학생들의 실무 능력을 획기적으로 향상시키고 창의성을 계발하는 것이다. 학생들은 다양한 학문 분야를 넘나들며 복합적인 프로젝트에 참여함으로써 실제 업무 환경에서 요구되는 협업, 문제 해결, 비판적 사고 능력을 동시에 배양할 수 있다. 예를 들어, 공학, 디자인, 경영학 학생들이 함께 지속 가능한 도시 개발 프로젝트를 수행하는 방식으로 학제간 협력을 촉진한다.

또한 이 모델은 산업체와의 긴밀한 연계를 통해 학생들에게 실제 현장의 경험을 제공한다. 기업들은 실제 비즈니스 문제를 프로젝트 주제로 제공하고, 학생들은 이를 해결하는 과정에서 실무 역량을 키우게 된다. 이는 수료 후 취업 경쟁력을 크게 향상시키는 동시에 산학 협력의 새로운 패러다임을 제시한다.

프로젝트 기반 학습 대학 모델 또한 장단점을 가지고 있다.

프로젝트 기반 학습 대학 모델의 가장 큰 강점은 학제간 협력과 산업체와의 긴밀한 연계에 있다. 다양한 전공의 학생들이 협업하여 복합적인 문제를 해결하는 과정은 현대 사회가 요구하는 융합적 사고와 창의적 문제 해결 능력을 효과적으로 배양한다.

그러나 이 모델은 몇 가지 중요한 한계점도 내포하고 있다. 첫째, 실무 중심의 접근으로 인해 학문의 이론적 깊이가 상대적으로 부족해질 수 있다. 프로젝트에 집중하다 보면 근본적인 학문적 원리와 심도 있는 이론 탐구가 소홀해질 위험이 있다.

둘째, 프로젝트 기반 학습의 평가는 매우 복잡하고 주관적일 수 있다. 개별 학생의 기여도, 팀 프로젝트에서의 역할, 실제 문제 해결 능력 등을 객관적이고 공정하게 평가하기 어려운 도전이 존재한다. 이는 학생들의 공정한 성과 측정을 어렵게 만드는 주요 장애물이 될 수 있다.

그럼에도 불구하고, 프로젝트 기반 학습 모델은 미래 교육의 혁신적인 대안으로 높은 잠재력을 지니고 있다. 지속적인 방법론 개선과 평가 체계 발전을 통해 이러한 한계들을 극복할 수 있을 것으로 기대된다.

프로젝트 기반 학습 대학의 평가 모형은 다양한 모형이 가능하다.

프로젝트 기반 학습 대학 모델의 실현 가능성은 복합적인 요인들에 의해 결정된다. 먼저, 이 모델의 성공적인 도입을 위해서는 상당한 제도적, 재정적 지원이 필요하다. 대학은 유연한 커리큘럼 설계, 산업체와의 협력 네트워크 구축, 다학제 교수진 확보 등에 상당한 투자를 해야 한다.

교육 정책 측면에서도 근본적인 변화가 요구된다. 전통적인 학점 체계, 성과 평가 방식, 교수 평가 기준 등을 프로젝트 기반 학습에 적합하도록 재설계해야 한다. 또한 정부 차원에서 이러한 혁신적 교육 모델에 대한 재정 지원과 제도적 뒷받침이 필수적이다.

실제 구현 가능성은 높지만, 점진적이고 단계적인 접근이 필요하다. 일부 대학에서 시범 운영을 통해 모델의 효과성을 검증하고, 점진적으로 확대해 나가는 전략이 현실적일 것이다. 특히 기술 혁신, 창의적 문제 해결이 중요한 분야에서 우선적으로 도입될 가능성이 높다.

평생 학습 구독 모델

평생 학습 구독 모델은 대학 교육의 패러다임을 근본적으로 변화시키는 혁신적인 접근법이다. 이 모델의 핵심은 대학 졸업 후에도 지속적이고 유연한 교육 서비스를 제공하는 것이다. 4차 산업혁명 시대의 급격한 기술 변화와 불확실한 직업 환경에 대응하기 위해, 대학은 더 이상 단순히 학위를 수여하는 기관이 아니라 평생 학습의 동반자 역할을 수행해야 한다.

이 모델의 주요 목적은 빠르게 변화하는 직업 세계에 개인들이 적응할 수 있도록 지원하는 것이다. 인공지능, 자동화, 디지털 기술의 급속한 발전으로 인해 많은 직업이 사라지고 새로운 직업이 생겨나는 상황에서, 지속적인 재교육과 스킬 업그레이드는 더 이상 선택이 아닌 필수가 되었다.

평생 학습 구독 모델은 유연한 학위 체계와 맞춤형 교육과정을 제공한다. 학생들은 졸업 후에도 정기적인 구독 형태로 필요한 교육 프로그램에 접근할 수 있으며, 개인의 경력 발전 단계와 산업 트렌드에 맞는 최신 지식과 기술을 지속적으로 습득할 수 있다. 이는 전통적인 일회성 학위 모델을 넘어 평생에 걸친 학습 여정을 지원하는 혁신적인 접근법이다.

평생 학습 구독 모델의 경우 장단점이 있는데 이러한 장단점은 다음과 같이 설명될 수 있다.

평생 학습 구독 모델의 가장 혁신적인 특징은 유연한 학위 체계와 맞춤형 교육과정에 있다. 전통적인 고정된 학위 개념에서 벗어나, 학습자는 자신의 경력 발전 단계와 개인적 학습 요구에 맞춰 유연하게 교육 서비스를 선택할 수 있다. 예를 들어, 특정 기술이나 전문 분야의 최신 트렌드를 빠르게 습득하고 싶은 전문가는 단기 집중 과정을 구독할 수 있으며, 대규모 경력 전환을 원하는 학습자는 더 포괄적인 재교육 프로그램을 선택할 수 있다.

그러나 이 모델은 중요한 도전 과제들을 안고 있다. 대학의 기존 재정 모델은 학기제 등록금 중심으로 설계되어 있어, 구독 기반 학습 모델로의 전환에는 근본적인 재정 구조 변화가 필요하다. 또한 지속적인 학습 동기를 유지하는 것은 쉽지 않다. 일과 개인 생활 사이에서 평생 학습에 대한 지속적인 몰입을 이끌어내기 위해서는 혁신적인 동기부여 전략이 요구된다.

이러한 도전에도 불구하고, 평생 학습 구독 모델은 미래 교육의 핵심 대안으로 부상하고 있다. 빠르게 변화하는 기술 환경에서 개인의 지속적인 역량 개발을 지원하는 혁신적인 접근법이기 때문이다.

평생 학습 구독 모델의 실현 가능성 평가는 높은 편이지만 기존 대학 체제의 근본적인 재구조화를 해야한다는 과제를 안고 있다.

제도적 측면에서 대학들은 전통적인 학기제 중심 교육에서 유연한 구독 기반 학습 모델로의 전환을 위해 근본적인 구조 변화가 필요하다.

교육부와 대학 관계자들의 적극적인 제도 혁신이 요구되며, 새로운 학습 인증 체계와 평가 방식 개발이 필수적이다. 특히 기업과 연계된 실무 중심의 유연한 학습 인증 체계 구축이 관건이 될 것이다.

시장 수용성 측면에서는 기술 변화의 가속화와 직업 환경의 불확실성으로 인해 평생 학습에 대한 개인과 기업의 수요가 지속적으로 증가할 것으로 전망된다. 디지털 기술의 발전과 온라인 플랫폼의 확산은 이러한 모델의 실현 가능성을 더욱 높이고 있다.

단기적으로는 부분적 도입과 점진적 확대 전략이 현실적일 것이며, 장기적으로는 대학 교육의 근본적인 패러다임 전환을 예상할 수 있다.

AI 기반 개인화 학습 대학

AI 기반 개인화 학습 대학 모델은 인공지능 기술을 활용하여 학습자 개개인에게 최적화된 맞춤형 교육 경험을 제공하는 혁신적인 대학 모델이다. 이 모델의 핵심은 각 학생의 고유한 학습 특성, 인지 능력, 관심사를 정밀하게 분석하고, 이를 기반으로 개인별 최적화된 학습 경로를 동적으로 설계하는 것이다.

주요 목적은 학습 효율성을 극대화하고 개인의 잠재력을 최대한 발현시키는 것이다. AI 알고리즘은 학생의 학습 패턴, 이해도, 진도, 관심 분야를 실시간으로 분석하여 개인에게 가장 적합한 학습 콘텐츠와 난이도를 제공한다. 예를 들어, 특정 개념에 어려움을 겪는 학생에게는 추가 설명과 보충 자료를, 빠르게 이해하는 학생에게는 더 심화된 내용을 제공할 수 있다.

이 모델의 혁신성은 학습의 개인화와 적응성에 있다. 전통적인 획일화된 교육 방식에서 벗어나, AI 기술을 통해 각 학생의 고유한 학습 요구와 잠재력에 완벽하게 부합하는 교육 경험을 설계할 수 있다. 이는 단순히 기술적 혁신을 넘어 교육의 근본적인 패러다임 변화를 의미한다.

AI 기반 개인화 학습 대학의 특징과 단점의 양면성을 지니고 있다.

AI 기반 개인화 학습 대학 모델의 가장 두드러진 특징은 실시간 학습 분석 및 적응형 콘텐츠 제공이다. AI 알고리즘은 학생의 학습 과정을 매우 정교하게 모니터링하여 즉각적인 피드백과 맞춤형 학습 경로를 제공한다. 학생의 이해도, 학습 속도, 강점과 취약점을 실시간으로 분석하여 동적으로 콘텐츠를 조정할 수 있다.

예를 들어, 수학 수업에서 특정 개념에 어려움을 겪는 학생에게는 AI 시스템이 자동으로 추가 설명 영상, 보충 문제, 대체 학습 자료를 제시할 수 있다. 반대로 해당 주제를 빠르게 이해하는 학생들에게는 더 심화된 문제와 심층 학습 자료를 제공함으로써 개인의 최적 학습 잠재력을 극대화할 수 있다.

그러나 이러한 혁신적 모델은 심각한 도전 과제도 내포하고 있다. 첫째, 기술에 대한 과도한 의존도 문제가 있다. AI 시스템에 지나치게 의존하면 학생들의 자율적 학습 능력과 비판적 사고력 발달이 저해될 수 있다. 둘째, 데이터 프라이버시와 윤리적 문제가 중요한 쟁점이다. 학생들의 학습 데이터 수집 및 분석 과정에서 개인정보 보호와 데이터 활용에 대한 엄격한 가이드라인이 필요하다.

AI 기반 개인화 학습 대학 모델의 실현 가능성은 매우 높지만, 동시에 복합적인 도전 과제들을 안고 있다. 기술적 측면에서 인공지능과 머신러닝 기술은 빠르게 발전하고 있어 개인화된 학습 시스템 구축의 잠재력이 매우 크다. 특히 데이터 분석 능력과 알고리즘의 정교함이 지속적으로 향상되고 있어, 학습자 개인의 특성을 정밀하게 분석하고 최적화된 학습 경로를 제시할 수 있는 가능성이 높아지고 있다.

그러나 실제 구현을 위해서는 몇 가지 중요한 선결 조건이 필요하다. 첫째, 대규모 고품질 학습 데이터 확보가 필수적이다. 학생들의 학습 패턴, 인지 특성, 성과 등을 포괄적으로 수집하고 분석할 수 있는 데이터 인프라 구축이 선행되어야 한다. 둘째, 윤리적 가이드라인과 개인정보 보호 체계를 엄격하게 마련해야 한다. 학생들의 민감한 학습 데이터를 수집하고 활용하는 과정에서 개인의 프라이버시를 보장할 수 있는 시스템이 필요하다.

단기적으로는 일부 대학과 교육 기관에서 부분적 도입이 시작될 것으로 예상하며, 장기적으로는 대학 교육의 근본적인 패러다임을 변화시킬 잠재력을 지니고 있다. 다만, 기술에 대한 과도한 의존을 경계하고 인간 교수자의 역할을 보완적으로 유지하는 균형 잡힌 접근이 중요할 것이다.

글로벌 네트워크 대학

글로벌 네트워크 대학 모델은 21세기 고등교육의 혁신적인 패러다임으로, 전 세계 대학들이 긴밀하게 연결되어 협력하는 새로운 교육 생태계를 제시한다. 이 모델의 핵심은 지리적, 문화적 경계를 넘어 대학들이 지식, 자원, 교육 프로그램을 공유하고 상호 교류하는 것이다.

주요 목적은 학생들에게 진정한 글로벌 시각을 제공하고, 다양한 문화와 학문적 관점을 경험할 수 있는 기회를 창출하는 것이다. 전통적인 단일 대학 중심 교육에서 벗어나, 세계 각국의 대학들이 네트워크를 형성하여 공동 학위 프로그램, 학생 및 교수 교환, 공동 연구 프로젝트 등을 운영한다.

이러한 협력 네트워크를 통해 대학들은 각자의 강점을 공유하고 제한된 자원의 효율성을 높일 수 있다. 예를 들어, 한 대학의 첨단 연구 시설과 다른 대학의 특화된 교육 프로그램을 상호 보완함으로써 교육의 질을 획기적으로 향상시킬 수 있다. 또한 학생들은 다국적 환경에서 학습하며 글로벌 역량을 배양할 수 있는 독특한 기회를 얻게 된다.

글로벌 네트워크 대학 또한 특징 및 장단점이 있다.

글로벌 네트워크 대학 모델의 가장 혁신적인 특징은 다국적 학위 프로그램과 심층적인 문화 교류에 있다. 학생들은 단일 대학이 아닌 여러 국가의 대학에서 학점을 이수하고, 최종적으로 복수 또는 공동 학위를 취득할 수 있다. 예를 들어, 한국의 한 대학에서 1년, 미국 대학에서 1년, 유럽의 대학에서 1년을 공부하면서 각 대학의 특화된 교육과정을 경험할 수 있다.

이러한 모델은 단순한 학술적 교류를 넘어 깊이 있는 문화적 상호 이해를 촉진한다. 학생들은 다양한 문화적 맥락에서 학습하며 글로벌 시민으로서의 역량을 배양할 수 있다. 언어, 사고방식, 학문적 접근법의 차이를 직접 경험함으로써 진정한 다문화적 역량을 개발할 수 있다.

그러나 이 모델은 상당한 관리적 복잡성을 내포하고 있다. 서로 다른 교육 시스템, 학사 일정, 학점 체계, 평가 기준을 조정하는 것은 매우 도전적인 과제이다. 또한 각국 대학 간의 행정적, 법적 협약 체결도 복잡한 프로세스를 요구한다.

더욱이 문화적 차이로 인한 잠재적 갈등도 중요한 도전 과제이다. 학습 방식, 토론 문화, 학문적 접근법의 근본적인 차이는 학생들 사이의 오해와 갈등을 야기할 수 있다. 예를 들어, 토론 중심의 서구 교육 방식과 권위 존중의 아시아적 학습 문화 사이의 충돌이 발생할 수 있다.

글로벌 네트워크 대학의 실현 가능성 평가는 타모델에 비해 복합적 요인이 내재되어 있다.

글로벌 네트워크 대학 모델의 실현 가능성은 복합적인 요인들에 의해 결정된다. 국제적 교육 협력의 관점에서 볼 때, 이미 에라스무스 프로그램과 같은 국제 학생 교환 제도의 성공적인 선례가 존재한다. 디지털 기술의 발전은 이러한 협력을 더욱 용이하게 만들고 있으며, 온라인 플랫폼을 통한 글로벌 연결성은 과거 어느 때보다 높아졌다.

그러나 실제 구현을 위해서는 상당한 정책적 조율이 필요하다.

각국의 교육부, 학술 인증 기관, 대학들 간의 복잡한 협상과 표준화 작업이 선행되어야 한다. 학점 인정, 공동 학위 발급, 교육과정 상호 호환성 등 해결해야 할 기술적, 제도적인 도전이 산재해 있다.

재정적 측면에서도 대학들 간의 자원 공유와 공동 투자 모델 개발이 필수적이다. 단기적으로는 부분적 네트워크 구축을 통해 점진적으로 확대해 나가는 전략이 현실적일 것이다. 특히 이미 긴밀한 학술 교류를 유지하고 있는 국가들 사이에서 우선적으로 시도될 가능성이 높다.

본 장에서 제시한 5개의 미래 대학 모델은 4차 산업혁명 시대의 급격한 변화에 대응하는 혁신적인 교육 패러다임을 보여준다. 각 모델은 기존 대학 교육의 한계를 극복하고 미래 사회가 요구하는 인재 양성을 위한 독특한 접근법을 제시한다.

온라인 중심 대학과 AI 기반 개인화 학습 대학 모델은 디지털 기술을 활용해 교육의 접근성과 효율성을 획기적으로 향상시키는 데 중점을 둔다. 프로젝트 기반 학습 대학은 실무 중심의 융합적 역량 개발을, 평생 학습 구독 모델은 지속적인 재교육의 중요성을, 글로벌 네트워크 대학은 초국가적 교육 협력을 강조한다.

이러한 모델들은 2040년의 대학 해체와 재설계와 관련해 공통적으로 몇 가지 중요한 미래 교육의 방향성을 제시한다. 첫째, 고정된 커리큘럼에서 벗어나 개인의 학습 요구와 잠재력에 최적화된 유연한 교육 접근법이 필요하다. 둘째, 기술 변화에 신속하게 대응할 수 있는 지속적인 학습 생태계 구축이 중요하다.

이러한 장점에도 불구하고 미래 대학 교육의 성공적인 전환을 위해서는 다음과 같은 과제들이 해결되어야 한다. 첫째, 교육 정책과 제도의 근본적인 혁신이 필요하다. 둘째, 기술 발전과 개인정보 보호 사이의 균형을 유지해야 한다. 셋째, 인간 중심의 교육 가치를 잃지 않는 신중한 접근이 요구된다.

궁극적으로 미래 대학 교육은 단순한 지식 전달을 넘어 개인의 잠재력을 최대한 발현하고, 급변하는 사회에 적응할 수 있는 역량을 키우는 플랫폼으로 진화해야 할 것이다.

2040년 변화 대응 전략 : 해체와 재설계

2040년 AI시대에 부응하기 위한 대응 전략은 한마디로 기존 대학 시스템의 해체와 AI 친화적 재설계라 할 수 있다. 2040년은 정확히 예측하거나 진단할 수 없지만 분명한 것은 우리가 경험했던 후기 산업사회나 정보화 사회에서 50년정도 소요되었던 변화가 2040년에는 분명 이루어질 것이라는 예측은 불가능한 일이 아니다. 특히 대학의 해체와 재설계는 분명 이루어질 것이고 교수 중심 강의 시대 또한 사라질 것이며 다양한 형태의 현장착근형 대학모델이 등장할 것이라고 예견된다. 이러한 점에서 2040년은 해체와 재구조, 재설계의 시대가 될 것이다. 이러한 때에 우리는 분명 대학 교육의 본질과 기능에 대해서 그리고 대학의 존재에 대해서 새로운 질문을 시작해야할 때가 된 것이다.

대학은 왜 존재해야 하는가 : '지식 중심 교육'의 사망 선언

AI는 이제 대부분의 정보를 인간보다 더 빠르고 정확하게 검색하고 가공할 수 있다. 그렇다면, 교수의 존재 이유는 무엇인가? 단순히 지식을 전달하거나 논문을 해석하는 역할은 이미 AI가 훨씬 더 잘 수행한다. 이런 시대에 교수는 더 이상 '지식 전문가'일 수 없다.

교수는 '지적 큐레이터'로서 진화해야 한다. AI가 생성한 수많은 정보의 홍수 더미 속에서, 진짜 의미 있고 가치 있는 질문을 선별하고, 그 질문을 확장시킬 수 있는 학습 생태계를 설계하는 사람으로 역할을 재정립해야 한다.

동시에 '전공'이라는 개념도 폐기되어야 한다. 고전적 전공은 정형화된 학문 경계 위에서 지식 습득을 전제로 한다. 그러나 지금은 문제 중심 학습의 시대다. 학생은 전공이 아니라, '도전 중심 학습 단위'를 이수해야 한다.

예를 들어, 한 학생은 기후 위기 문제 해결이라는 도전을 위해, 인공지능적 사고, 원주민 문화의 생태철학, 정치학적 제도 설계를 결합할 수 있어야 한다. 이런 방식으로 학생은 스스로 자기만의 전공을 고객화 개별화하고 설계해야 한다.

교수법 2.0은 없다 : 교수는 플랫폼을 만들고 학생은 생태계를 만든다

AI 시대의 교수는 더 이상 콘텐츠 생산자가 아니다. 유튜브도, GPT도 이미 그것을 하고 있다. 2040년에는 GPT 7이나 GPT 10에 의해 교수를 대신하는 지식 유통이 이루어질 것이다. 진짜 필요한 교수의 역할은, 특정 주제를 둘러싼 지식 생태계의 설계자가 되는 것이다.

예컨대, '블록체인 기반 커뮤니티 러닝 플랫폼'을 교수 스스로 개발하거나, AI가 주도하는 실시간 시뮬레이션 수업 환경을 설계해야 한다. 교수는 AI를 활용한 학습 시나리오를 운영하는 프로듀서이자, 알고리즘 교육의 큐레이터로 전환되어야 한다.

학생 역시 더 이상 수동적인 학습자가 아니다. 학생은 '문제 설계자'로 훈련받아야 한다. 더 이상 교수나 교과서가 주는 문제를 푸는 것이 아니라, 스스로 세상과 부딪히며 문제를 정의하고 설계하는 능력이 핵심이 된다.

학생의 성적은 그 문제 정의의 질에 의해 결정되어야 하며, 실제로 문제 설계가 평가의 70% 이상을 차지하는 구조로 바뀌어야 한다. 미래 교육의 리더는 정답을 맞히는 사람이 아니라, 문제를 잘 던지는 사람이다.

AI를 이용하는 것이 아닌, AI와 공동체를 만든다

AI는 더 이상 단순한 '도구'가 아니다. 이제 인간과 AI는 협력적 공동체를 형성해야 한다. 교수, 학생, AI는 상호 학습과 보완의 네트워크를 구축하며, 하나의 지능 생태계를 이룬다.

예컨대, 교수 1명, 학생 10명, 그리고 AI 조력자 10개의 인스턴스로 구성된 연구 공동체는 GPT, Claude, Perplexity 등 다양한 AI를 조합하여 지적 실험실을 꾸릴 수 있다. 이 공동체 안에서 아이디어는 인간과 AI 사이에서 교차하며 진화한다.

이제 모든 수업은 '강의'가 아닌, 학생 + AI의 협업 학습 형태로 대체되어야 한다. 전통적 시험은 폐지되고, 학생이 AI를 조작해 만든 창작물, 시뮬레이션, 실험 데이터가 평가의 중심이 된다.

이때 평가의 기준은 단순한 창의성이 아니다. AI와 얼마나 정교하게 협력했는가, AI를 어떤 방식으로 제어하고 조율했는가, 그 메타인지 역량이 진짜 핵심이 된다.

학위와 평가는 Web3로 : 탈중앙화 평판 시스템 도입이 된다

학위의 시대는 끝났다. 정해진 커리큘럼을 이수하고 졸업장을 받는 방식은 이제 더 이상 유효한 증명이 되지 않는다. AI와 협업하는 세상에서는, 실제로 어떤 문제 해결에 참여했는지, 어떤 영향력을 만들었는지가 핵심 자산이다.

이를 위해 블록체인 기술을 도입해, 프로젝트 참여 기록과 실험 데이터를 NFT로 인증하고, 누구나 열람 가능한 탈중앙 이력 시스템으로 구성해야 한다.

뿐만 아니라, 교수와 학생 모두 DAO(탈중앙화 자율조직)를 통해 대학을 운영할 수 있어야 한다. 강의 개설, 평가 방식, 예산 배분 등은 모두 DAO(Decentralized Autonomous Organization)투표로 결정되고, 대학은 더 이상 위계적인 조직이 아닌 지식 공유 네트워크로 전환된다.

교수와 학생의 '연구-실행-실패' 반복 플랫폼화

AI는 정답을 너무 쉽게 만들어낸다. 그렇기에 역설적이지만 이제 교육의 중심은 '성공'이 아니라, '실패'가 된다.

교수는 더 이상 성공 사례 중심의 논문에만 집착할 일이 아니다. 오히려 실패한 실험과 수업 설계를 활용하고, 그 데이터를 오픈해야 한다. 교육계는 실패 데이터베이스를 중심으로 발전해야 한다.

학생 역시 실패를 두려워하지 말고, 실패를 설계하고 기록하며 학습해야 한다. AI 실험을 하다가 생긴 오류, 예상치 못한 결과, 인간-AI 상호작용에서의 비효율성 등을 분석하고 정리하는 것이 성적 기준이 된다.

한 학기 동안 실패한 AI 실험 사례만 모아 정리해도, 그것은 하나의 강력한 지적 자산이다. 필자가 어느 대학 총장으로 재직 시 교양 강좌로 '실패학' 강좌를 개설한 것 또한 이러한 학습의 일환이었다.

교육의 끝은 사회적 실험 : 학교 밖에서 교육이 완성된다

교수는 이제 연구실이 아닌 지역 사회와 디지털 커먼즈(commons)에 출강해야 한다. 교육은 더 이상 폐쇄된 캠퍼스 안에서 이루어지지 않는다. 교수는 도시재생 프로젝트, 지역 커뮤니티, 기후 시민단체, 디지털 민주주의 플랫폼 등 현장 기반의 지식 생산 주체로 변화해야 한다.

학생 또한 마찬가지다. 진짜 교육은 사회적 실험에서 완성된다.

AI 윤리 커뮤니티를 만들고, 지속가능성 프로젝트에 참여하고, 사회적 갈등 조정 실험에 나서는 것. 이 모든 것이 바로 교육이다.

성적 대신, 동료와 커뮤니티의 피드백, 사회에 남긴 작은 영향력이 학생의 성장 척도가 된다.

결론적으로 우리는 교육을 '혁신'할 필요가 없다. 그러나 분명한 것은 해체하고, 다시 지어야 한다. 교육은 시대의 요구와 시대의 환경을 반영하지 못하면 죽은 교육이기 때문이다. 교육은 살아 있는 교육이 될 때 시대를 이끌고 사회 혁신과 인재 개발과 산업 생태계를 살아나기 때문이다. 교육은 지식 재생산의 기능이 끝난 것이고 생활 창조의 기능으로 바뀌기 때문이다(이현청, 2025).

AI 시대 이후에 필요한 건 더 나은 교수법도, 스마트한 기술 도입도 아니다. 우리가 해야 할 일은 기존의 교육 시스템을 과감히 해체하고, 전혀 다른 구조로 다시 짓는 일이다.

교수는 지식의 생산자가 아닌, 지적 플랫폼의 설계자가 되어야 한다.

학생은 지식의 소비자가 아닌, 문제 중심 사회 실험자로 거듭나야 한다.

대학은 더 이상 '공식적 학위'를 부여하는 기관이 아니라, 지식의 실험실이 되어야 한다.

우리는 지금, 인간이 무엇을 배워야 할지를 묻기 이전에, "왜 배우는가", "누구와 배우는가", 그리고 "배운 것을 어떻게 세상에 연결하는가"를 묻는 새로운 문명적 질문 앞에 서 있다.

미래 대학 커리큘럼 : 기술과 기법의 교육 혁명

미래 대학 커리큘럼은 한마디로 새로운 기술과 새로운 인간의 창의적 기법이 공존하는 교육 혁명의 컨텐츠라 할 수 있다. 따라서 미래 대학 커리큘럼은 인간과 인공지능에 협업 형태가 될 것이고 해답을 둔 교육이 아니라 질문을 하는 교육이 될 것이며 인류가 축적한 지식을 암기하는 지식 재생산이나 지식 유통의 교육이 아닌 삶과 접목되는 교육이 될 것이다. 이 점에서 미래 대학 커리큘럼은 개별화된, 인간화된 교육과정이 될 것이다(이현청, 2025).

2040년에는 미래대학 커리큘럼은 다음 몇 가지의 핵심적 요소를 충분히 감안해서 재설계할 때 그 시대에 맞는 교육과정으로 인식될 것이다.

인간+AI 협업을 위한 기초 역량 훈련

21세기 후반의 문해력은 더 이상 책을 읽는 능력에 머물지 않는다. 인간이 AI와 협력하여 사고하고, 실험하고, 성장하기 위해서는 새로운 기초 역량이 필요하다. 이 역량은 단순한 컴퓨터 활용 능력이나 디지털 리터러시를 넘어서, AI와 함께 생각할 수 있는 기술을 요구한다.

프롬프트 엔지니어링 : 질문의 기술을 재발명하여야 한다

프롬프트는 곧 사고다. 더 정확히 말하면, 질문을 어떻게 설계하느냐에 따라 AI가 도출하는 결과물의 질이 달라진다. 미래의 학생은 '지식을 외우는 사람'이 아니라, '질문을 설계하는 사람'이 된다.

대학 교육에서는 단순히 "GPT에 묻기"를 넘어서, 목적 중심적 프롬프트 구성, 반복적인 실험을 통한 모델 피드백 구조 설계, 다중 에이전트 간 협력 시나리오 생성 등을 배워야 한다.

예를 들어, "환경 정책 설계 시, GPT-4와 Claude가 어떻게 다른 의견을 줄 수 있는가?"라는 실습을 통해, AI 간 비교 사고를 경험한다.

멀티모달 사고 역량 : 인간 감각의 확장

AI는 이제 텍스트뿐 아니라 이미지, 오디오, 영상까지 다룬다. 학생들은 이 모든 데이터 유형을 넘나들며 하나의 통합된 사고 구조로 묶을 수 있어야 한다.

예컨대, "AI를 활용해 기후위기를 설명하는 인포그래픽을 만들고, 해당 인포그래픽을 기반으로 1분짜리 설명 영상을 제작하라"는 과제를 통해, 학생은 시각적 문해력 + 스토리텔링 + 기술적 활용을 동시에 훈련받게 된다.

메타인지 훈련 : AI와 함께 학습 루프를 설계한다

학생 스스로 "나는 지금 무엇을 잘하고 있고, 무엇을 반복 실험해야 하는가?"를 AI와 협력하여 피드백 받아야 한다.

이를 위해 GPT나 Claude를 기반으로 AI 학습 코치 시스템을 만들고, 학습 루틴을 추적하고 수정하는 실습을 진행할 수 있다.

이것은 단순한 자기주도 학습이 아니라, AI와 함께 '자기 모델'을 개선하는 실험적 학습이다.

AI 시대의 실천적 문제 해결 기술

대학은 이제 문제 해결을 위한 실험실이어야 한다. 학생은 코딩을 못 해도 앱을 만들고, 데이터를 분석하지 않아도 전략을 세워야 한다. 이것이 가능하려면 AI를 실천적으로 활용하는 기술과 기법을 가르쳐야 한다.

실험 기반 데이터 리터러시

데이터 분석은 통계 툴을 돌리는 것이 아니다. 중요한 건, 데이터의 구조와 편향을 읽고, 실험 설계를 어떻게 최적화하는가다.

예: "AI가 추천한 다이어트 식단에서 나타나는 인종적/문화적 편향은 무엇인가?"

이러한 분석은 학생이 데이터의 윤리성, 설계 목적, 표현 방식을 입체적으로 바라보는 훈련이 된다.

저코드/노코드 활용 : 누구나 만드는 AI 솔루션

Bubble, Glide, Notion AI, Zapier 등의 툴을 통해, 학생은 코드를 몰라도 '작동하는 무언가'를 만들 수 있어야 한다.

예: "GPT를 기반으로 한 멘탈케어 챗봇을 설계하라"

이 과정을 통해 학생은 개발자 없이도 문제 해결 제품을 기획하고 실행하는 경험을 갖는다.

AI 기반 디자인 사고

전통적 디자인 사고는 '인간 중심'이었다. 미래의 디자인 사고는 'AI 협업 중심'이 된다.

AI와 함께 문제를 구조화하고, 빠르게 아이디어를 테스트하고, 반복 개선하는 실습을 통해, 학생은 '문제 해결의 과학'을 체득화하고 이를 체화한다.

집단 지성의 리더십과 협업 기술

미래 사회의 리더는 모두를 통제하는 사람이 아니다. 인간과 AI, 다양한 지적 존재가 협력하는 생태계를 설계하고 조율하는 사람이다. 이 점에서 집단 지성의 리더십은 협업 기술의 조율자이여야 되고 데이터 중심 리더(data-based leader)가 되어야 한다.

AI 팀원과의 협업 구조 설계

한 프로젝트에 GPT가 전략을 짜고, Claude가 보고서를 요약하고, 학생은 이를 분석하여 커뮤니케이션 전략을 짠다.

이런 구조적 협업 훈련을 통해, 학생은 AI와 인간의 역할을 구분하고 통합하는 조직 설계 능력을 습득한다.

다중 AI 활용 전략(Multi-AI Agency)

다양한 AI를 조합해 문제를 해결하는 AI 에이전시 운영 역량이 중요하다.

예: Perplexity로 리서치 → GPT로 스크립트 생성 → D-ID로 영상 생성

이러한 흐름을 실제로 설계하고, 관리하고, 자동화하는 기법을 실습한다.

DAO 기반 협업 실험

블록체인 기술을 활용해 교육 프로젝트를 DAO 형태로 운영해 보는 훈련도 필수적이다.

강의 주제 선정, 예산 배분, 평가 기준 설정 등을 모두 학생 + 교수 + AI로 구성된 DAO 투표로 진행하는 실습은, 리더십의 개념을

완전히 새롭게 바꿔준다.

디지털 사회를 위한 윤리·철학·정치 기법

기술이 지배하는 시대일수록, 윤리와 철학은 기술 자체의 일부가 되어야 한다.

기술이 인간을 위한 인간의 위한 인간의 기술이 될 때 디지털 사회는 윤리와 철학적 바탕 위에 설 수 있다. 그러나 이와 반대로 기술을 위한 기술이 될 때 윤리 철학적 관점은 위축되기 마련이고 기계주도적, 기술주도적 사회로 전환할 위험성을 배제할 수 없다.

알고리즘 윤리 : 의도적 편향 만들기 실습

편향 없는 AI는 없다. 오히려 학생은 의도적으로 AI에 편향을 주고 그 결과를 분석하는 실험을 해야 한다.

예: "채용 AI에 특정 편향(예: 성별, 나이)을 주고 결과 비교"

이 과정을 통해 학생은 윤리란 추상적 개념이 아니라, 설계의 문제임을 깨닫는다.

기술-정치 감각과 디지털 시민성

학생은 플랫폼 민주주의, 알고리즘 권력, AI 정책에 대해 정치적 판단을 할 수 있는 지식 시민으로 훈련받아야 한다.

예: "딥페이크의 규제를 어떻게 설계할 것인가?" 같은 주제에 대해 실질적 정책 시뮬레이션을 진행한다.

정서지능과 상호작용 디자인

AI가 감정을 해석하는 시대에, 인간은 더 섬세하게 비언어적 커뮤니케이션과 공감 기술을 설계해야 한다.

UX 디자인, AI 감정 피드백 훈련, 인터랙션 시나리오 훈련 등을 통해, AI와 인간 간의 진정한 '관계 디자인' 능력을 키운다.

창조와 재조합의 미래형 표현 기법

창작은 더 이상 '처음부터 만드는 것'이 아니다. 미래의 창작자는 AI와 함께 만들고, 조율하고, 해체하고, 재조합하는 표현 기법이다. 이러한 표현 기법은 대학에서 미래형 표현 학습 기법이 될 것이다.

생성형 콘텐츠 제작

텍스트로 영상을 만들고, 오디오로 스토리를 조립하고, 프롬프트로 3D 모델을 생성한다.

학생은 이 흐름을 이해하고 콘텐츠 워크플로우를 설계하는 훈련을 받아야 한다.

지식 시각화 기법

데이터나 아이디어를 시각적으로 구조화하고 표현하는 기술은 AI 시대의 핵심이다.

예: 복잡한 이론을 AI 브레인 스토밍 기법인 Whimsical, Miro 등을 이용해 지식 그래프로 재구성하는 실습을 한다.

인터랙티브 스토리텔링

AI를 활용해 상호작용하는 이야기, 게임형 교육, 대화형 영상을 만드는 기법은 새로운 표현의 언어다.

노코드 게임 엔진과 GPT를 연동하여, 학습자가 시나리오 디자이너가 되는 경험을 제공해야 한다.

미래형 커리어를 위한 자기 설계 기술

학위는 더 이상 커리어를 보장하지 않는다. 미래의 직업은 "직접 정의하는 것"이며, 자기 커리어를 설계하는 능력이 대학의 마지막 교육이어야 한다. 이 점에서 대학의 교과 과정과 고착화된 학사 운영 시스템은 의미가 없게 된다.

AI 기반 자기 성장 코칭

학생 스스로 AI 멘토를 만들고, 목표-실행-피드백 루프를 설계해야 한다.

예를 들어 GPT를 이용한 자기 피드백 기록물 작성, 습관 추적 챗봇 설계 등이 AI기반 자기 성장 코칭이라 볼 수 있다. 이외에도 AI 기반 자기 모니터링 기법이나 학습 회로 및 경로 분석 등 다양한 방법이 가능할 것이다.

퍼스널 브랜딩과 오픈 포트폴리오

포트폴리오 중심의 경력 설계, NFT 기반의 '학습 증명', 공개 프로젝트 아카이빙(컴퓨터 시스템 내에 필요한 기록을 파일로 저장하여)을 통해 학생은 자기만의 정체성과 시장 가치를 설계하게 된다.

자기주도 생태계 설계

가장 이상적인 형태는, 학생 스스로 문제를 설계하고, 사람을 모으고, AI를 활용해 사회적 실험을 이끄는 것이다.

이것이 바로 학습의 종착지다. 학습은 근본적으로 자기 주도적 학습이 가장 효율적인 학업 성취의 방안이기 때문이다. 한마디로 자기주도 생태계를 설계하는 것과 가장 부합되는 방법이기 때문이다. 2040년에는 학습으로 생존하는 자만 살아남을 수 있는 '생존자의 시대(Survival age)'가 될 가능성이 높다.

2040년,
대학의 미래 변화 보고서

2040년의 대학은 더 이상 단순한 지식 전달의 공간이 아니라 인간과 기술, 사회의 융합을 이끄는 핵심 플랫폼으로 진화될 가능성이 크다. 이러한 대학의 진화 가능성을 이끄는 중요한 5가지 변화가 있다. 인공지능과 인간 지성이 함께 하는 학습 혁명, 평생 교육과 청년기 교육을 통합하는 교육 패러다임의 변화, 디지털 캠퍼스와 메타버스 학습 환경의 정착, 학위 체제의 해체와 역량 기반 인증 시스템, 대학의 사회혁신 플랫폼화 등이다. 이러한 주된 미래 변화의 트랜드는 단순한 트랜드가 아니라 대학이라는 제도의 본질이 변화되는 구조적 변화이고 인간과 기술과 사회가 함께 진화하는 장의 역할을 할 것이다. 대학은 기능면에서 교육, 연구, 봉사, 기능에 머무는 것이 아니라 학습 혁명의 장, 문제 해결의 경험 네트워크, 지역과 산업과 문화와 세계가 접목되는 인류 과제의 해결 역할에 기능을 수행하는 곳으로 변화될 것이다. 따라서 대학의 모델 또한 변화가 급속히 이루어질 것이고 현재의 전통적 대학의 모습은 크게 진화될 것으로 예견된다.

대학 변화의 5가지 동인(動因)

대학의 미래를 바꿀 중요한 5가지 요인이 있는데 그 요인들은 대학이라는 제도의 본질을 바꿔놓는 패러다임 전환에 크게 영향을 줄 것으로 보인다. 특히 인공지능과 평생학습사회의 전환, 디지털 캠퍼스의 확대, 학위 없는 사회의 도래, 역량기반 인증 시스템의 확산 대학의 플랫폼화 등이라 볼 수 있다.

인공지능과 지성의 협력적 학습

AI의 발전은 AI가 단순한 교육 보조가 아니라 학습 개인의 학습 파트너로 자리잡게 되고 GPT 등의 생성형 AI는 튜터, AI코치, 맞춤형 커리큘럼 설계자 등으로 활용되고 교육은 더 이상 일방적 강의가 아닌 인간과 기계의 공동 문제해결 중심의 대화형 탐구 구조로 전환될 것이다. 이러한 과정에서 대학 교육은 크게 변화를 경험하게 될 것이고 학생들은 문제 해결 과정에서 AI와 협상, 비판, 공동 창작을 하게 될 것이다. 또한 교수 역할도 변화하여 지식 전달자가 아닌 지식 설계자, 지식을 활용하는데 관련된 윤리적 판단자 그리고 지식의 참된 의미를 해석하는 의미 해석자로 전환될 것이다. 이뿐만 아니라 윤리, 창의성, 공감 능력 등 AI가 대체 할 수 없는 인간 고유의 역량이 교육의 중심 가치가 되는 대학의 변화가 일어날 것이다.

평생 교육과 청년기 교육의 통합

2040년의 대학은 청년기 고등교육과 성인기 평생 학습을 포괄하는 플랫폼이 될 것이고 학위 중심 체제나 전통적 대학에서 볼 수 있는 졸업이라는 개념은 약해지고 모듈형학위(Stackable Credentials), 학습여권(Learning Passport) 형태로 변환될 것이다. 따라 대학은 단일 코스 제공자의 역할이 아니라 경력과 삶 전체를 설계하는 파트너로 변화될 것이다. 이뿐만 아니라 다양한 연령, 경력, 학습 목적 등에 따라 학습자가 스스로 캠퍼스와 온라인을 넘나들며 학습하는 온-오프라인 융합 학습이 확대될 것이다. 특히 대기업, 지자체, 비영리기관과 협력하여 맞춤형 전문 계속 교육 프로그램을 운영하는 경향이 높아질 것이다. 따라서 대학은 평생 교육의 역할이 강화될 것이고 학위보다는 다양한 모듈형 학위가 대폭 확대될 것이다.

디지털 캠퍼스와 메타버스 학습 환경 정착

2040년 대학은 현실과 가상 세계가 결합된 하이브리드 공간으로 재구성될 것이다. 또한 메타버스 기반 실험실, 글로벌 협업 스튜디오, XR기반 실시간 시뮬레이션 학습 등이 일상화될 것이고 대학은 메타버스티(Metaversrty)가 될 것이다. 캠퍼스 또한 '오메가 캠퍼스'로 전환될 것이다. 따라서 2040년 대학은 전공 교육조차도 체험형, 몰입형 학습으로 전환되며 현실 세계와 상호 작용을 하는 형태로 바뀔 것이다. 물론 국경, 시간, 언어 장벽 등을 초월한 글로벌 공동학습체가 구성될 것이고 이러한 국경과 시·공간을 초월한 학습 형태는 보편화될 것이다. 따라서 교수법 또한 강의가 아니라 스토리텔링, 미션 중심 게임화, 감정적 몰입 설계 중심으로 재편될 것이다. 한마디로 캠퍼스는 있되 캠퍼스 없는 형태의 패러다임이 일반화될 것이다.

학위 체제의 붕괴와 역량 기반 인증 시스템

기존의 4년 학위 시스템이나 대학원 시스템은 점차 해체되고 능력 단위로 교육을 설계하고 평가하는 체제로 바뀔 것이다. 한마디로 학위 체제는 붕괴되고 무엇을 할 수 있는 지, 어떤 역량을 가지고 있는 지를 중요시하는 역량 기반 인증 시스템으로 바뀔 것이다. 대표적인 예는 블록체인 기반 '공공 검증형 마이크로 인증 시스템'이 확산될 것이다. 따라서 기업은 학위를 신뢰하기보다 능력을 중요시하고 데이터 기반의 실제 능력 인증을 요구하는 시대로 변화될 것이다. 대학에서 주는 학위보다는 실제 능력을 인증하는 것을 더 중요시하게 된다는 뜻이다. 대학은 출신 학교보다 무엇을 할 수 있는가를 증명해주는 개개인의 역량 인증 기관으로 전환될 것이다. 이뿐만 아니라 학습자는 자기 주도적으로 경험을 축적하고 학습을 하며 자기가 수행한 프로젝트 결과물을 조합해서 경력 포트폴리오를 구축하게 되고 이것을 통해 무엇을 할 수 있는가를 인증받게 되며 이를 통해 취업 또한 가능해진다.

대학의 사회 혁신 플랫폼화

대학은 지역 사회와 인류가 안고 있는 글로벌 이슈를 해결하기 위한 사회적 실험실이 되고 혁신 허브로의 역할을 수행하게 된다. 대학은 지역 사회와 글로벌 사회와의 연계를 통해 인류가 안고 있는 문제를 해결하는 주된 기능을 수행하게 된다. 특히 교육과 연구는 더 이상 분리되지 않고 문제 중심적 사회 참여형 학습(PBL), CBL이 교육의 중심이 될 것이다. 이뿐만 아니라 대학은 인류가 안고 있는 여러 가지 과제들 특히 인권 문제, 공정한 경제 체제, 기후 위기, 기술 윤리 등 시대적 문제 해결에 직접 참여하여 교육으로 해결하는 역할을 강화할 것이다. 이럴 때 교수진과 학생은 이러한 과제들을 연구하는 연구자임과 동시에 시민 활동가, 정책 설계자로 활동하게 될 것이고 대학의 기능 또한 지역과 세계를 잇는 미래 공동체의 허브로 자리잡게 될 것이다.

2040년의 대학 유형별 변화

2040년에는 대학의 유형에 따라 대학의 역할과 기능에도 변화가 있을 수밖에 없다. 카네기 재단에서 분류한 대학의 유형을 다 언급하지 않더라도 크게 연구 중심 대학, 교육 중심 대학, 종합 대학, 특수 목적 대학으로만 구분해서 2040년 어떻게 기능의 변화가 될지, 왜 그렇게 변화가 될 것인지, 그 변화가 대학의 교육에서 무엇을 의미하는지를 논의할 필요가 있다. 대학은 그 유형에 따라서 주된 목적과 기능을 수행해 왔고 연구중심대학의 경우에는 대학 구성원의 특성에 있어서도 학부보다는 대학원 구성원이 많고 교육과 연구 그리고 봉사 중에서도 연구에 치중해 온 것이 사실이다. 이러한 특화된 기능들이 2040년에는 기술 변화에 따라 크게 변화될 가능성이 높다. 연구 중심 대학의 예로 든다면 순수한 연구와 학문 중심 연구에 치중했다고 본다면 2040년에는 기초 연구와 사회 문제 해결의 플랫폼으로 바뀔 가능성이 높다.

연구 중심 대학의 변화

연구 중심 대학의 변화는 현재와 같은 순수 학문 연구나 프로젝트 중심 연구 그리고 기초 연구 등이 주요한 연구 중심 대학의 기능이었지만 앞으로 2040년의 연구 중심 대학의 모습은 기초 연구와 사회 문제 해결의 실험실로 이중화될 가능성이 매우 높다. 연구 중심 대학의 주요 변화를 보면 AI 로봇, 양자 기술, 우주, 뇌-컴퓨터, 인터페이스 같은 초창기 기반 기술 연구에 집중될 가능성이 높고 기후 위기, 연구 지능 윤리, 공정한 경제, 공공 보건 등 사회 문제 중심 융합 연구가 강화될 가능성이 높다. 또한 정부, 기업, 시민 단체와 협력하는 미션 기반 연구 집단으로 재편될 가능성이 높다. 따라서 연구 중심 대학은 그 기능에 있어서 단순한 논문 생산 기관의 역할에 벗어나 문제 해결 기관으로 역할 전환이 이루어질 것이다. 특히 AI와 공동으로 연구하는 인간과 기계의 공동 연구팀이 확대될 것이고 연구 중심 대학은 한마디로 AI 친화적 연구 기능이 대폭 확대될 것이다.

교육 중심 대학의 변화

교육 중심 대학은 대학의 기본 모델 중의 하나이지만 단순히 교육만 하는 대학이라는 의미는 아니다. 교육 중심 대학은 교육 방법의 혁신과 AI의 등장으로 인해 학습자와 교수자의 역할이 크게 변화될 것이기 때문에 제일 많이 영향을 받을 가능성이 높다. 교육 중심 대학의 변화 방향은 한마디로 AI 튜터와 인간형 교수의 협업으로 진화될 것으로 보인다. 그 주요 변화 내용을 보면 AI가 기초 지식 진단 평가를 담당하고 교수는 동기 부여, 감성 케어, 인간적 멘토링에 집중하게 되고 학습 방법에도 문제 기반 학습, 학습자 주도 프로젝트 중심 교육 모델, 플립러닝, 임팩트러닝 등이 보편화될 것이다. 이러한 과정에서 학습자는 자기 주도적 학습을 하게 될 것이고 교수는 코치, 학습 디자이너, 사회적 조력자로 변신하게 될 것이다. 따라서 교육 중심 대학은 지식 강의가 아니라 학습 설계와 공동 실행 중심 캠퍼스가 될 것이고 개별 학생은 삶, 경력, 내면 성장을 돕는 인생 설계형 교육 기관으로 발전할 가능성이 높다.

종합 대학의 변화

종합 대학은 대학의 유형 중 가장 많은 비중을 차지하고 있는 유형이다. 2040년 종합 대학은 한마디로 변화의 방향에 있어서 경계 없는 학문, 융합 허브 역할을 하게 될 것이고 지역과 세계를 잇는 혁신 플랫폼 역할을 할 것으로 보인다. 그 주요 변화 내용을 보면 지금처럼 이과와 문과의 구분이나 전공과 비전공의 경계, 그리고 필수와 선택의 경계가 해체될 것이고 소위 디자인, 기술, 윤리등 복합 역량 기반 융합 전공 시스템으로 재구성될 것이다. 그 체제에 있어서도 지역 사회, 기업, 글로벌 파트너들과 연결된 오픈 캠퍼스 네트워크로 운영될 가능성이 높다. 기능 변화에 있어서도 단일 캠퍼스가 아니라 도시, 가상, 기업 등 다중 공간에 걸친 분산형 플랫폼으로 바뀔 것이다. 학생들은 이동형 학습자로 학기마다 다른 지역, 다른 나라, 가상 환경에서 경험을 쌓게 될 것이다. 따라서 종합 대학의 2040년 모습은 분산형 플랫폼, 이동형 학습자, 융합 전공 시스템 그리고 오픈 캠퍼스 네트워크 운영으로 그 특징이 바뀔 것이다.

특수 목적 대학의 변화

특수 목적 대학은 예술 대학, 의과 대학, 기술 대학 등 특수 목적에 국한된 단과 대학형 목적 대학들이라고 볼 수 있는데 변화의 방향은 기술 융합과 인간 경험 중심의 초 전문화 기관으로 변화가 이루어질 것이다. 이와 함께 창의 집약 공간의 역할이 더욱 강화될 것이다. 주요 변화의 예를 보면 예술 대학의 경우 AI 협업 예술, 메타버스 공연 예술, 상호 작용 디자인 중심의 역할로 변화될 것이고 의과 대학 특수 목적 대학은 정밀 의학, 유전체 데이터 해석, AI 진단 그리고 디지털 치료제 개발에 초점이 맞추어질 것으로 예견된다. 그리고 기술 대학의 경우 실험실 스타트업, 프로토타이핑 중심 창업 교육과 결합될 가능성이 높다. 따라서 특수 목적 대학의 기능 변화는 산업과 문화 생태계 그리고 현장과 직접 연결된 창의적 실험실로 기능이 강화될 것이고 소수 정예 교육과 극한 몰입 경험을 제공하는 집중형 엘리트 교육 기관으로 전환될 가능성이 높다.

2040년 일류 대학(세계 TOP 10 대학)의 미래 변화

2040년이 되면 세계 톱10 대학들도 지금과는 상당히 달라질 것으로 보인다. 이러한 대학들이 변화될 수 있는 주요 변화 요인들은 다음과 같은 흐름으로 정리될 수 있다. 우선 글로벌 캠퍼스의 실현을 들 수 있다. 하버드, 옥스퍼드, 스탠퍼드 같은 대학들이 세계 여러 곳에 디지털 또는 하이브리드 캠퍼스를 운영할 가능성이 높다. 예를 들어 MIT 학생이 아프리카 케냐 나이로비 그리고 서울 RX기술을 통해 세계 친구들과 팀 프로젝트를 할 수 있게 될 것이다. 뿐만 아니라 인공지능 튜터는 기본이 될 것이고 뇌와 컴퓨터, 협업 학습을 활용해 생각하며 배우는 시험적 학습이 이루어질 것이다. 예를 들어 뇌파 데이터를 활용해 학습자가 어떤 개념에서 이해하지 못하고 있는지 실시간 파악하고 즉시 AI 튜터가 보완할 수 있도록 하는 학습 방법이 이러한 예에 속한다. 이뿐만 아니라 앞서 다른 유형 대학의 변화에서 언급했듯이 전통적 4년제 학위 대신 역량 중심으로 바꾸어질 가능성이 높다. 한양대나 스탠퍼드나 옥스퍼드 또는 서울대 졸업장이 아니라 구글, WHO, 스탠퍼드 공동 인증 글로벌 보건 리더십 학습 뱃지 같은 걸로 평가받는 시대로 변화될 것이다. 따라서 톱 대학들이 단순히 학문 기관이 아니라 지구와 인류를 위한 해결사 역할을 할 것이고 기후 위기 대응, 글로벌 불평등 해소, 디지털 윤리 개발 등에 대한 역할이 톱 대학들을 평가 기준이 될 것이다. 이뿐만 아니라 학습 방법 또한 맞춤형으로 바꾸어지고 학습 경로에 따라 완전히 초 개인화된 교육이 도입될 것인데 유전 정보, 개인의 성향, 사고 스타일, 감정 상태까지 반영해 커리큘럼이 조정될 것이다. 또한 연구에 있어서는 우주와 해저로의 확장이 이루어져서 우주 과학 기지나 해저 도시 연구소가 설립 운영될 것이다. 그리고 톱 대학들의 학습 형태도 한번 입학해서 졸업하는 게 아니라 라이프 멤버쉽 형태로 바뀌어서 평생 학습을 이어가는 구조가 될 것이다. 예를 들어 하버드 졸업생이 10년 후 AI 윤리 인증 과정에 다시 등록하는 형태와 같은 모습이 확대될 것이다. 이렇게 세계의 일류 대학들이 바뀌게 된 것은 지식의 소비 방식과 인류의 삶 양식이 변화되기 때문이다. 이러한 톱 대학들의 변화를 요약하면 다음과 같이 정리될 수 있다.

① 글로벌 캠퍼스의 실현
② AI와 뇌 컴퓨터 협업 통합 학습 체제 도입
③ 학위에서 역량 중심으로의 체제 변화
④ 사회적 책임과 지속 가능성 중심로의 패러다임 변화
⑤ 초 개인화된 교육의 확대
⑥ 우주와 해저 연구 등 시·공을 초월한 연구 확장
⑦ 생애 중심 지속적 학습 모델 도입
⑧ 양자 컴퓨팅, 초지능 AI, UNESCO SDG 문제 해결 등 학습 강화

세계 톱 10 대학의 변화

2040년은 세계 최상위권 변화 또한 이루어질 수밖에 없는 한마디로 교육 패러다임의 전환이 이루어진다는 의미이다. 기술 혁신, 사회 구조 변화, 학습 방식의 진화가 주요 동인이다. 이들 대학들의 미래 변화를 요약 정리해 보면 다음 표와 같다.

표 25　톱10 대학의 미래 변화 요약 표

변화 영역	2040년의 특징	예상 대학 사례
캠퍼스 구조	글로벌·디지털 캠퍼스 / XR 가상 공간 확대	MIT의 아프리카 캠퍼스, 옥스퍼드의 메타버스 캠퍼스
학습 기술	AI 튜터 / BCI 뇌-컴퓨터 인터페이스 학습	스탠퍼드 AI 동반 학습 시스템, KAIST의 뇌 기반 코칭
학위 제도	마이크로 크레덴셜 / 배지 기반의 역량 인증	하버드·WHO 공동 인증 프로그램
사회적 역할	지속 가능성·기후·윤리 등 글로벌 문세 해결 기반화	한양대의 기후 솔루션 랩, 코넬의 공공 윤리 연구소
개인화 교육	유전 정보 + 성향 기반 초 개인화 학습 경로	프린스턴의 맞춤형 리버럴 아츠 교육
물리적 확장	우주·해저 등 극한 환경에서의 리서치 캠퍼스 운영	MIT 우주기지 연구소, 도쿄대 해저 도시 연구소, 서울대 히말라야 연구소
학습 주기	라이프타임 멤버십 / 지속적·순환적 학습	"하버드 패스포트" 시스템

이를 다시 정리해 보면 2040년 세계 TOP 대학들은 다음과 같은 특징적 구조를 지닌다.

① 캠퍼스 구조 해체

- 글로벌 캠퍼스 + 가상 캠퍼스 + 오메가 캠퍼스
- 특화 연구소 중심 체제 확산(해저, 우주, 남북극, 장수학 등)

② 학습 체제의 해체

- 교실중심학습해체
- 자기 주도적 셀(cell) 학습
- AI 학습 + 개별 선택 학습
- 학습의 네트워크화
- 학습의 자기재단형 변화

③ 학위제도해체

- 글로벌 공동인증프로그램
- 학위 대신 학점단위자격
- 학위과정과 기간해체

④ 학습주기

- 계속, 순환학습체제
- 생애주기형 학습싸이클

등이다. 이러한 특징은 계속 진화되어 캠퍼스 없는 대학 체제로 진화할 것이고 기업 현장에 계속되는 다양한 형태의 대학 자격증 과정과 초미니디그리 과정이 확산될 가능성이 매우 높다. 한마디로 대학 체제와 체계가 해체되어 갈 가능성이 있다.

앞서 아시아의 10개 톱 대학과 세계적 톱 대학에 대한 잠재적 가능성에 대해서 언급하였다. 이러한 대학들은 2040년에 직면하게 되는 미래 대학 코드와 직·간접적으로 연관이 되어 있다. AI의 초지능적 진화와 교육 생태 위기, 글로벌 인재 경쟁 속에서 고등 교육의 미래 지도는 완전히 바뀔 것이다. 그때 우리는 우리가 공유하고 우리가 생각하는 대학은 사라질 것인가? 라는 근본적 질문을 하게 될 것이다. AI 교수 등장, 자격증 인증 시스템 도래, 학위없는 사회의 확산, 새로운 학습자의 등장, 전통 캠퍼스 해체와 디지털 캠퍼스 대두 그리고 글로벌 학습 생태계의 심화는 생존을 위한 고등교육의 대전환을 요구하기 때문이다. 2040년은 대학이 해체되고 재구조화될 것이며 학습자는 지식을 습득하는 피교육자 신분에서 지식이 아니라 실용적 생존 지식을 즉시 얻는 신학습자(New Learner)[20]로 전환하는 대학의 재구성과 대전환의 시대가 될 것이다.

대학 교육은 존재하되 대학은 해체되고 새로 재설계되며 교수자와 학습자도 완전히 그 특성이 바뀌는 기존 대학 소멸과 신대학의 새로운 탄생이 이루어질 것이다.

---

20 신학습자는 필자의 용어로 현재와 전혀 다른 학습 내용을 스스로 설계하고 학습 방법이나 과정 그리고 시기를 스스로 선택하는 셀(cell) 학습자를 의미한다.

에필로그

이제, 우리는 앞서 논의된 이 여정의 끝에서 묻는다. 잃어버린 전통적 대학을 지나, 학습자로서의 새로운 배움을 인식하는 신학습자로서 진정한 지성인의 한 사람으로 삶을 실천하는 인간의 숲으로 가고 있는가를 묻는다. 그리고 대학은 사라졌는가? 아니면 스스로 대학이기를 멈춘 것인가? 라는 이율배반적인 질문을 던져야만 한다.

2040년의 세계에서는 더 이상 학생이 붐비는 캠퍼스는 사라지고 지금과는 다른 학생이 줄어든 조용한 캠퍼스만 남을 뿐이다. 전통적 대학에서의 수업을 알리는 종은 더 이상 울리지 않는다. 고요한 네트워크의 깊은 곳에서 학습은 흐르고, 데이터는 숨을 쉬고, 인간은 고립된 우주처럼 자기만의 지식을 구축한다. 그러나 그 고요함은 축제가 아닌, 어떤 상실의 메아리처럼 들린다. 그동안 대학에서 우리는 빠르게 배웠고, 너무 쉽게 잊었다. 지성의 공동체를 잃었고, 질문하는 법을 잊었다. 그러나 2040년에도 AI는 답을 줄 수 있지만,

왜 살아야 하는지 묻는 일은 인간만이 할 수 있다.

이제 교수는 콘텐츠 큐레이터가 되었고, 학생은 소비자가 되었다. '강의'는 알고리즘에 흡수되었고, '토론'은 댓글로 대체되었다. 대학은 기능을 다했지만, 존재의 의미는 끝내 해명되지 않았다.

그러나 이러한 대학의 모든 해체는 새로운 탄생의 산실이 된다. 대학이 붕괴된 자리에 우리는 다시 묻는 인간을 보게 될 것이다. 스펙이 아니라 진실을, 정답이 아니라 의미를, 커리큘럼이 아니라 존재의 형식을 갈망하는 인간이 있는 모습을 보게 된다. 그리고 어쩌면, 그 인간 하나하나가 다시 작은 '대학'이 될 것이다.

하드웨어적 대학은 사라지지만 그 자리에는 새로운 소프트웨어적 대학이 등장할 것이고 이 대학은 말 없는 스승이자, 끝없는 질문이자, 살아 있는 학문의 장이 되어 비로소, 우리들에게 대학을 되찾는 것이 아니라, 인간을 다시 발견하게 만들 것이다. 이 저서는 2040년 해체될 대학의 모습에 대한 예측서이다. 단순히 캠퍼스 중심의 대학이 아니라 우리가 생각하는 대학은 사라지고 있는 것을 말하고자 하는 책이다.

대학 해체 설명서: 2040년 대학은 진화한다

기능 진화

교육 연구, 봉사 → 학습형 연구, 연구형 학습, 문제해결, 사회문제해결형 봉사, 삶-사회-대학 교육 실천형 기능

역할 변화

IVORY TOWER	→	3K	→	3C	→	3S	→	3P
캠퍼스 중심		지식 미디어 지식 넷트 지식 인큐베이터		창의력 코딩 코-학습		초지능 초격차 초스피드		AI플랫폼 개별화 학습 문제중심 커리큘럼

대학 모델 가능성

스쿨 → 칼리지 → 유니버시티 → 멀티버시티 → 엔드라버시티, 텔레버시티, 메가버시티 → 메타버스, 메타버시티 → 멀티메타버스티, 넷버스티 → VR + AR + PR 플랫폼 → 오메가 캠퍼스

참고문헌

Ahmad, S., et al. (2023). Education 5.0: Requirements, Enabling Technologies, and Future Directions.

Ayers, J. W., et al. (2023). Comparing Physician and Artificial Intelligence Chatbot Responses to Patient Questions Posted to a Public Social Media Forum. Journal of the American Medical Association Internal Medicine, 183(6). https://jamanetwork.com/journals/jamainternalmedicine/article-abstract/2804309

Bateson, G. (2023). A Sacred unity: Further Steps to An ecology of Mind (R. Donaldson, Ed.). Hampton Press.

Bloundou, T., Manning, S., Mishkin, P., & Rock, D. (2023). GPTs Are GPTs: An Early Look at the Labor Market Impact Potential of Large Language Models. arXiv preprint, arXiv:2303.10130.

Boussioux, L., et al. (2023). The Crowdless Future: How Generative AI Is Shaping the Future of Human Crowdsourcing. Harvard Business School Working Paper 24-005, July 2023.

Bourdieu, P. (1977). Outline of a Theory of Practice (R. Nice, Trans.). Cambridge: Cambridge University Press. (Original work published 1972)

Bourdieu, P. (1984). Distinction: A social Critique of The judgement of Taste (R. Nice, Trans.). Cambridge, MA: Harvard University Press. (Original work published 1979)

Bourdieu, P. (1990). The Logic of Practice (R. Nice, Trans.). Stanford, CA : Stanford University Press. (Original work published 1980)

Bourdieu, P. (1996). The State Nobility : Elite Schools in the Field of Power (L. C. Clough, Trans.). Stanford, CA : Stanford University Press. (Original work published 1989)

Bourdieu, P., & Passeron, J.-C. (1977). Reproduction in Education, Society and Culture (R. Nice, Trans.). London : Sage. (Original work published 1970)

Bruner, J. S. (1960). The Process of Education. Cambridge, MA : Harvard University Press.

Bruner, J. S. (1966). Toward a Theory of Instruction. Cambridge, MA : Harvard University Press.

Bruner, J. S. (1971). The Relevance of Education. New York : W. W. Norton.

Bruner, J. (1986). Actual minds, possible worlds. Cambridge, MA : Harvard University Press.

Bruner, J. (1990). Acts of Meaning. Cambridge, MA : Harvard University Press.

Cameron, L. D., & Rahmun, H. (2023). Expanding the Locus of Resistance : Understanding the Co-Constitution of Control and Resistance in the Gig Economy. Organization Science, 33(1), 18–58. https://doi.org/10.1287/orsc.2021.1557

Chaney, A. (2021). Runaway : Gregory Bateson, the double bind, and the rise of ecological consciousness. University of North Carolina Press.

Chen, A., & Chen, D. O. (2023). Accuracy of Chatbots in Citing Journal Articles. JAMA Network Open, 6(8), e2327647. https://doi.org/10.1001/jamanetworkopen.2023.27647

Dell'Acqua, E. (2021). Falling Asleep at the Wheel : Human/AI Collaboration in a Field Experiment on HR Recruiters. PhD dissertation, Columbia University.

Dell'Acqua, F., McFowland, E., Mollick, E. R., Lifshitz-Assaf, H., Kellogg, K., Rajendran, S., Krayer, L., Candelon, E., & Lakhani, K. R. (2023). Navigating the Jagged Technological Frontier : Field Experimental Evidence of the Effects of AI on Knowledge Worker Productivity and Quality. Harvard Business School Working Paper 24-013.

Doshi, A. R., & Hauser, O. (2023). Generative Artificial Intelligence Enhances

Creativity but Reduces the Diversity of Novel Content. https://ssrn.com/abstract=4535536
Dewey, J. (1916). Democracy and education: An introduction to the philosophy of education. New York: Macmillan.
Dewey, J. (1925). Experience and nature. Chicago: Open Court Publishing.
Dewey, J. (1938). Experience and education. New York: Macmillan.
Elayyan, S. (2021). The future of education according to the fourth industrial revolution.
Felten, E. W., Ral, M., & Seamans, R. (2023). Occupational Heterogeneity in Exposure to Generative AI. https://ssrn.com/abstract=4414065
Foucault, M. (1965). Madness and civilization: A history of insanity in the age of reason (R. Howard, Trans.). New York: Pantheon Books. (Original work published 1961)
Foucault, M. (1970). The order of things: An archaeology of the human sciences. New York: Pantheon Books. (Original work published 1966)
Foucault, M. (1972). The archaeology of knowledge (A. M. Sheridan Smith, Trans.). New York: Pantheon Books. (Original work published 1969)
Foucault, M. (1977). Discipline and punish: The birth of the prison (A. M. Sheridan, Trans.). New York: Pantheon Books. (Original work published 1975)
Foucault, M. (1978). The history of sexuality, Volume 1: The will to knowledge (R. Hurley, Trans.). New York: Pantheon Books. (Original work published 1976)
Foucault, M. (1986). The history of sexuality, Volume 3: The care of the self (R. Hurley, Trans.). New York: Pantheon Books. (Original work published 1984)
Girotra, K., Meincke, L., Terwiesch, C., & Ulrich, K. T. (2023). Tides Are Dimes a Dozen: Large Language Models for Idea Generation in Innovation. https://ssrn.com/abstract=4526071
Groff, J. (2022). Systems thinking for education futures. In OECD Future of Education and Skills 2030 Project Working Paper.
Haase, I., & Hand, P. H. P. (2023). Artificial Muses: Generative Artificial Intelligence Chatbots Have Risen to Human-Level Creativity. arXiv preprint, arXiv:2303.12003.
Jacobs, H. H. (2022). Bold moves for schools: How we create remarkable learning en-

vironments. ASCD.

Jung, R. E., et al. (2015). Quantity Yields Quality When It Comes to Creativity: A Brain and Behavioral Test of the Equal-Odds Rule. Frontiers in Psychology, 6, 864. https://doi.org/10.3389/fpsyg.2015.00864

Khan, S. (2024). Brave new words: How AI will revolutionize education (and why that's a good thing). Penguin.

Kellogg, K. C., Valentine, M. A., & Christin, A. (2020). Algorithms at Work: The New Contested Terrain of Control. Academy of Management Annals, 14(1), 366–410. https://doi.org/10.5465/annals.2018.0174

Lin, H., et al. (2022). Metaverse in Education: Vision, Opportunities, and Challenges.

Meyer, J. W., & Rowan, B. (1977). Institutionalized Organizations: Formal Structure as Myth and Ceremony. American Journal of Sociology, 83(2), 340–63.

Moravec, J. W. (2020). Emerging education futures: Experiences and visions from the field. Education Futures.

Murgatroyd, S., & Couture, S. (2023). Education futures for school leadership: Evidence-informed strategies. Routledge.

Norris, T. (2023). Educational futures after COVID-19: Big Tech and pandemic profiteering versus education for democracy.

Peng, S., Kalliamvakou, E., Cihon, P., & Demirer, M. (2023). The Impact of AI on Developer Productivity: Evidence from GitHub Copilot. arXiv preprint, arXiv:2302.06590.

Price, D. (2020). The Power of Us: How we connect, act, and innovate together. Thread Books.

Revista Comunicar. (2022). Contributions of futures studies to education: A systematic review.

Roose, K. (2022). An A.I.-Generated Picture Won an Art Prize. Artists Aren't Happy. New York Times, September 2, 2022.

Roose, K. (2023). Aided by A. Language Models, Google's Robots Are Getting Smart. New York Times, July 28, 2023.

Smith, M. D. (2023). The Abundant University: Remaking higher education for a dig-

ital world. MIT Press.
Voskoglou, M. G. (2020). Thoughts for the Future Education in the Era of the Fourth Industrial Revolution.
Xie, J., et al. (2023). Adaptive Chameleon or Stubborn Sloth: Unraveling the Behavior of Large Language Models in Knowledge Conflicts. arXiv preprint, arXiv:2305.13300.
Von Hippel, E. (2016). Free Innovation. Cambridge, MA: MIT Press.

구자현. (2025). 2025년 세계 경제 및 노동시장 전망.
김도현. (2022). AI 시대의 도래와 교회의 미래: AI의 현실에 관한 분석과 교회에 끼칠 영향 진단. 신학전망, 216, 79-118.
김동일, 유선상 (엮음). (2024). 혁신과 공존의 교육학:개념과 실천. 교육과학사.
김명희 (2025). AI시대와 기독교의 만남. 서울: 한양대학교출판부.
김병권. (2025). AI와 기후의 미래: 디지털 과잉 함정에 빠진 한국, 더 위험해진 기후. 착한책가게.
김상균. (2025). 휴머노이드. 베가북스.
김선태 외. (2023). 미래 기후변화 시나리오에 따른 한반도 유역별 극한 강수 변화 전망. 한국기후변화학회지, 14(2), 83-93.
김수민 외. (2023). 챗GPT 거대한 전환. 알에이치코리아.
김오석 외. (2024). 한국의 도시 및 농산어촌 장래 고령인구 전망과 비교. 한국지리학회지, 13(4), 509-524.
김영재. (2021). 여가 분야에서 인공지능(AI) 도입의 현재와 미래. 한국스포츠학회지, 19(2), 229-236.
김윤정, 김가은. (2021). 메타버스 가상세계 생태계의 진화전망과 혁신전략. STEPI Insight, 1-53.
김용성. (2024). AI 리터러시: 인공지능 필수 지식부터 완벽 활용까지. 프리렉.
김재호, 이광형 외. (2024). AI시대 대학교육의 미래. 나남출판.
김진중, (2024). 개념 이해로 시작하기 좋은 최고의 프롬프트 엔지니어링 강의. 리코멘드.
김정기. (2022). 대학교육 혁신과 교육 커뮤니케이션 2. 커뮤니케이션북스.
김지엽. (2025). 세계혁신대학 1위, 나는 미네르바 대학으로 간다. 에듀니티.

김종량, 이현청. (2020). 준비하는 대학만 살아남는다. 서울: 한양대학교출판부.
김종량, 이현청. (2021). 대학 살아남기. 서울: 한양대학교출판부.
김종량, 이현청. (2022). 대학 총장론. 서울: 한양대학교출판부.
달리오, R. (2022). 변화하는 세계 질서. 한빛비즈.
레빈슨, M. (2023). 세계화의 종말과 새로운 시작: 2세기 걸친 진화한 세계화의 과거, 현재, 미래. 페이지2북스.
류수진. (2021). 대학혁신지원사업 역량강화형 지원대학의 대표적인 혁신 프로그램 내용 탐색. 인문사회21, 12(6), 883-896.
몰릭, 이., & 신동숙 (역). (2025). 듀얼 브레인. 상상스퀘어.
박영숙, 글렌, J. (2024). 세계 미래 보고서 2025-2035: 미래 10년의 모든 산업을 뒤흔들 기후비상사태. 교보문고.
박영숙, 김민석. (2023). 챗GPT 세계미래보고서: 새로운 부의 기회는 어떻게 오는가. 더블북.
박영숙. (2025). 세계미래보고서 2025-2035. 교보문고.
박태웅. (2024). 박태웅의 AI강의 2025. 한빛비즈.
서용석. (2025). 직업의 미래: 대한민국 최고 미래학자가 전망한 일자리 지형도. 와이즈맵.
손동현. (2023). 대학교육 혁신의 길: 메가트렌드를 이끌어 갈 대학교육의 새로운 패러다임. 북코리아.
송승훈, 전상훈. (2024). AI, 질문이 직업이 되는 세상. 미디어숲.
유홍림, 김기현 외. (2022). 대학의 미래. 인간사랑.
이상림. (2022). 제5차 미래전망 전문가 포럼: 인구변동과 미래 전망-가족 분야. 한국보건사회연구원.
이규연. (2023). 생성형 AI에 대한 미래인식 조사. 미래연구, 8(1), 93-112.
이승원. (2024). 미래를 여는 AI 시대의 핵심 인재 교육 필요성에 대한 고찰. 한국통신학회지(정보와 통신), 41(8), 10-15.
이현청. (2015). 왜 대학은 사라지는가. 서울: 카모마일북스.
이현청. (2018). 4차 산업 혁명과 대학의 미래. 서울: 학지사.
이현청. (2018). 4차 산업 혁명과 대학의 혁신. 서울경제신문사 국제포럼 발표 자료.
이현청. (2019). 인공지능시대의 대학혁신. 과학재단국제세미나 발표 자료.
이현청. (2019). 인공지능시대의 대학생존전략. 한국경제HRD국제세미나 발표 자료.

이현청. (2020). 5차 산업 혁명과 대학 혁신. 한국대학총장협회 세미나 발표 자료.

이현청. (2022). 사이버대학 리더스 포럼 2022. 한양사이버대학 설립 20주년 기념 국제 세미나.

이현청. (2023). 인공지능시대의 대학의 지속 성장. 호서대학교수특강자료.

이정기. (2022). 대학교육 혁신과 교육 커뮤니케이션 2. 커뮤니케이션북스.

임지엽. (2025). 세계혁신대학 1위, 나는 미네르바 대학으로 간다. 에듀니티.

임세범. (2025). 선생님을 위한 교육용 AI 챗봇 활용법. 앤써북.

조현민. (2025). 제4의 공간. 쌤앤파커스.

전상길, 권혁남. (2025). 지금은 대학교육 혁신으로 지역사회를 깨울 때: 한양대 에리카의 IC-PBL을 통한 E2E(Education To Economy) 전략.

차석기, 정도범, 서봉군. (2024). 인공지능 기반 사회에서의 정보 격차 양상과 사회적 포용에 관한 미래 전망 연구. 지식경영연구, 25(3), 173-200.

최서연, 전상훈. (2024). AI, 질문이 직업이 되는 세상. 미디어숲.

키신저, H., 슈밋, E., 허튼로커, D. (2023). AI 이후의 세계: 챗GPT는 시작일 뿐이다. 월북.

홍종호. (2023). 기후위기 부의 대전환: 기후변화 10년 후 한국의 미래와 생존 전략. 다산북스.

저자 약력

미국 트라이스테이트대학교 인문학 명예박사
미국 서던일리노이대학교 대학원 교육학 박사
미국 서던일리노이대학교 대학원 교육행정학 석사
한양대학교 교육학 학사
부산대학교 사범대학 교육학과 교수
미국 사우스캐롤라이나대학교 교수
미국 남일리노이대학 조교수
미국 미시간대학 협력연구원
미국 버클리대학 고등교육연구소 객원연구원
아태지역고등교육협력기구(UMAP) 의장(도쿄)
유네스코 아태지역 학점인정위원회 의장(방콕)
유네스코 세계 대학학점인정총회 의장(파리)
미국평가인정기구(CHEA) 국제의사(워싱턴 D.C.)
OECD 고등교육 이사(파리)
호주대학(AUQA)평가위원(캔버라)
대만 교육부 자문 교수
세계대학협회(IAU) Higher Education Policy 편집위원
상명대학교 총장

호남대학교 총장

한국대학총장협회 회장

한국비교교육학회 회장

한국대학교육협의회 사무총장

대통령 대학 교육 자문위원

국무총리 자문 심사평가위원

감사원 자문위원장(지방자치)

통일부 통일교육 자문위원

교육부 정책 심의위원

국가인권위원회 정책자문위원

KBS 객원 해설위원

한양대학교 석좌교수

한양대학교 고등교육 연구소장(현재)

미국인명정보기관(ABI) 석학회원

국제인명센터(IBC) 세계 100대 교육자 등재

미국인명정보기관(ABI) 21세기의 탁월한 지성 등재

국제인명센터(IBC) 21세기 우수지식인 2000인 등재

마르퀴즈 후즈 후 인 더 월드 2011년판 등재

포보스 글로벌 CEO 선정

국민훈장 모란장 수훈

자랑스러운 한양인상 수상

세계 3대 인명사전 모두 등재(IBC, ABI, 마르퀴즈)

저서

이현청. (1993). 학습하는 사회. 배영사.

이현청. (1995). 한국의 대학생. 원미사.

이현청. (1996). 미국교육의 반성. 원미사.

이현청. (1997). 21세기와 함께하는 대학. 민음사.

이현청. (2006). 교육사회학의 통합적 이해. 교육아카데미.

이현청. (2006). 대학평가론. 문음사.

이현청. (2006). 전환기 대학교육 개혁론. 문음사.

이현청 (공저). (2009). 대학 살아남기. 한양대학교출판부.

이현청. (2011). 칼럼으로 읽는 교육. 한양대학교출판부.

이현청 (공저). (2012). 대학 총장론. 한양대학교출판부.

이현청. (2012). 현대사회와 평생학습. 학지사.

이현청. (2015). 청춘이 나에게 인생을 묻는다면. 카모마일북스.

이현청. (2019). 4차 산업혁명과 대학의 미래. 학지사.

이현청. (2019). 교육사회학의 이해. 학지사.

Virtual University : Education Environments of the Future. (2001). London : Portland Press.

김종량 & 이현청. (2020). 준비하는 대학만 살아남는다. 한양대학교출판부.

이현청. (2022). 왜 대학은 사라지는가. 카모마일북스 등 국내외 41권.

이현청 현재 한양대학교 고등교육연구소장이다. 국내외 교육계를 아우르는 교육학자이자 대학 행정가. 미국 트라이스테이트대학교에서 인문학 명예박사 학위를, 미국 서던일리노이대학교에서 교육학 박사 및 교육행정학 석사 학위를 취득했다. 부산대학교 교육학과 교수와 한양대학교 석좌교수로 재직하며 학문적 지평을 펼쳤고, 미국 미시간대학교 협력연구원, 버클리대학교 고등교육연구소 객원 교수와 평생교육원 객원연구원, 사우스캐롤라이나대학교 및 남일리노이대학교 교수로서 글로벌 교육연구에 기여해왔다. 특히 유네스코와 OECD, CHEA(미국대학인증기구) 등 국제기구에서 고등교육 정책을 주도했으며, 아태지역고등교육협력기구(UMAP) 및 유네스코 학점인정위원회 세계총회 의장을 역임하며 고등교육의 국제 표준화와 학점 호환체계 구축에 중추적 역할을 수행했다. 또한 호주, 일본, 대만, 미국 등 여러 국가의 교육평가 및 정책 자문을 맡으며 교육의 글로벌 거버넌스를 실현했고, 프랑스 파리 국제대학협회(IAU) Higher Education Policy 저널 편집자문위원 미국 프롤리다대 지역사회교육저널 편집위원을 역임하였다. 상명대학교와 호남대학교 총장을 지내며 대학혁신을 이끈 바 있으며, 한국대학총장협의회 회장·한국비교교육학회 회장·대통령 자문위원·국무총리 심사평가위원을 역임하며 교육정책과 고등교육의 선진화를 주도해왔다. 특히 한국대학교육협의회 최장수 사무총장으로서 한국 대학의 개혁 전도사로서 역할을 해오며 한국대학평가 도입, 국제교류기구 창설, 공학인증원, 의학인증원, 간호학인증원 등 전문 영역의 질 관리에 기여했다. 미국 인명정보기관(ABI), 영국 국제인명센터(IBC), 마르퀴즈 후즈 후 등 세계 3대 인명사전에 모두 등재되었으며, '21세기의 탁월한 지성', '세계 100대 교육자', '21세기 우수지식인 2000인' 등으로 선정되었다. 미국 ABI 국제 업적상을 받았고, 포보스 글로벌 CEO에 선정되었으며, 국민훈장 모란장을 수훈하였다. 저서로 『현대사회와 평생학습』, 『21세기와 함께하는 대학』, 『교육사회학의 통합적 이해』, 『대학 살아남기』, 『청춘이 나에게 인생을 묻는다면』, 『4차 산업혁명과 대학의 미래』, 『왜 대학은 사라지는가』 등 국내외 40여 권이 있으며, 이 외에도 여러 신문과 방송, 잡지 등에 해설과 칼럼을 게재하면서 교육이론과 현실 사이의 간극을 좁히는 데 헌신해왔다.

2040 대학의 해체

— 우리가 아는 대학은 사라진다

펴낸날 2025년 9월 30일 초판 1쇄

지은이 이현청 ● **펴낸이** 이기정

펴낸곳 한양대학교출판부 ● **출판등록** 제4-7호(1972.2.29)

주소 서울 성동구 왕십리로 222 ● **전화** 02.2220.1432-4 ● **팩스** 02.2220.1435

홈페이지 press.hanyang.ac.kr ● **이메일** presshy@hanyang.ac.kr

편집·본문디자인 김민지 ● **표지** 안광일 ● **인쇄** 미르P&P

ISBN 978.89.7218.848.3 (93370)